El Nuevo Pensamiento

Directora: Conny Méndez — 1898-1979

El Nuevo Pensamiento

ISBN: 980-6114-14-0

Editado y distribuido por:

BIENES LACÓNICA, C.A.

Apartado Postal 69.732
Caracas 1063-A, Venezuela
Teléf.: 993.09.33 ~ Fax: 993.86.46

7820 S.W., 55 Ave., Suite B
Miami, Florida 33143 U.S.A.
Fax: (305) 665.56.59

Cubierta: Ghost Writers

Impreso en Venezuela
Printed in Venezuela

Revista Metafísica

El Nuevo Pensamiento

Directora: Conny Méndez

Año 1 — No. 1 — Abril, 1970

CONTENIDO

"NUESTRA PORTADA"

REPRESENTA LA "LLAMA TRIPLE" ya despierta y ardiendo en el corazón humano. (ver libro "El Maravilloso Nº 7" de la serie "Metafísicas al alcance de todos", de Conny Méndez).

Cuando tú sentiste el deseo de instrucción acerca de estos estudios, llamados "Nuevo Pensamiento", en ese momento se despertó o nació "el Cristo" en ti.

"El Cristo que ha de venir en esta Era" no es el Maestro Jesús de Nazareth que vuelva a nacer en el planeta Tierra. Es la conciencia de lo espiritual plenamente funcionando en el individuo. Es el convencimiento de "que lo espiritual" existe. Y en realidad es el Ser Perfecto, o la Gran Verdad Interior, el Ser Superior, el Cristo, cuyo nombre es

"YO SOY"

La estrellita en el corazón, representa el Atomo Permanente que en cada encarnación es colocado en ese punto por las "Entidades Constructoras" encargadas de "ensamblar" nuevamente un cuerpo físico para ti. Es la chispa que eres, has sido y serás siempre tú, saltada del Gran Sol Central eones ha. Contiene tu diseño, patrón, arquetipo, tan tuyo, personal y único como tu huella digital. Es el "Hijo Unigénito del Creador", que jamás repite.

CARTA EDITORIAL

de Conny Méndez

¡Buenos días, querido condiscípulo!

El saludo es por este estreno, por la Primavera en que él ocurre y por el nuevo paso en nuestras relaciones fraternales.

El Maestro Jesús dejó dicho que cuando toda la tierra se impusiera de esta nueva enseñanza, se manifestaría el nuevo mundo, o sea, un mundo sin guerras, sin egoísmos, enfermedades, luchas ni maldad. Un mundo de buena voluntad y mucho más... la Edad de Oro Permanente, como la llama el Maestro Saint Germain. Es el Reino que está "a la mano".

Tú sabes que todo el empeño de los que divulgamos el Nuevo Pensamiento Metafísico, es acelerar lo más posible la venida de esa Edad de Oro, y que todos los humanos puedan participar rápidamente de este tesoro que nosotros poseemos.

Va a gustarte muchísimo una nueva modalidad que insertamos al final de nuestra pequeña Revista. Es la sección "Consultorio". Te está abierta para referirle tus problemas y lograr soluciones, aclaratorias y consejos. Te invita a que le confíes tus angustias, y te asombrará la forma en que éstas se te desaparecen, estableciéndose la armonía completa, a veces antes de que tú lo esperes.

Entra pues, hermano, a saborear este nuevo contacto.

NUESTRO LEMA:

Lo que no puedas aceptar, déjalo pasar, pero sigue leyendo...

¿QUE DE DONDE SALIO EL NUEVO PENSAMIENTO?

Pues verás. Cuatro mil quinientos cuarenta y dos años después de Adán, le nació un re-tátaro nieto que fue llamado Enoc. (Esto según la genealogía de Adán en la Biblia). O sea, que un bisnieto de Adán, cuyo nombre fue Cainán, tuvo un bisnieto y ese fue Enoc, quien se distinguió de otros Enocs, siendo padre de Matusalen, el hombre que vivió más años en nuestra Tierra. Matusalen vivió novecientos sesenta y nueve años. Por eso persiste el refrán: "Eso es más viejo que Matusalem".

Enoc, pues, fue un hombre santo que la Biblia dice de él "que anduvo siempre en la presencia de Dios", Génesis 5. Dice además, que Enoc al fin desapareció; que se lo llevó Dios. Que no murió. O sea, que trascendió. Ya sabes que así se van del planeta los iluminados.

Enoc fue el primer sabio de la era adámica, o sea, de nuestra civilización, tan sumamente notable, adelantado e iluminado que, en un mundo como aquél en que no había ni correos, ni caminos, ni periódicos, ni comunicaciones, su Sabiduría se regó por todos los países y en cada país se usaban sus enseñanzas y lo llamaban con un nombre de acuerdo con el lenguaje del país. En Egipto lo llamaban Toth, el dios Toth, escriba de los dioses, que significa dos veces grande. Y este título de "Escriba de los Dioses" comprueba que sus enseñanzas fueron conservadas en caracteres, en piedra o papiro, etc. Pero conservadas. En Grecia lo conocían como Hermes Trimegisto, o "tres veces grande". En Fenicia lo llamaron Cadmus, "cinco veces grande". Cada país se lo quería apropiar. El sabía todo lo que hay que saber en la Tierra y en el Cosmos, y lo grande es, *que lo dejó escrito*.

Para aquella época en que no habían libros, su enseñanza ocupó 42 volúmenes de cuanto se puede uno imaginar: Cosmogonía, Cosmografía, Cosmología, Geometría (llamada entonces "matemáticas"), Astrología, Numerología. También fue el autor de la Kábala y el Tarot, de los Siete Principios Universales (ver el Maravilloso No. 7), de toda la magia de los sacerdotes egipcios del templo de Héliopolis.

Cada una de estas enseñanzas contiene la Verdad. No toda la Verdad, pero la reunión de todas es lo que va formando el conocimiento de la Divina Sabiduría.

Muchas personas se creen en posesión de la "única Verdad" porque pertenecen a alguna secta que enseña una o más ramas de La Verdad; y por lo general, se fanatizan y cierran su mente a toda otra faceta que se les pueda señalar. Esto es lo que llamamos los metafísicos "la posición de la rana en su pocito", que no cree en las cimas de los árboles porque no alcanza a verlas.

Andando el tiempo, vino el Maestro Jesús como avatar de la Era de Piscis (anterior a la nuestra), nació en la raza judía y fue educado en la Secta Esenia, que conservaba toda la tradición de Enoc, es decir, toda la Verdad, destinada a ser conocida por los humanos en el planeta Tierra. Nació en un momento difícil para la raza judía, ya que estaba subyugada por el Imperio Romano, y tenía que seguir las normas e ideas romanas.

No es noticia nueva que Roma se destruyó por su orgullo. Roma, representa metafísicamente "la cabeza" en el sentido de voluntariedad humana, y la palabra Roma significa: cabeza, intelecto, exaltado, altura, fuerza, potencia, poder; en contraste con "Jerusalem" que representa el corazón. Ya sabes, que ambas cosas (cabeza y corazón) tienen que andar juntos para producir sabiduría. El conocimiento intelectual es una cosa, pero la sabiduría es otra. Roma adoraba el intelecto. Roma no podía soportar que los cristianos seguidores del Maestro Jesús, judío y sabio, con la sabiduría del amor y la inteligencia, amenazaran derrumbar la arrogancia del intelecto romano con la mansedumbre del corazón israelita ,Israel simboliza el espíritu); y no solamente persiguieron, torturaron y mataron a los cristianos, sino que quemaron todo lo que proviniera de la enseñanza judía. Enoc fue judío y fue originador de sabidurías peligrosas para el imperio romano.

Cuando la iglesia apostólica se convirtió en "Romana", los jefes condenaron todo lo que oliera a judío, diz que para quitarle al "Hijo de Dios" ese estigma, y trataron de marcarlo "galileo" con lo cual pretendían que no fuera enteramente judío; pero por más que hacían no podían suprimirle a los padres de Jesús su ascendencia a la Casa del Rey David.

Lo único que podían era tratar de transmutar la ideología del Maestro por una que ellos fueron fabricando poco a poco, y que fueron llamando "los dogmas y leyes de la Iglesia" para lo cual tenían que hacer desaparecer todo lo que recordara a Enoc, quitando toda mención de su nombre en las "Sagradas Escrituras" y destruyendo todos sus libros.

Andando los siglos, aparecieron dos ejemplares del Libro de Enoc. Uno en Abisinia y otro en Etiopía. El de Abisinia fue a tener a Rusia. El de Etiopía a Inglaterra. La copia etiope fue guardada bajo muchos candados en la Abadía de Westminster, donde desapareció totalmente de la circulación por las controversias que suscitaba cualquiera mención de Enoc. La copia rusa le ocurriría lo mismo ya que jamás se ha vuelto a mencionar.

Un día, un Arzobispo Anglicano que por su alta jerarquía podía hurgonear y registrar en la Abadía, leyó en el libro de Enoc... y le llegó el momento a la enseñanza metafísica.

Hacen más de cien años:

El Arzobispo Anglicano hizo traducir al inglés lo que el consideró un descubrimiento sensacional: "El Principio de Mentalismo" y lo lanzó al público.

Pronto se formó la Asociación del Nuevo Pensamiento, basada en ese Principio. De allí surgieron una por una todas las sectas y grupos de Enseñanza Metafísica tales como la Ciencia Cristiana; la Ciencia Divina de California; Unity en Kansas City; Emmet Fox en Nueva York con El Cristo Sanador y ahora, los movimientos aún más avanzados como "El Puente a la Liberación" y la "Actividad YO SOY", bajo los auspicios de los Ascendidos Maestros de la Sabiduría.

Nuestro movimiento, la Asociación Saint Germain, participa de todas estas enseñanzas nombradas y hemos tildado nuestra revista "El Nuevo Pensamiento", en honor a Enoc, ya que ese nombre significa en el simbolismo bíblico y metafísico: "Entrada a un nuevo estado de pensamiento".

METAFISICA DEL CARNAVAL

RESEÑA HISTORICA

El Carnaval tuvo su origen en fiestas milenarias de carácter pagano, como el culto al Buey Apis en Egipto, a Baco en Grecia, en las Lupercales y Saturnales romanas y las que tenían lugar durante la recolección del Muérdago en Galia. En dichas fiestas, los sacerdotes y las congregaciones sacerdotales portaban máscaras correspondientes a su deidad, que generalmente eran figuras humanas con cabeza de animales diferentes.

Estas celebraciones se hacían en medio de alegres bailes que llegaban al desenfreno. Tales fiestas casi desaparecieron a raíz de la cristianización de esas naciones, para reaparecer en la Edad Media antes de la Reforma, especialmente en Italia, aunque con carácter menos licencioso, pero aún muy popular y desordenado, precedido por la personificación de Momo, dios de la burla y el sarcasmo, cuyo cetro de bufón era símbolo de la locura; luego se canaliza ese desbordamiento de instintos hacia la expresión artística hasta culminar en los famosos carnavales de Venecia, Roma, Florencia, Turín, Río de Janeiro, etc.

Es instinto humano sacar a relucir algo que cause admiración en otros, pero a la vez mantenerlo exclusivo. En el modelo original de alta costura, por ejemplo, el empeño del diseñador, es que no le copien su creación, sin embargo no puede lograrlo porque el objeto es hacerlo famoso. El otro instinto, el de imitación, pone a todo el mundo a copiar o a codiciar. El modelo, el artículo o lo que sea, comienza a circular; se "populariza" porque llega al populacho, y finalmente se "vulgariza" porque cunde en el vulgo. Lo que así desmerita, porque ya lo vende hasta el buhonero, se hace repugnante y se desprecia.

En la antigüedad pagana, no había pueblo que no poseyera una imagen de su Divinidad. Egipto con su buey, su gato, su chacal, es un un ejemplo burdo. Grecia encarnó a las altas virtudes en seres humanos, y todos acostumbraban ritos, ceremonias y procesiones para divulgar el culto.

La imagen era paseada en procesión por las calles, el pueblo le lanzaba flores y los sacerdotes quemaban incienso y salpicaban a la muchedumbre con agua perfumada y magnetizada, o sea, bendita; y de allí se desprendió el carnaval tradicional, el disfraz, la máscara, el papelillo,... y finalmente el agua.

Los metafísicos sabemos que todo pensamiento, todo sentimiento lanza al aire su vibración particular; que esto se acumula, se adhiere, por atracción, a otros de su propia frecuencia, formando grandes masas de energía magnética; y que, por la misma ley de atracción, se anexa a todo aquel que esté propenso a idéntica emoción, llegando a aumentarlo hasta el frenesí, el desenfreno, la violencia, etc. Esta es la verdad de que los sicólogos llaman el delirio colectivo.

El agua es símbolo de emoción; y es completamente natural que el populacho, inculto y carente de otros medios de expresión, recurra a lo similar en su propio estado de ánimo, lo cual, al mismo tiempo actúa como compensador, ya que enfría o apaga la fogosidad que pudiera traducirse en actos irremediables. He aquí la contestación a la pregunta que se hizo en los afiches: "¿Por qué Carnaval con Agua?" El populacho no sabe contestarla, ni tampoco algunos de los que la preguntan.

Total, que el rito delicado, ideal, ofrenda de adoración a una imagen amada; el culto reverente y representativo de la más excelsa emoción o del arte exquisito, al lanzarse a la calle, al popularizarse, al vulgarizarse, se convierte en repugnante, sin virtud ni valor alguno,... despreciable.

Después de todo exceso viene la reacción, el arrepentimiento y el propósito de enmienda simbolizados por la ceniza que coloca el oficiante en la sede del pensamiento: la región frontal. La reacción ocurre muy apropiadamente, en la sobriedad del día Miércoles. El Miércoles es el centro de la semana. Representa el balance, el equilibrio. No es tristeza. Es aplomo. Sigue siendo Mercurio, pero en reposo. No es otra cosa que la Ley del Ritmo exteriorizada.

Cada vez que la Tierra da una vuelta, nace otro día. Un día nuevo que trae el resultado de lecciones aprendidas el día anterior. En todo se aprende y se evoluciona. En el Carnaval se aprende el precio de la violencia y el exceso. Ya este año comenzó el Gobierno a defender al ciudadano tranquilo de los excesos del intranquilo: "¿Por qué Carnaval con Agua?" Así hace meditar a los intranquilos, a los ignorantes, a los niños en el espíritu.

Toda basura, todo desperdicio y podredumbre se debe quemar. La ceniza que el oficiante coloca en la frente de una persona, que se supone ser ya reflexiva, representa precisamente ese gesto que hacemos todos cuando tiramos al cesto lo que ya no nos sirve. Aquello va a parar al crematorio de basuras.

El Carnaval, ese carnaval en que el ser humano ansía transformarse en otro ser diferente a él mismo, o sea disfrazarse; ocultar su rostro detrás de otro rostro para así desdoblarse y actuar libremente (la máscara); y ese otro en que simplemente se cargan de adornos y mojigangas festivas las personas ingenuas e inocentes, son representativos de frustación, el primero; y niñerías, el segundo. Los niños deliran por ponerse los trajes de mamá y papá y "jugar de Gente Grande".

Por eso es que la verdadera "Gente Grande", pierde el gusto por el carnaval, la farsa, el disfraz y la máscara.

Los Apóstoles del Maestro Jesús, conocían muy bien el efecto de las vibraciones, sobre todo el de la radiación. No es lo mismo. La radiación es la influencia que ejerce la altísima vibración de la luz sobre la masa de obscuridad. La idea irradia luz. La idea del descarte de todo lo inservible, de lo que nos atrasa y estanca, es el impulso de progreso. La molestia induce a buscar el acomodo, y por lo tanto esa es su parte positiva. La vista de la ceniza, la ceniza misma, cumple ese propósito. Por eso te dije que no es triste sino que es el aplomo de Mercurio en reposo. Siempre en Miércoles, llamado "de ceniza", se siente una serenidad llena de promesa. Por más que intenten entristecerlo los que ignoran la Metafísica, no hay tristeza en el ambiente durante la Cuaresma, ni en la "Semana Santa" ni en Miércoles de Ceniza.

CARACAS, Febrero de 1970.

EN EL PROXIMO NUMERO:

Resumen metafísico de la Semana Mayor.

PEQUEÑO METODO
PARA COMPRENDER LA BIBLIA

La Biblia es el libro más monumental y discutido de cuantos se han escrito; no en balde Cecil B. de Mille el famoso Director cinematográfico (caracterizado como el movilizador de las grandes masas), en la reunión que celebraba con sus colaboradores para decidir la realización de su obra maestra: "Los Diez Mandamientos" y a lo cual ellos se mostraban reacios, alegando que era un tema ya muy trillado, obtuvo la unánime aprobación al exclamar: ¡cómo vamos a desperdiciar diez mil años de propaganda bíblica! lo cual era cierto, y tal cosa, es debido a que todo el que lee la Biblia encuentra algo de valor.

La Biblia es sin duda alguna un libro misterioso. Por esto es que ejerce tal atracción, y ha ejercido la misma atracción a través de las edades. Todo el que la hojea encuentra algo que lo intriga o algo consolador; algo alarmante, algo interesante o algo de sí mismo; y es que en ella están expuestas la poesía, la novela, la historieta, el relato detectivesco, el drama, la verdad, la mentira, el buen ejemplo, el mal ejemplo, lo sublime, el crimen, el cielo, el infierno... y al fin el desconsuelo de no comprender su propósito. El lector la cierra, la pone a un lado, no la vuelve a abrir... pero si algún día la hojeó y le ocurrió lo que acabo de esbozar, me atrevo a asegurar que si se tropieza con este pequeño método para ayudar a comprenderla, lo adquirirá de inmediato; tal es la fuerza que ella despide, pues la Biblia es La Verdad. Ella es una vorágine de poderosísimas vibraciones. No tienes por qué creerme. Compruébalo.

Primero y principal, la Biblia *no* es una Historia del Pueblo Hebreo. Sí tiene partes históricas, indudablemente, pero debes saber que *nadie jamás* ha logrado concordar los relatos bíblicos con los datos históricos que se conocen, de ninguna de las naciones de la antigüedad que aparecen en la Biblia; y parece ser que, por ejemplo, el brillante geólogo escocés, Hugh Miller se volvió loco por tratar de reconciliar el Génesis con los archivos geológicos.

La verdad es que la Biblia es un recuento de todos los *estados de conciencia* por los cuales pasan, o puedan pasar, los humanos en su evolución. Es pues, la evolución del alma presentada en una serie de estampas, o imágenes gráficas, denominadas "parábolas", pues la parábola tiene la ventaja de no cambiar jamás el sentido de un relato. Si tú le refieres un caso a un amigo, puedes tener la seguridad que mañana por la mañana si alguien te devuelve el relato, no reconocerías en él, el caso que tú lanzastes ayer. Tal es la variedad de personalidades que le imprimen su concepto al mismo caso, y la multitud de conceptos que lo manosean. Pero la parábola como es un cuadro gráfico, no tiene variante posible, o mejor dicho, las palabras con que le pinte el cuadro, a quien sea, no pueden adulterar ni transformar la intención básica. El cuento original, por más que le agreguen o le resten, siempre conserva su estructura.

En el idioma hebreo, cada palabra es un compuesto de una variedad de ideas o significados; por lo tanto, lo que una palabra señala se comprenderá por la situación que la rodea. Por ejemplo, la palabra hebrea "yom" puede significar "día", o "calor", o "etapa", o "tiempo", o "período de tiempo", o "edad". El calor se considera propio del día. La noche es del frescor. De manera que cuando se dijo en hebreo que Dios creó el mundo en siete días, lo más apropiado es tomar "períodos de tiempo" como traducción lógica y expresarlo: "Dios creó la Tierra en siete etapas".

Los cinco libros del pentateuco, de los cuales Génesis es el primero, siempre han sido acreditados a Moisés, pero parece dudoso que él sea el autor, en cuanto a que en las leyendas y jeroglíficos del antiguo Egipto, Caldea y otras naciones aparecen relatos casi idénticos a los del Génesis. Parece pues, que Moisés no hizo sino editar las leyendas de las edades y compilar con ellas una historia alegórica de la creación.

El hombre está constantemente buscando conocer el origen del Universo y de sí mismo, pero toda su búsqueda ha sido de naturaleza científica y en un plano material. Por regla general, le atribuye el comienzo de la materia a los átomos y células, pero mucho ha perdido su captación ya que la acción de éstos es invisible a los ojos físicos.

Ahora vamos a empezar a buscar el origen de todas las cosas científicamente en el Reino Mental; y decimos científicamente, porque los descubrimientos que se están haciendo, de la mente y sus potencialidades, pueden ser comprobadas por la aplicación de sus Leyes (ver "Principios Universales" en "El Maravilloso Número Siete", tercer libro de la serie "Metafísicas al alcance de todos", de la misma autora).

La Biblia no intenta enseñar Historias ni Biografías; y prueba de ello es que, como historia, adolece de infinidad de lagunas aún insalvables para el intelecto actual; y como Biografía no contiene ninguna vida con rasgos suficientemente trazados como para encajar cronológicamente. Ella es una gran clase de sicología; y es el mayor compendio de Metafísicas jamás escrito. La Biblia es, desde el Génesis hasta el Apocalipsis, en su significado interior o espiritual, un archivo de las experiencias y el desarrollo del alma humana y del ser humano en su totalidad. Al abrir nuevos caminos de pensamiento, inspirará mayor comprensión e interés en el estudio de las Sagradas Escrituras y ayudará a todo el que los busque a resolver los problemas de la vida.

No queremos dar la impresión de que el lector encontrará aquí el principio y el fin de toda simbología bíblica, ni de las fases de la Verdad que puedan desarrollarse de ello. Muchas de las interpretaciones son sugeridas y no terminantes. Por ejemplo: las Escrituras encubren el significado metafísico con nombres de pueblos, ríos, mares, etc. El nombre de cada persona o de cada cosa en las Escrituras tiene un significado interior; digamos el Pueblo de Belén, donde nació Jesús, significa "Casa de pan", e indica el plexo nervioso de la boca del estómago, a través del cual, la sustancia universal se une a los productos químicos del metabolismo corporal ya refinados y espiritualizados, y es en este centro que son generados gradualmente los elementos que irán a formar el cuerpo espiritualizado del hombre Cristo. Jesús nació en Belén de Judea.

Todo es mente, y todas las formas materiales representan, como quien dice, retratos de ideas. Al estudiar el retrato, adquirimos un concepto de la idea que éste representa; por ej.: la estatua de La Libertad a la entrada del Puerto de Nueva York, y mundialmente conocida, muestra la Diosa iluminando al mundo; y es el retrato de una idea que todo el mundo comprende. Representa la Majestad de la Libertad americana. Así mismo, los relatos hebreos son ideas representadas gráficamente. El cielo es representación de ideas espirituales. La tierra significa pensamientos materiales y manifestación del mundo exterior, y la luz significa la comprensión. Así, el producto del primer día de la creación, está archivado en El Génesis como cielo, tierra y luz.

El firmamento, en el medio de las aguas, representa la Fe porque las aguas representan las variables condiciones del diario vivir que es la base de nuestra evolución. Cuando utilizamos la Fe, separamos lo que está arriba (lo espiritual), de lo que está abajo (lo material) y el resultado es armonía o cielo. Por leyes de Atracción y Correspondencia (véase el tercer libro de la Serie Metafísicas al alcance de todos: "El Siete Maravilloso", de la misma autora), cuando una persona abre la Biblia, los tres primeros versículos en que caiga su mirada, se referirán al momento que está viviendo; y en esos tres versículos se presenta el problema explicado, el comienzo de una enseñanza que la meditación completará; si al lector le correspondiere algo con respecto a un Rey, por ej.: Digamos que has abierto en —2 Reyes— Cap. 24:1 "En sus días subió Nabucodonosor Rey de Babilonia y Joaquín le estuvo sometido tres años; luego volvió a revelarse contra él.

2. Yahveh envió contra Joaquín partidas de Caldeos, bandas de Sirios, tropas de Moabitas y partidas de Ammonitas, y las mandó contra Judá para destruirlas, conforme a la palabra que Yahveh pronunciara mediante sus siervos Los Profetas.

3. Más en verdad esto sobrevino a Judá por disposición de Yahveh para quitarlo de su presencia, a causa de todos los pecados que Manasés había cometido.

Esto no te dice nada, ni al parecer tiene nada que ver con tu problema del momento, si lo tomas literalmente o lo que llamamos "letra muerta"; pero como decía Jesús, "la letra mata y el espíritu da vida" lo primero que tienes que hacer es pensar y decir: "la Sabiduría Divina está conmigo y me está iluminando ahora", y seguir los pasos que te explicaremos más adelante. Por ahora te voy a adelantar la solución.

Así como en sicología, la figura central representa siempre el soñador; en la Biblia, la figura principal del relato siempre representa al consultante; por consiguiente, la figura principal de este relato es la combinación de Nabucodonosor y Joaquín. Los Reyes en la Biblia significan la voluntad que impera en el momento. Nabudonosor simboliza la voluntad imperiosa sin consideración ni pensamiento espiritual, completamente dominado por sus conocimientos intelectuales y a su vez dominando a Joaquín.

Joaquín representa el comienzo de la conciencia espiritual, pero aún débil y vacilante. Todavía puede más la voluntad y los hábitos erróneos de Nabucodonosor. Fíjate que Nabucodonosor es Rey de Babilonia, significando que es un período de confusión para el individuo, ya que Babilonia es símbolo de confusión.

Pero Joaquín, la conciencia espiritual, que es dirigida por el Yo Superior (Yahveh o Yo Soy) decide que ya es tiempo de poner fin a la confusión y hace "rebelarse" a Joaquín, produciendo luchas terminantes entre caldeos, sirios, moabitas y amonitas. Dice el texto que les mandó contra Judá para destruirlas". Judá es la morada del "Yo Soy" (Yaveh) y todo lo que toque el borde de esta morada (el borde de su manto) es instantáneamente purificado, transmutado, o sea disuelta la apariencia del mal y restituida la energía mal usada a su integridad original.

Cuando a veces parece revolverse nuestro mundo surgiendo inesperados problemas y complicándose nuestra existencia, es lo que metafísicamente se llama "Crucifixión", o sea, que el "Yo Soy" lleva a un punto crucial una serie de errores que estamos cometiendo, para destruirlos; para ponerlos en contacto con la nueva conciencia espiritual y que de este contacto "se quemen", se destruyan.

"Los pecados de Manases", significa la acumulación, o la repetición de aquellos errores hasta que tiene que sobrevenir una reacción. Manasés y Efraín, hermanos gemelos, representan en la Biblia la afirmación y la negación. La afirmación se acumula. La negación disuelve.

La referencia a "las partidas de Caldeos, bandas de Sirios, tropas de Moabitas y partidas de Ammonitas", significan una serie de luchas internas y de problemas exteriores que acosan al individuo; por ej.: en la vida diaria una persona encuentra un problema de trabajo, una lucha en su hogar, un problema sexual, una carencia monetaria, una cosa no se relaciona con la otra, pero todo en conjunto ayuda a confundirlo, y como ya dijimos, a veces se presenta esa situación para disolver un nudo gordiano de errores y molestias sicológicas que producen sus efectos negativos en el exterior.

Esta es pues, la introducción para irte preparando a la comprensión de la Biblia. En el próximo número te daremos el primer capítulo de "Génesis". Y a continuación de esto, vamos a poner un glosario de términos usados en esta introducción para tu mayor facilidad, para que te sirva como especie de diccionario.

UN CONSEJITO: Ve coleccionando todas las revistas porque te serán de invalorable curso de muchas materias metafísicas.

"DEL DICCIONARIO METAFISICO DE LA BIBLIA"

CIELO: "Es un estado de conciencia en el cual están armonizados el alma, el cuerpo y el Yo Superior". Los Maestros de Metafísicas encuentran su mayor dificultad en lograr que los estudiantes comprendan que el cielo bíblico es una condición de la mente. El Maestro Jesús jamás describió el cielo como siendo un lugar localizado en algún reino distante, a pesar de que el Maestro insisitó en que el cielo era un estado de conciencia, la gran masa de cristianos aún creen que el cielo es un lugar a donde van, después de la muerte, los que han aceptado a Jesús. En la Biblia no hay autoridad para semejante doctrina. Si un lugar semejante existiera, estaría allí descrito claramente y el Maestro no hubiera dado parábola tras parábola e ilustración tras ilustración, para demostrar que es un estado de conciencia que el hombre ha de lograr. Cielo, es un estado mental "Ideal".

TIERRA: Es la manifestación de lo pensado.

LUZ: Símbolo de inteligencia.

FIRMAMENTO: La Fe en el poder mental. Una convicción firme en la conciencia.

AGUA: Tiene diferentes aspectos, como debilidad, negatividad (emotividad, limpieza, poder mental y en algunos casos energía vital.

JUDA: Alabanza a Jehová (Yo Soy). La alabanza es la facultad espiritual que acumula y aumenta. La oración debe ser una acción de gracias jubilosa en lugar de una súplica. La alabanza aviva la mente y hace extraer magnéticamente del reino de las Causas aquello que cumple nuestros deseos.

REY: Siempre representa una función de la voluntad.

NABUCODONOSOR: Representa la voluntad humana apoyada en el intelecto humano, lo cual produce el juicio humano. Rey siempre representa una función de la voluntad y la voluntad atrincherada en el conocimiento intelectual y dándole su plena atención a los conocimientos materiales es muy poderosa hasta cierto punto, pero llega un momento en que se da cuenta de su debilidad e ineptitud como le sucedió a Nabucodonsor. También representa al niño voluntarioso que quiere satisfacer todos los deseos de su alma, sean buenos o inconvenientes para él.

JOAQUIN: Representa la conciencia espiritual recién formada y aún vacilante.

CALDEOS: Representa los pensamientos del plano síquico basados en la magia, brujería, astrología, ocultismo, presumiendo de espirituales. Así engañan al individuo impidiéndole el contacto espiritual y el bien que busca. La gente de Caldea , en el tiempo del cautiverio, eran los intelectuales, los filósofos, mágicos, magos y consejeros de Babilonia, y esto, metafísicamente, son los pensamientos síquicos que conectan al individuo con el plano astral. No son espirituales, brillan con luz reflejada.

MOABITAS: Representan la depravación y la lujuria.

AMMONITAS: Representan toda clase de creencias contagiadas por la opinión pública sin ninguna base justificada.

SIRIOS: Representan los pensamientos del intelecto que se resisten y pelean contra la conciencia espiritual o "Israel".

INTRODUCCION
A LA VERDAD COSMICA

Por la Gran Hermandad Blanca

Aunque el contenido de este Capítulo no sea nuevo para el discípulo de los Ascendidos Maestros, tiene por objetivo provocar el interés de aquellos otros que deseen alcanzar más allá del pensamiento ortodoxo.

Esto concuerda con el plan evolutivo que Los Maestros han trazado para la Tierra y que manifestará a medida que progrese la Nueva Era.

1. EL CORAZON CENTRAL DE LA CREACION:

El Corazón Central del Universo al cual la humanidad decidió llamar DIOS, luego designado por muchos canales de pensamiento espiritual como EL GRAN SOL CENTRAL, es literal, práctica y absolutamente LA FUENTE de cada alma individual destinada a alcanzar la Maestría de la energía, que forma el latido de su corazón y la esencia de su vida.

La Gran Omnipresencia Universal, siendo la PRIMERA CAUSA, crea; Como esa Gran Omnipresencia Universal es VIDA, todo lo que de allí emana, es también VIDA, está viviente, por lo tanto, es una *entidad*. Sus creaciones son Ideas. Hasta el hombre es una idea exteriorizada viviente. Todas las Ideas son entidades con Vida, Inteligencia, Amor, y sentimiento. El Plan Divino consiste en que cada individuo tenga libertad para manifestar el potencial divino y desarrollar cada germen de idea hacia su futura grandeza, según el temperamento peculiar de ese individuo.

2. EL PODER CONTENIDO EN EL SILENCIO:

Describir el Corazón de esa Gran Omnipresencia Universal, es una empresa que no puede fielmente ser expresada en palabras, pero dentro de ese gran Corazón Cósmico, existe un Lugar que ha sido llamado por muchos nombres. En años recientes, ha llegado a conocerse como el GRAN, GRAN SILENCIO, pero no importa el nombre que se le de, es un lugar de quietud, de donde ha surgido este Universo y cada ser, grande o pequeño por igual. Es el HOGAR, en su sentido más cierto y profundo. Es la serenidad, la seguridad y la comprensión. Es el Amor sin censura, y la Paz que no tiene precio. Es luz como el sol más exquisito que pueda concebirse y no obstante es sereno como el atardecer. Es silencioso como el Sol en el cielo, y sin embargo está lleno de sonidos en perfecta armonía. En el corazón de esta exquisita quietud, se encuentran todos los Seres que han dominado al ser exterior; y también se ve el Plan Divino para cada criatura.

Para que un individuo entre en ese lugar del silencio con el deseo de ser un mentor silencioso de su propio mundo, debe pensar que este Gran Silencio es el Reino de los Cielos, la más elevada expresión de la belleza, la cultura, el amor y la luz que la mente y corazón sean capaces de concebir. Ahora, cada pensamiento, cada sentimiento y cada acción suya se sumará a la belleza de ese reino o destruirá su armonía, y sus palabras deben ser escogidas cuidadosamente para que merezca entrar en él.

3. EL CAMINO A LA MAESTRIA:

El estudiante que desea cumplir su Divino Destino ha preguntado a la Vida, mental y emocionalmente cuál es su propósito y su meta. A él se le revela el Sendero Superior y se le dan ciertos ejercicios para que se controle y supere de modo que el camino que concientemente se desprenda de su cuerpo, se le manifieste como EL SENDERO. Cuando un individuo así teje, de su propia energía ese sendero de luz sobre el cual pasará camino a la maestría, ya no necesitará seguir vías tortuosas, sino un camino recto y progresivo de Luz y Vida, que finalmente lo lleva a la meta de LIBERTAD, MAESTRIA Y PERFECCION.

Si el estudiante es sincero, honesto y está decidido a ser una ayuda en el progreso de la humanidad, el Maestro, en cooperación con su Ser Crístico (Yo Superior), pondrá en movimiento ciertas Causas por las cuales puedan ser sublimados los puntos débiles del individuo para el mayor trabajo al cual se enfrentará. Estas causas y sus efectos resultantes, a veces proyectan al estudiante a una serie de experiencias turbulentas, pero no obstante fortalecen la fibra de su naturaleza.

El Camino a la Maestría, es el camino a la renunciación de todas las cosas y personas *que sean un obstáculo para lograr esa meta*. El estudiante, en paz y suavemente, con firmeza de propósito debe entrar en el Sendero —cree que entra solo— pero no es así. Jamás se está solo. No se puede estar solo. Siempre se está acompañado por el Yo Superior que es el Ser Divino en cada uno. Es una entidad gloriosa y amorosísima en quien se debe pensar mucho.

4. LA VOLUNTAD DE LA GRAN ONMIPRESENCIA UNIVERSAL

La Voluntad de la Gran Omnipresencia Universal para todo lo creado es EL BIEN. No existe el aspecto negativo de la Voluntad Todopoderosa quien creó este planeta y todo lo que habita en él. La enfermedad, la vejez, la desintegración, la pobreza y aún la muerte, son un insulto al Padre Amor. La conciencia que piensa, siente y que gobierna este universo, inmediatamente exterioriza lo que está dentro de Sí Mismo. Por lo tanto, su Voluntad es que cada persona sea un Maestro; un sol de Libertad; la Corona de los Elohim sobre su cabeza; el Cetro de la Magnetización en su mano; el Manto de la Realización sobre su cuerpo; y el Aroma de su propia Divinidad irradiando a través de él para bendecir toda vida.

5. ENERGIA Y VIBRACION

No existe en el universo un ser sin vibración e irradiación resultantes de causas concientes o inconcientes. Toda la energía en el universo está constantemente emitiendo radiación y la cualidad de esa radiación realmente representa todo el problema de la redención humana en cuanto al servicio que los Maestros Ascendidos prestan al hombre. El grado de evolución de cada individuo determina la intensidad y el largo de los rayos de radiación que salen de él. Mientras más alto se eleve en la escalera espiritual, mayor será el área que cubran las ondas de energía que de él salen. La responsabilidad por el conocimiento y el desarrollo espiritual, es mucho mayor que lo que comprende el estudiante, quien ansía conocimientos, poder y el uso completo del Fuego Sagrado, porque conlleva la obligación de controlar y derramar por medio de la radiación de su Ser, sólo esas cualidades que enriquecerán al universo por medio del mayor alcance de su aura aumentada.

Si el hombre pudiera aún solo parcialmente comprender las Leyes que gobiernan la Energía y la Vibración, ya estaría avanzando en el camino de la maestría propia. Como parte de su entrenamiento llegará a la comprensión de que el poder de crear vibraciones no es sólo una responsabilidad, sino una oportunidad por la cual la maestría y la divinidad pueden ser experimentadas a través del ego individualizado.

6. PENTAGRAMA DE LUZ Y NOTAS MUSICALES

El flujo de energía desde el corazón de la Presencia "YO SOY" hasta el interior del corazón físico, es un río de luz prismática de pulsaciones rápidas. Si esta vibración pudiese ser reducida a la vibración de la vista física, se vería que cada electrón que compone esta llama lleva un diseño distinto,, absolutamente singular porque difiere de todos los otros patrones.

El pensamiento y el sentimiento del individuo, moldean esta energía dándole formas que llevan este diseño distintivo, enviándola hacia el universo por medio de los pensamientos, los sentimientos, la palabra hablada y la acción. El patrón de la corriente de vida en sí, es neutral, pero el sentimiento liberado a través de ella, determina su radiación. Si el sentimiento es armonioso, bendecirá a toda la humanidad; pero si es inarmonioso, la responsabilidad por toda vida que afecte de modo discordante, será de la persona que la envíe. El individuo debe responder a la vida por los efectos de su energía (buena o mala) sobre el universo.

LA NOTA TONICA de la corriente de vida individual, es un tono musical que emana de los electrones que comprenden al Ser Divino individual, el cual, si no está tocado por energía discordante dentro del reino físico, constantemente envolvería al individuo en una substancia armoniosa através de la cual ni la desgracia ni la discordia de cualquier tipo podría penetrar.

Muchas de las melodías de nuestro mundo material incluyen las Notas Tónicas quizás de los individuos que las hicieron brotar, o de los miembros de las Huestes Angélicas quienes inspiraron la música por medio de un canal receptivo.

Es completamente evidente, en consecuencia, que la Gran Omnipresencia Universal, en su amor y misericordia, ha provisto adecuadamente a la humanidad con los dones que mantendrían un Paraíso permanente en la Tierra, si el hombre mirara lejos de sí y de la destrucción, lo suficiente para que los Poderes Divinos se afirmasen.

7. EL ALIENTO DIVINO

El Aliento Divino, está dentro de la palabra hablada, y es el Poder Creador que moldea la substancia universal de luz, en formas que corresponden al patrón que la expresión hablada crea, ya se refiera a personas, lugares, condiciones o cosas. A través del tiempo, la conciencia de la humanidad se ha cargado con imperfección por el mal uso de la Energía Divina en el hablar, creando así, muchas formas ditsorsionadas, mantenidas vivas por la misma energía con que fueron creadas. Si las palabras habladas dan paz y armonía, la conciencia resplandece con la luz de la Divinidad, y el individuo se convierte en una Presencia Confortadora para toda vida que lo rodee.

Así, la vida calificada por el aliento, es atraída hacia el cuerpo; envuelta en la substancia de la conciencia; y expirada de nuevo para contribuir a la herencia de la raza —para bien o para mal— de acuerdo con el estado periódico de la conciencia.

8. PAZ Y CONFORT

La Paz y el Bienestar, son esenciales para el crecimiento espiritual de toda vida —desde el más pequeño elemental, hasta los Seres más grandes— aún evolucionando en los planos más altos de existencia. Igualmente, está comprendida dentro del alcance y naturaleza de toda vida, irradiar sentimientos de paz y bienestar, y cuando el hombre reemplace las emanaciones egoístas de la conciencia humana por la paz del Espíritu, ciertamente el "Reino de los Cielos" se manifestará en la Tierra.

Aunque toda vida requiere ser confortada, existen pocos individuos que desean aprender cómo convertirse a sí mismos en Presencias Confortadoras, pero si cada uno comprendiera la importancia de hacer un esfuerzo para mantener una acción vibratoria de paz y armonía, esto proveería los canales requeridos para que las Huestes Ascendidas proyectásen por medio de ellos ese bienestar Divino al mundo de las formas.

9. AMOR DIVINO

Cada Virtud que el hombre se enorgullece de poseer, es una parte indisoluble de la Naturaleza Divina y que él siente que es suya, porque la contemplación de esta naturaleza cósmica indivisible es muy difícil para él.

El Amor de la Gran Omnipresencia Universal, lo enveulve todo, llenando completamente el Universo; y no existe un espacio donde el Amor no esté manifestado.

10. LA GRAN HERMANDAD BLANCA

Cuando el individuo en su estudio de las Leyes Superiores encuentra que ha llegado a cierto punto en el Sendero de la Evolución, sorprendentemente, la Deidad deja de ser un Principio Abstracto como lo enseñan algunos metafísicos. En cambio, entra en contacto directo con ciertos Seres Cósmicos quienes por mérito individual, les ha sido dada la responsabilidad de ayudar a la evolución del Universo. Estos Seres, son los Ascendidos Maestros de Amor y Sabiduría, quienes forman la Orden conocida como la Gran Hermandad Blanca.

Sólo por la dedicación voluntaria de vida calificada, lo hacen a uno miembro honorario de esta gran Orden, cuyo propósito y servicio en el esquema de la evolución, es enseñar al hombre como crear y sostener la perfección. Cuando una Inteligencia ofrece voluntariamente aportar su don diario de vida para ayudar en la evolución de todo el Plan, tal ser, es aceptado por la Hermandad y se convierte en parte de ella.

TU NOMBRE

Tu nombre, sea Pedro, Juan o Diego, Petra, Juana o Santiaga, te acompaña por virtud de una computación tan exacta, que no se le compara la más excelente maquinaria IBM.

Antes de tú nacer, la esencia de tu trayectoria al través de las edades, entra con tu átomo Permanente al piquito inferior de tu corazón, y allí permanece hasta que tú vuelvas a dejar el envoltorio físico de este lado del velo, o sea en el Planeta Tierra. Una vez del lado "allá", y mientras duermes "el sueño de los justos" que dura tal vez unas cuantas semanas (en términos terrenos) se hace un nuevo ajuste en tu Atomo Permanente. Se cataloga toda la experiencia que acabas de atravesar en esta última vida, se determina sabiamente. Lo que ha sido cantidad se resuelve en calidad; y cuando estés de nuevo despierto, comenzarás a estudiar, apreciar y reconocer tú mismo, lo bueno y lo malo de la forma en que te comportaste, y tú mismo pedirás reencarnar o no, para redimir, compensar y corregir tu conducta, así como también cobrar lo que tienes en merecimientos, ya que no pueden ser gozados sino en la materia.

Tu nombre es un archivo. Es una ficha que te marca. Que indica tu altura en el plano en que actúas. Tu mismo le inspiras tu nombre, o sea el nombre que mereces, a tu madre, cuando estás en su vientre, y es tu madre la *única* que tiene el deber y el derecho de anunciar el nombre que has de llevar. Por ningún motivo se debe permitir que el nombre de una criatura por nacer sea escogido por el padre, los abuelos, padrinos, familiares o amigos. Sólo la madre sabe lo que el niño desea por derecho de conciencia.

Muchos casos de frustración, bloques sicológicos, torceduras de carácter etc., se registran porque el ego lucha contra una vibración enemiga a la suya, y que le produce el nombre que por deferencia a una tía, le han endosado para toda la vida.

Estudia tu nombre. Búscale el símbolo. Si no te simpatiza, cámbialo. No continúes luciendo una etiqueta falsa. No debes temer el disgusto o resentimiento que puedas causar a la persona por quien cargas un seudónimo errado. Recuerda que se trata de tu legítimo derecho y propiedad. Sentirás una gran liberación y una transformación instantánea en tu carácter cuando te reinstales en tu propio plano con tu propio nombre.

Cuántas personas sufren de mal humor, temores infundados, de timidez, de sensaciones de limitación y complejos de inferioridad, porque la vibración ajena del nombre que cargan, que oyen, que firman, que aceptan contra todo su instinto, está en perenne lucha contra la propia Verdad!

CARACAS, marzo de 1970.

¡PROTESTA SIEMPRE!

Cada vez que tu mente (tu conciencia terrena) te acuse de algún defecto, ¡protesta!

No le permitas ni a ella ni a nadie más, que te tilden de cosa alguna que no sea *perfecta*.

Tal como estás leyendo; ¡ P R O T E S T A !

Di: "Imposible. No acepto. Yo no soy así. YO SOY PERFECTO".

No te dejes llamar flojo-ja, ni desordenado-da, ni sucio-cia, ni pesado-da, ni gordo-da, ni nada, absolutamente nada, te repito, que no sea perfecto. ¡ P R O T E S T A ! No aceptes y di inmediatamente: Imposible! Si yo soy perfecto, ¿cómo voy a ser (flojo, gordo, pesado, etc.)?

Entiende, que lo que se cree imperfecta es la conciencia carnal o terrena, y al creerse tal, lo manifiesta. Tu empeño debe ser limpiarte el subconciente de esas creencias falsas. Al decir "YO SOY ERFECTO-TA" TU YO SUPERIOR lo confirma, tu subconciente lo acepta y tu conciencia carnal comienza a transformarse.

¡PROTESTA SIEMPRE!

No sabes aún lo agradable que es sentirse con toda la razón. Sentirse bueno, libre de acusaciones; pero no vayas a creer que te vas a volver vanidoso, ni orgulloso, ni conformista. Todo lo contrario. Te vas a convertir en la nueva creencia: " P E R F E C T O ".

Es una sensación nueva. Un nuevo pensamiento. No nos creas. ¡ P R U E B A L O !

CONSULTORIO

Caso M. S. C.

M.S.C. vino a verme, llorando a lágrima suelta. Tuve que esperar unos minutos hasta que se serenara lo suficiente para que pudiera contarme lo que le ocurría.

Parece que tenía varios años de amores con un señor que no acababa de decidirse por el matrimonio, por más que ella acondicionaba todo para animarlo.

Ya anteriormente me había consultado, y yo le había enseñado el tratamiento apropiado para esos casos, pero nada lograba, hasta este día en que me vino a consultar, y en el cual ella consideraba que su vida se había destrozado.

El joven no era venezolano. Era nativo de otra nación sudamericana, y se había ido a su tierra a pasar unos días. De allá le escribió a M.S.C. diciéndole que se casaba por allá con su antigua novia.

M.S.C. estaba desolada, y una amiga le había aconsejado que fuera donde una "doña" que se especializa en "trabajos", para que le "echara una broma" a la "fulana novia" aquella, pero ella prefirió consultarme antes de proceder.

La felicité por su buena decisión, ya que los tales "trabajos" se devuelven hacia quienes los efectúan, y M.S.C. se encontraría al fin y al cabo en unas tinieblas mentales y espirituales, que le costaría mucho salir de ellas.

Simplemente le recordé el tratamiento que habíamos hecho anteriormente y que fue lo que impulsó al joven a tomar una decisión definitiva. Naturalmente M.S. pensó lo que estarás tú pensando ahora: "Bonita forma de resolverse el problema, apartándome el novio, echándolo lejos y·casándolo con otra".

Pero yo le expliqué la verdad metafísica de la. situación, le recomendé decir unas afirmaciones, y al cuarto de hora salió M.S.C. de mi consultorio, radiante, sonriente y dándole gracias al Padre por su Sabiduría infinita.

Aquí está el tratamiento N° 1 que hizo M.S.C. por instrucción mía la primera vez que vino solicitando "un remedio" para que el joven decidiera casarse con ella.

Primeramente le recordé el Derecho de Conciencia, o sea, que "lo que es mío por derecho de conciencia no puede alejárseme, ni perderse, ni ser robado", y la secuela: "lo que no me pertenece, ni lo necesito, ni lo quiero". (ver el N° 1 de la Serie "Metafísica al alcance de todos", de Conny Méndez).

Segundo, le advertí que debía perdonar al novio y perdonarse ella misma.

Tercero, debía decir, "te suelto y te dejo ir". Esto lo rechazó al principio, pero luego lo dijo cuando comprendió el lema metafísico que dice "mano abierta agarra duro". Todo aquel a quien uno mantiene atado con el pensamiento, con la voluntad, con la intención, con el deseo y con la palabra, se siente prisionero y loco por soltarse, y generalmente lo logra a expensas de su carcelera o carcelero, pues se la pasan en consecuencia buscando aventuritas con el sexo opuesto. La afirmación les llega en la forma de una sensación de libertad poco usual, y por lo mismo se sienten alarmados. Creen que la amada o el amado los ha abandonado y se aferran entonces a su amor, y es seguro que no vuelven a buscar ni desear apartarse.

Esto es, por supuesto, siempre que la pareja se pertenezcan mutuamente por derecho de conciencia"; o porque sean realmente almas gemelas, o "medias naranjas", o que la unión esté en Ley por cualquier otro motivo generalmente karmático o dharmático,* porque, si no son afines por Ley; es decir, que no se pertenecen por derecho de conciencia, el tratamiento los suelta y los coloca en donde corresponde.

El joven que se ausentó a su tierra, fue libertado por el tratamiento y colocado armoniosamente donde le correspondía: con su antigua novia, en quien (entre paréntesis) tenía una hijita natural que bien merecía la presencia de su padre y la normalidad de un hogar bien constituido.

M.S.C. vio inmediatamente como hubiera sido de incorrecto y malvado que ella procediera a enviarle un "trabajo" maléfico a la madre novia.

El tratamiento metafísico le abrió los ojos y la puso a ella en el caso de la otra, y como todo se devuelve, el pensamiento bondadoso le regresó y le hizo ver lo que había de bien para ella, que se resume en lo siguiente: como ese joven no le pertenece por derecho propio de conciencia, al ella darse cuenta de esta verdad, procedió por instrucción mía, a invocar, decretar y afirmar su bien. En este caso, su bien, o su deseo es su amor verdadero, su Señor en la Tierra, su compañero ideal, que existe porque ella lo desea, lo necesita y lo espera. Si no estuviera en Ley; en su corriente de vida, en su derecho de conciencia, ella no sentiría el vacío ni la necesidad. Esto es absolutamente matemático e inmutable.

_____
* Karma es el efecto de una causa establecida, o sea el castigo de una ley quebrantada en otra reencarnación. Dharma es un premio esperado por causa meritoria.

El Cristo interior, al aceptar la lógica infalible de una aseveración semejante, le habla al ego, lo consuela, lo conforta, le da fuerzas y lo asciende a un estado de alegría increíble. S.M.C. salió pues radiante, sonriente, llena de fe y esperando *su* amor que ya la está buscando. No le queda más que rodearlo con Llama Rosa y llenar el vacío que ha quedado en su vida también con Llama Rosa, para que se atraigan, magnetismo rosa con magnetismo rosa. Es infalible.

En una próxima ocasión te daré el resultado de este caso.

A PROPOSITO DE LA PILDORA

Caso F. M.

F. M. vino a consultar muy nerviosa porque estaba embarazada, tiene varios niños y el marido está apenas comenzando un nuevo trabajo que todavía no le produce como para cubrir los gastos de un nuevo hijo.

Lo primero que le pregunté fue: ¿Tú no quieres esa situación? Me contestó que no. No la quería. —Entonces, háblale a ese ego. Dile que tú no lo puedes aceptar, que se retire porque tú tampoco deseas matarlo. Luego pídele a tu Yo Superior que te proteja y te libere de cometer un acto destructivo y que "en armonía para ese ego y para todo el mundo, bajo la Gracia y de manera perfecta te solucione el problema".

Al día siguiente me llamó para decirme que mientras ella dormía, se había "ido" la criatura sin ningún inconveniente y que todo estaba de nuevo normal.

Todo lo arregla el Yo Superior "antes, durante o después", sin necesidad de recurrir a píldoras ni medidas drásticas. El todo, es conocer la Verdad y *Ellà* te hará libre, como enseñó el Maestro Jesús.

Este es el modo como la Metafísica soluciona los casos análogos. Tú sabes ya que el "Yo quiero" y el "Yo no quiero", son todopoderosos. (Ver el libro Nº 1, Metafísicas al alcance de todos, capítulo 3, "La fórmula infalible"). Por eso le pregunté a esta señora si ella *no quería* a ese niño. No le pregunté si lo amaba. Era para obligarla a expresar su voluntad. Una vez expresada ésta, la naturaleza procede a cumplirla en la forma que se desee.

Como te estarás dando cuenta, existe un estado de ignorancia realmente escandaloso allí donde menos debe existir, desde las más altas esferas intelectuales, religiosas y científicas, hasta las más bajas, o sea, una urgencia vital de aprender la Verdad Metafísica, pues un Maestro muy moderno dice que mientras los ricos logran más y más dinero, los pobres logran más y más hijos, y este desequilibrio se nivela totalmente, no con el comunismo, sino con el pensamiento creador corregido.

Caso P. M.

P. M. sufría muchas molestias por la falta de teléfono. Tenía mucho tiempo esperando que hubiera un número disponible en la sección donde él vivía, y como le sucede a la mayoría aún siendo discípulo de Metafísicas, no se le había ocurrido que tal situación se pudiera solucionar por la vía espiritual.

Un día atinó a mencionar en esta oficina, que no podía comunicarse de su casa, por no poseer teléfono.

Le aclaramos su error.

—Tiene Ud. que elevar su conciencia lo más alto posible.

—¿Y cómo se logra eso?— preguntó.

—Simplemente, se da cuenta de que si todos somos uno en espíritu, todos estamos en constante comunicación.

—¿Y entonces qué pasa?— volvió a preguntar.

—Pues ya Ud. sabe que tiene que afirmar su pensamiento con la palabra, que es el Verbo, o el Logos.

—¿Y cómo lo expreso?

—No acepto la evidencia de que no tengo posibilidad de comunicarme con mis hermanos humanos. Si somos un solo espíritu manifestado en infinidad de formas, reclamo mi derecho por Ley de Correspondencia (ver las Leyes Universales, "Maravilloso Nº 7"). Gracias Padre que la Verdad ya se Me está manifestando.

A los dos días nos llamó de su propio teléfono que habían venido a instalarle hacía unos momentos. "Con un agravante, nos dijo: y es que los empleados de la Compañía no se explican este caso porque hay una cola de nombres esperando.

A nosotros ya no nos sorprenden semejantes "agravantes", "cidentes", etc., ya que sabemos que UNO CON DIOS ES LA MAYORIA, y que el que conoce La Ley Espiritual y la cumple, triunfa por encima de todos los que no la conocen. La afirmación que hizo, fue el cumplimiento de la Ley.

Revista Metafísica

El Nuevo Pensamiento

Directora: Conny Méndez

Año 1 — No. 2 — Mayo, 1970

NUESTRO LEMA:

Lo que no puedas aceptar, déjalo pasar, pero sigue leyendo...

CARTA EDITORIAL

QUERIDOS CONDISCIPULOS:

Tengo una amiga metafísica en Nueva York, que tiene el "sueño dorado" de convencer, algún día, a la Prensa americana a que implante "El Día de la Buena Noticia", entre tantos "Día de esto..." y "Día de aquéllo..." que abundan en el calendario actual.

La idea es, por supuesto, eliminar en ese día todas las noticias negativas y destructivas de todos los periódicos y darle cabida únicamente a lo bueno.

Paséate un minuto por lo que esto significaría. ¿Cuál es el ideal metafísico? Lograr ver el Bien en todo, para que se manifieste el Bien en todo, una vez por todas. ¿No es así?

Pues bien, date cuenta que ese día habría que prepararlo con bastante anticipación; el mundo noticioso tendría que buscar y acumular mucha cosa buena con que llenar toda la prensa; cosas que en su tarea diaria barren a un lado precisamente porque no constituye material escandaloso. Es la especulación de las emociones destructivas, por un elemento que ignora lo que hace realmente. El mundo pide paz y felicidad y ese elemento cree que lo que pide es sensación de conflicto en el alma.

No necesito recordarte lo contagioso de una vibración. Ni tampoco el efecto logarítmico que posee con relación a su frecuencia ascendente. Es decir, que mientras más alta y pura la vibración, más poderosa y más campo abarca.

De manera que el gran día explota en más de ciento cincuenta millones de mentes que piensan, leen y comentan únicamente el Bien en las próximas 24 horas, o sea el tiempo suficiente para que se solucionen todos los problemas, se curen todas las enfermedades y se transmute todo lo malo en bueno!

Al buen entendedor metafísico, pocas explicaciones le bastan, pero lo que interesa es que recuerdes que el maravilloso efecto de esa causa sería la comprobación instantánea de las Leyes de Mentalismo, Polaridad, Ritmo y Causa y Efecto, todo de un solo golpe! ante un mundo que no volvería de su asombro y volaría a instruirse en la Verdad Metafísica, ya que "por sus frutos los conoceréis".

Pues ya tú y yo hemos lanzado la primera piedra al unir nuestras dos mentes en este pequeño estudio, y sin levantar un dedo más, veremos establecido en un futuro próximo, en alguna parte, la fundación del "Día de la Buena Nueva".

Sigue cavilando y conversándolo... Para que se haga.

SIGNIFICADO METAFISICO DE LOS HIPPIES (Jípis)

La palabra inglesa "hip" significa "cadera", y la pronunciación fonética es "jíp". Muchos creen que deriva del baile que ahora se estila, remolineando las caderas al son de una música; pero ese cadereo de rueda libre no es sino una de tantas expresiones jubilosas del sentir popular, muy propio de aquél que súbitamente se siente liberado de pesos, trabas y ataduras. La cosa no termina allí.

El segundo concepto es que en el "slang" americano (argot o lenguaje popular) cuando alguien se muestra un tanto extraño, un poco loco o excéntrico, o algo obcecado, se dice de él, en tono de humorismo, "ese está hipped" (jipt), o sea, tiempo pretérito del verbo caderear (si caderear fuera verbo). Total que Hippy es la forma indulgente y cariñosa: "cadereadito o caderoncito".

Un tercer concepto es el de la "hipodérmica", o la droga. Si dicen que está "Hipped" o "Jipeado", quieren decir que está drogado.

Este artículo no pretende resolver el problema que presentan los Hippies a los que no son Hippies. Simplemente dará el significado metafísico; y no dudamos que ayudará a comprenderlos, ayudará a vivir con ellos, a todo el que llegue a leernos.

Ya tú sabes que el día 1º de mayo del año 1954 entramos de lleno a la Era de Acuario. También sabes que el signo de Acuario representa un hombre cargando una botija de agua al hombro, y que más abajo de sus pies muestra dos líneas ondulantes, una encima de la otra; una que va y otra que viene, y que esto significa "corrientes", de aire, eléctricas, de agua, de fuerzas de pensamiento, de lo que sea, pero son corrientes nuevas, diferentes a todo lo anterior.

El Apocalipsis, el cual estamos viviendo, lo dice textualmente: "He aquí que haré todas las cosas nuevas". No dice que una u otra cosa, sino *todas*. Ya es tiempo, que el hombre y la mujer comiencen a usar la cabeza para otra cosa que entretenerse peinándola.

Como ya tú sabes, todo contiene la verdad, de manera que no se puede uno limitar a un solo aspecto de la vida porque deja de conocer las demás. Por ejemplo la Astrología. El metafísico conoce la Astrología pero no se fanatiza ni por ella ni por ningún otro ramo de la verdad. La usa, la emplea a la sazón y luego compara con otros conocimientos que lo que hacen es completar un todo.

Andando la Era, se estudiarán los signos zodiacales en el sentido de corroborar lo que ellos dicen. Y lo que pintan es un cuadro del hombre, su vida y su mundo, en cada signo vigente. La Era misma va desarrollando el significado. Por ejemplo, la era de Piscis, el signo pasado, comenzó por la actuación de los pescadores como dirigentes mundiales (los Apóstoles) que primero fueron pescadores y luego "pescadores de hombres" desde su sede en el Vaticano.

La Era de Piscis era negativa como el agua, pesada como el mar; lenta y obscura como el fondo del océano. La literatura era llorona, interminable y complicada como los culebrones melodramáticos, que no son sino vástagos de aquellas anticuallas. Los viajes eran por mar. Una cabeza de pez con la boca abierta es lo que adorna la cabeza de las autoridades eclesiásticas. Las puertas y ventanas también se hacían con forma de cabeza de pez (góticas) y ya para terminar la Era; cuando se acentúan todos los rasgos, como se agudizan los síntomas de una enfermedad cuando va a desaparecer, o hacer crisis, se hundió el barco en el mar con forma de pez (submarino), echó alas y se lanzó al aire (avión) como libertado por Acuario. Al mismo tiempo se descubrió la electricidad, el automóvil, el fonógrafo, el teléfono, el telégrafo. Corrientes, corrientes, corrientes.

El hombre que superó el agua, que dominó la limitación del mar; esa hormiga humana que se cansó de tanto desmenuzar la misma tierrita siempre, descubrió con asombro el camino de las estrellas y entró en el "Nuevo Mundo" que anunció el Maestro Jesús. Ese hombrecito está simbolizado por el que carga la botija al hombro. Está libre de aquel peso. Lo que lleva es suficiente para regar su jardín. Estamos en una era positiva, de luz —inteligencia— liviana —aire— de nuevas ideas y nuevos pensamientos.

La Biblia y el Maestro Jesús explican que el "Mundo Nuevo", al cual le dan también el nombre de "El Reino de los Cielos", entraría cuando "caiga el manto de la vergüenza", y que "pertenece a los niños".

La juventud, los pavos, adolescentes, niños, la generación que surge es la que primero recibe las vibraciones de la Era a la cual ellos pertenecen; y como juventud al fin, es natural que exageren todo.

Esta Era es además, la Era de la Libertad. Está bajo los auspicios de su Avatar, el Maestro Saint Germain, que en todas sus encarnaciones trabajó por la liberación humana, y que trae el Don de la Llama Violeta, transmutadora del karma.

Así pues, los nacidos en esta Era son hijos de la libertad, vienen sin ataduras, sin trabas ni prohibiciones, y por lo tanto les es casi imposible soportar las limitaciones piscianas que les quieren imponer "los viejos" de la era pasada.

El castellano es un idioma típicamente pisciano, lento, pesado, no se presta para abreviaciones dinámicas como el inglés. Todo hay que explicarlo pausadamente. Por eso todo llega retardado a las tierras latinas donde la letra es muerta. Claro está que esto lo aprecia mejor el que hable dos o más idiomas. El latinoamericano tiene más desarrollo del cuerpo emocional, pero su cuerpo mental es menos ágil.

El hippy es, pues, lo que dice su apodo: un tanto extraño, un poco loco, un mucho excéntrico, y cosa asombrosa para todo pisciano, el hippy está casi perfectamente aclopado a su era. Lo que le falta lo está adquiriendo: la experiencia que le dará el equilibrio perfecto para juzgar hasta donde se puede "comer de todos los frutos del Paraíso" sin abusar, ya que el abuso es "el fruto del árbol de la Ciencia del Bien y del Mal".

En estos momentos del comienzo de la Era, aún están abusando, y por lo tanto, están muriendo por cantidades, estropeando y estropeándose por cantidades.

Nos hace mucha gracia cuando escuchamos a algún "grande" pisciano tratando de hablarle a un chico acuariano en términos "prudentes" sobre un tema "imprudente" o viceversa; pues para el chico ya cayó el manto de la vergüenza, mientras que para el "grande" aún le es muy molesto abrírselo siquiera. Es el pisciano el que está contra la corriente; el que está verdaderamente "caderón" por achantado y apoltronado en su era!

La verdad es que ya pasó la época de los guantes de seda. Primeramente, ningún chico nace malicioso. Eso se lo enseñan los adultos. Para todo niño el pan es pan y el vino es vino. El momento es dificilísimo para los adultos cargados de prejuicios y tabús, pero jamás para el niño, y ese es el gran secreto de la Era; que llegó el momento de superar la malicia y los prejuicios piscianos, pues con ellos a cuestas no aprenderemos jamás a "beber el agua de la vida".

"METAFISICA"
DE LA LUNA Y SU ORIGEN

Entre tantas conjeturas que pululan acerca del origen de la Luna, vamos a dar una versión que aunque no podamos lanzarla como Verdad Metafísica, es posible que salga su verificación muy pronto.

La tradición dice que la atmósfera del planeta Tierra cargada de la energía mental destructiva emanada por sus habitantes, es lo que la mantiene inclinada. ¿Pero cómo fue que se inclinó? ¿Qué tamaño choque, o sacudida sufrió para sacarla de su perpendicular?

Pues, hacen muchos ciclos y eones, eras y edades, cuando los hombres conocían la Ley de Mentalismo pero la empleaban egoistamente, usaban el poder mental humano para fines de ambición, arrogancia y lujuria, hasta que los directores planetarios tuvieron que tomar medidas drásticas.

La perversión de las puras fuerzas vitales comenzó, cuando las primeras exuberancias de poderes síquicos, en que los hombres formaron una jerarquía sacerdotal en el antiguo continente Atlante. Estos eran magos negros que dominaron al mundo de entonces y derrumbaron todo conocimiento de la mente cósmica.

Se hicieron necesarias medidas extraordinarias para salvar el resto de la raza en el planeta, y los altos poderes tuvieron que planear y ejecutar la destrucción del continente Atlante y de toda su gente.

Hasta el propio suelo que ocupaban aquellos ocultistas, saturado de vibraciones lujuriosas y egoístas tuvo que ser sacrificado, pues se hizo inapto para continuar formando parte del planeta madre.

La parte de tierra corrupta fue socavada de lo que ahora es el océano Atlántico, y lanzada al espacio donde se volvió la masa inanimada que se conoce con el nombre de Luna. La Tierra tambaleó como un ebrio bajo el impacto de esta terrible operación quirúrgica, y aún continúa bamboleándose en contorno a su eje por efecto del shock en la extirpación de tan grande porción de su cuerpo.

Antes de la catástrofe, un clima tropical se extendía por toda la Tierra hasta los propios polos. Los residuos de animales y plantas tropicales aún se encuentran en las zonas glaciales, mudos testigos de que un cambio grande y repentino ocurrió en un momento en la relación del planeta con el

Sol. La retirada del calor causó un frío anormal a los polos en aquel entonces, congelando la lluvia, que se fue amontonando hasta formar capas de gran profundidad. Esto trajo la era glacial que perduró miles de años y la cual nos es recordada con los vientos helados del norte y los meses de frío y nieve. Sin embargo, la Tierra poco a poco va recuperando su equilibrio y a la sazón, será restaurada a su pristina Era de Oro, cuando según la Biblia, todos los desiertos florecerán como la rosa.

En cuanto a que la Luna esté deshabitada, nada hay de más incierto. Lo que ocurre es, que los ojos del cuerpo no ven sino lo sólido. No están hechos para ver cuerpos sutiles, de los cuales *todos* poseemos cuatro.

Primeramente, hay un lema metafísico que dice "la naturaleza detesta el vacío". Donde quiera que haya un espacio, viene algo a poblarlo u ocuparlo de inmediato; pero tiene que ser algo de la misma naturaleza que el espacio correspondiente, por Ley de Atracción.

No puede ser ocupada por humanos, porque estos precisan de oxígeno y sus componentes. Así como en el elemento agua existe vida acondicionada para perdurar en ella, como los peces; en la Luna hay seres acondicionados para existir sin oxígeno, aire, agua, por ejemplo los llamados "espíritus del astral" que no son otra cosa que materia menos densa.

En otras palabras, hay una especie que no puede sobrevivir sino en las condiciones de la Luna. Precisamente esas que cualquier otro planetario no podría soportar.

En el cosmos no existe desperdicio. Los seres que fueron expelidos de la Tierra por la ley del equilibrio universal, quedaron asidos a su morada natural, la Luna, prisioneros de la gravedad terrena.

Habían sido magos negros que aprovecharon sus poderes para dominar a otros y mantenerlos prisioneros de sus caprichos. Esa Ley de equilibrio universal, llamada karma, equilibró el abuso colocándolos en sitio desolado, por tanto tiempo como lo exigiera la Ley para nivelar la deuda. Ya parece que se va agotando el karma de los lunarios porque al pisar la Luna el hombre de la Tierra, llevó una miriada de vibraciones de vida nueva al solitario satélite.

Las almas que por tantos eones han permanecido mandando a la Tierra influencias lunares benéficas para la vida y alimento de los seres a quienes antes dañaron (benéficas porque son sobre las cosechas, mareas, y la menstruación que rige la reproducción humana) contrarrestan en esta forma las vibraciones lunáticas que sólo perturban a aquellos llamados "locos" cuyos "Yo inferior" aún vibran en planos·paralelos al de la magia negra.

Todos nos ayudamos los unos a los otros. Al "subir" el hombre a la Luna, atrae las miradas y pensamientos de los demás terrenos, despegándose de esta forma, las mentes de los problemas físicos, diarios, olvidándolos momentáneamente y dejando que las cosas encuentren su acomodo que no logran mientras la mente esté fija en ellas. Esta es la Ley metafísica que tú conoces, pero ignorada aún por la mayoría de los terrenos y siendo la causa por la cual no logran manifestar sus deseos.

Significado Metafísico de la Semana Mayor

El Maestro Jesús se encontró con una situación delicada. Los hebreos creían en un solo Dios, es verdad, pero a ese Dios lo consideraban estar localizado aparte, separado, allá en una región indescifrable e indescriptible, y aunque por tantos siglos lo nombraron (y lo nombran) por el nombre hebreo que les enseñó Moisés, o sea "Jehová" y "Yaveh", parece que el significado tan obvio no les penetró en la mente.

Jehovah y Yaveh dicen, textualmente, "YO SOY". Ese es el significado. De acuerdo con el "Léxico Hebreo de Lee", Jehovah es el principio masculino o padre, y Yaveh es el principio femenino, o madre. Este último es el que las iglesias sectarias han dado por llamar el "Espíritu Santo", o sea la parte femenina, afectiva, sentimental de Dios.

Claramente, Moisés enseñó que eso que llamamos "Dios", está dentro de cada ser.

Claramente, como luego verán en el Capítulo "GENESIS", él enseñó que el pensamiento es el padre, y el sentimiento es la madre.

Claramente, la llama triple (ver nuestra portada) nos dice que la llama azul representa al padre, la llama rosa representa la madre y la llama amarilla representa el hijo, o producto de estos dos. Dios, o la Trinidad pues, se puede contactar con el pensamiento y el sentimiento, y a eso fue que se refirió tanto el ascendido Maestro Jesús, cuando por tres años estuvo enseñando que el Reino de los Cielos, y el Reino de Dios "están dentro de ti". Sin embargo, la gente ha continuado sin tomarlo en serio.

También explicó hasta la saciedad que la muerte no existe, que es sólo una idea que se puede superar, y llegó hasta el colmo de probarlo en carne y vida propia, poniendo el ejemplo frente a los ojos, dejando que lo "mataran" con una espada en el corazón, y con todo eso, después de todo eso, comprobó que él ¡NO MURIO! Cuando sus seguidores fueron a buscar su cuerpo, en un sepulcro prestado, encontraron la tumba abierta, y un individuo sentado esperándolos para decirles: "No está aquí. ¿Por qué lo buscan entre los muertos? Vayan a buscarlo entre los vivos".

A pesar de que los textos bíblicos *no dicen que Jesús murió en la Cruz;* pues lo que dicen es que "entregó el espíritu", lo cual significa en el lenguaje espírita de la época, que proyectó su cuerpo etérico o que se desdobló y esto está comprobado en los textos traducidos al inglés, del arameo, con la forma de "entregó el fantasma" (gave up the ghost), porque no tenía por qué continuar soportando irrespetos; el mundo corriente no ha podido leer entre líneas y ha continuado creyendo que el Maestro murió, fue sepultado y que resucitó al tercer día.

Lo que realmente hizo el ascendido Maestro Jesús fue permanecer ausente del cuerpo físico y luego recuperarlo cuando hubo terminado la misión que fue a cumplir en los planos subastrales.

A pesar de que los textos dicen que fue visto el Maestro caminando vivo por los caminos, que mostró las heridas de ese cuerpo y hasta permitió que se las tocaran; todo fue para comprobar que aquel era el mismísimo cuerpo físico que había sido ostensiblemente "matado", las multitudes continúan llorando su "muerte" y exhibiendo su imagen colgado en la cruz, olvidando totalmente la versión que después circuló, de que "había resucitado", en un esfuerzo por aclarar el misterio.

El Maestro sí resucitó a Lázaro quien *sí* había dejado el planeta. *Sí invocó* la vida que existe en todo, aún en lo aparentemente inánime. Pero un mínimum de consideración sobre los hechos, comprueba que las células iluminadas, vibrando a tan altísima frecuencia, no es posible que las desintegre la obscuridad, ¡por Dios! Al Maestro no lo podía tocar ni remotamente una vibración de malestar siquiera. El lo dijo cuando declaró: "El Dios de este mundo (el mal) viene a mí y no encuentra nada en mí a que asirse. (Nada puede entrar en nuestra experiencia a menos que encuentre algo afín en nosoros), prueba de que una vibración menor no puede afectar a una vibración mayor. Esto último se puede comprobar en nuestros días.

Toda su actuación, que en las eras subsecuentes ha sido conmemorada en la Semana Mayor llamándola "La Pasión", fue efectuada con miras a la era presente, o sea, para que fuera comprendida en nuestros días, ya que en aquélla no se podía entender científicamente; y me atrevo a adelantar que aún faltan años para que sea aceptada mundialmente la verdad.

Esto es, a grosso modo, la explicación metafísica de la "muerte" del ascendido Maestro Jesús, el Cristo en la pasada "Era de Piscis".

Como ya tú lo sabes, las eras son: una negativa y otra positiva. En la negativa se crece todo lo material, visible y se "oculta" lo espiritual. En la era positiva decrece la importancia de lo material; se revela lo espiritual, o sea que se habla abiertamente, públicamente todo aquello que se escondía como cosa vergonzosa porque surge primeramente la sospecha de que en aquello que es invisible, *pero no insensible,* está la verdad y se impone el deseo de saberlo, y luego la avidez por todo lo espiritual.

A todos aquellos que se les llamaba "locos" porque hablaban de cosas invisibles e inaudibles para la mayoría, se les busca para escucharlos con más detenimiento, y avanzando la era positiva, los "locos" resultan ser aquéllos que se ciegan y se ensordecen a la comprobación científica y matemática de la existencia real del espíritu y lo espiritual, (Einstein decía que mientras más profundizaba el comportamiento de la luz, más a menudo se encontraba con la comprobación del espíritu).

Por esta circunstancia, el Maestro Jesús, que vino en una era negativa, obscura, materialista, tuvo que recurrir a medidas tan drásticas como la "Pasión" y la "Crucifixión" pública, para dejar en la mente del planeta, la comprobación de que la muerte es sólo una idea que se puede superar como la superó él.

Los Maestros, cuando se les hacían preguntas respecto a los "sufrimientos y muerte" de Jesús, siempre han contestado "el vino a cumplir una misión y escogió él mismo esa forma de llevarla a cabo". Pero eso han dicho hasta el momento del cambio de la era de negativo a positivo, de material a espiritual, de Piscis a Acuario, cuando no se podía comprender la relación del pensamiento individual y colectvio a los males del planeta. Pero con el cambio de la era, que de acuerdo con las profecías "Nada quedará oculto sobre la faz de la Tierra" y el anuncio del Maestro, que el nuevo mundo vendría cuando "caiga el manto de la vergüenza" significa que ya se puede ir hablando de todo, porque es la era positiva, la era de la verdad, además de que los humanos ya estamos mentalmente adultos para comprender todas esas cosas.

Sería demasiado largo —y prematuro— describir aquí y ahora lo que se sabe en metafísicas de la verdadera misión del Maestro Jesús, pero daremos algo para dar una ligera idea de las profundidades, o sea la incógnita que hay aún en ello para las conciencias terrenas.

Por ejemplo, el nombre "Golgota" del monte donde ocurrió la crucifixión, significa "lugar del cráneo".

Ya tú sabes que en la mente (físicamente, cráneo) es donde polarizamos lo negativo en positivo. En lenguaje metafísico también lo llamamos "cruzarlo" o "crucificarlo". Es sencillamente formar el signo MAS (+) del signo MENOS (—). Cada vez que a alguno de nosotros nos llega el momento en que nos cansamos de estar manifestando un defecto, o que nos exaspera un hábito o una idea —digamos que una muchacha ya le molesta mucho el hábito de comerse las uñas y resuelve terminar con esa costumbre— nosotros decimos que crucificó el negativo.

Otro ejemplo es el "Cáliz" tradicional. La generalidad lo asocia con "el caliz de la amargura", y la otra expresión "apurarlo hasta las heces", sin jamás recordar la parte positiva que contiene. Pues en metafísicas el cáliz es símbolo de "la conciencia de vida eterna".

Cuando alguien ya ha logrado apersonarse de lo que es una vida eterna liberado del error, los sufrimientos; cuando ya ha crucificado o "positivado" todos sus falsos conceptos, se ha hecho digno de "beber el cáliz", o de "apurar el cáliz". Generalmente ese cáliz lo representan muy bello, en oro con piedras preciosas. Es un delicioso brebaje y no tiene nada que ver con amargura.

Cuando Jesús restauró la oreja del hombre que había sido cortada por Pedro en el momento en que venían a buscarlo para llevarlo preso, el Maestro protestó y dijo ¡Envaina tu espada! El cáliz que me ha dado mi padre a beber ¿no he de beberlo acaso?

Te atreves tú a creer que "el padre" puede haberle dado un trago amargo a su hijo? (Ver "Metafísica al alcance de todos", capítulo 1, página 13).

¡El Maestro defendió ante Pedro su derecho a beber el cáliz que le dió su Padre! Defendió su derecho a la Vida Eterna. El estaba ya muy próximo a terminar la misión triunfal que lo había traído a la Tierra, y protestó de que Pedro impidiera o retardara el final.

Nadie puede redimir a otro, tal como no se puede dormir, ni comer, ni digerir por otro. Sólo se puede allanar el camino, facilitar la tarea o abrir una puerta de entrada, pero cada cual tiene que hacer por sí sólo la trayectoria, sea a pie, en automóvil, en barco o en avión. El traslado hay que efectuarlo uno mismo.

El ascendido Maestro Jesús, manifestando ya externamente su Cristo interior, vino a allanarnos el camino, facilitarnos la tarea y abrirnos la puerta a esta era en que hemos entrado.

Andando la era, se verá comprobado lo que acabamos de decir. La Tierra está a punto de efectuar un cambio en su eclíptica (el término "a punto" puede que diste de 30 años a 1000 años). En su momento, ella entrará en la órbita de Venus. Tiene que ponerse ligera, apurando su velocidad y enderezándose.

Recuerda que la Ley de Correspondencia dice: "Como es arriba es abajo" y viceversa. Igual cambio estamos efectuando en los cuerpos sutiles. Tenemos que quitarnos el lastre, ponernos ligeros, aumentar nuestras vibraciones y volvernos más "rectos". (Ver el maravilloso Nº 7, Leyes Universales).

Sin la obra del Maestro Jesús, jamás hubiéramos podido lograrlo.

La efluvia* que rodea al planeta se iba a hacer demasiado espesa. El abrió una brecha de la Tierra a las tinieblas y de allí al Plano Crístico para que "el que quiera beber el agua de la vida", que lo haga. O sea, el que quiera y pueda elevarse, superarse y espiritualizarse, tiene el camino abierto. (Ver libro N° 4, La Llama Azul).

---

* EFLUVIA: es la masa de energía negativa que se ha acumulado alrededor del planeta, formada por los odios, maldades y pesimismo de la humanidad entera.

Pequeño método para comprender la Biblia
N°. 1 "GENESIS"

Ya te dijimos que la Biblia no es la Historia de la Humanidad. Es el compendio inigualable para ir llevando al alma del hombre de la obscuridad a la luz.

El GENESIS es la explicación de la primera Ley de la Creación: La Ley de Mentalismo (ver el libro "El Maravilloso N°. 7"). Como ya tú sabes, todo es mente. Todo tiene padre y madre. Estos son en toda creación mental, el pensamiento y el sentimiento sin los cuales no puede haber creación. También sabes, que el Logos o Verbo no es otra cosa que la palabra, o sea, la expresión exterior de lo que se ha pensado.

El Verbo es textualmente SER, que se emplea en la primera persona "SOY" para producir o crear en ti mismo salud, belleza, etc., y en el imperativo "SEA" para crear objetivamente o fuera de ti.

Fíjate bien, que el primer verso del primer capítulo de la Biblia, Génesis dice: "En el principio creó Dios los cielos y la tierra".

Las malas traducciones dicen:

"Al principio", pero esto es un error. No se trata del *comienzo* de la historia de la humanidad, sino del "PRINCIPIO", o sea de una ley. Lo que dice es que "Dios produjo la manifestación con aquel principio que de allí en adelante se va a explicar y enumerar.

La "Tierra", que ya viste en el número anterior significa tu demostración. Ya sabes que el cielo es la mente en paz, que es donde se "genera" todo lo bueno, lo bello, lo agradable, o sea, lo perfecto de acuerdo con la voluntad del Creador.

Sabes también que la Tierra es todo aquello que produce la mente y que se manifiesta en lo exterior, visible y sensible. (Los pensamientos son cosas, ver el libro Nº 1 de la serie Metafísica al Alcance de Todos).

Por esto es que dice el versículo Nº 2 de Génesis: "La tierra estaba sin forma y vacía", porque describe lo que es cuando aún no se ha manifestado algo. "Y el espíritu de Dios se movió sobre la faz de las aguas". Sabes que el significado de "agua", depende del texto que la rodea. Ella es uno de los elementos creadores. En este lugar es la madre, o sea el sentimiento.

Cuando la Biblia dice la palabra "Dios", se refiere a la energía en acción. En este punto dice textualmente que la energía actúa en el sentimiento o emoción.

Este es el proceso mental exacto. Se piensa, luego se mueve la energía latente. Entra en acción el sentimiento y luego se pronuncia el verbo creador o la palabra que determina lo que se desea formar. Y Dios dijo: "Hágase la luz", y la luz se hizo.

Es tan sencillo como te lo describo.

Ahora puedes continuar tu solo leyendo, estudiando y dándote cuenta de la lección tan clara que dió Moisés en su primer libro que tituló "Génesis", u origen de todo.

Unos puntos te voy a subrayar. Primero: Que todo es declarado "bueno". "Y DIOS VIO QUE ERA BUENO".

No hay sino un solo versículo que menciona la palabra "Mal"; y es el versículo 17 del capítulo 2, después que se terminó la creación, o sea, que surgió la manifestación.

En cuanto a la única mención del "Mal", es usada por Moisés para designar el abuso o el desequilibrio.

Y Yavé Dios, le dió al hombre este mandato: "De todos los árboles del paraíso puedes comer, pero del fruto del árbol de la ciencia del bien y del *mal* no comas, porque el día que de él comieres, ciertamente morirás". Significa que no existe algo prohibido; todo se puede hacer, pero sin abuso. El abuso, es el único "mal" porque ocasiona el desequilibrio y por consiguiente la inarmonía, el desorden etc.

2º punto. Toda manfiestación (o creación si así prefieres llamarla) efectúa siete pasos para poder aparecer. .Esos siete pasos están descritos: cada paso llamado "un día". Cada día está compuesto de "la tarde y la mañana"; o sea la inactividad a la actividad; de la obscuridad *hacia* la luz. De la nada hacia algo.

3er. punto. Que el segundo paso es una repetición del primer paso, o sea, el firmamento que separa las aguas que están arriba de las aguas que están abajo.

Esto no es sino el principio de correspondencia entrando en acción (ver libro "El Maravilloso Nº 7"), o sea, que toda creación ocurre en ambos planos, invisible y visible. Toda cosa visible "corresponde" a su contraparte invisible.

4to. punto. El último paso antes del descanso del séptimo día, es aquel en que surge el hombre. ¿No es absurdo pensar que "Dios manguaree" por allí a través de seis eones fabricando yerbas y criaturas, y de repente, en el último paso fabrique no solamente un hombre completo con todos sus órganos y sistemas, sino también a su mujer? Esto te debe indicar algo de la verdad.

Todo lo que es creado, como es hecho de sustancia viva, contiene vida. Sabemos que eso que *vive*, contiene también inteligencia y amor. (Atracción, adhesión, cohesión o repulsión) y que por lo tanto lo consideramos una entidad viviente. Claro está, que para un mundo habituado a considerar que todo lo sólido e inamovible que ve, es "inanimado", le es un poco sorpresivo saber que todo está vivo, y no solamente las "cosas", sino lo que antes se consideraba simplemente ideas, virtudes, condiciones; tales como la paz, el orden, la simetría, la meta etc. Todo lo que representa una idea es una creación viviente. Se dice que Dios crea en ideas y todas son "hijas" de El.

5º punto. La extracción de la mujer de la costilla de Adán, representa la división de la célula. La célula original de cada ser viviente se separa por mutuo acuerdo y cada mitad sale a evolucionar por su lado. De tiempo en tiempo se reunen, se casan formando el matrimonio perfecto, y conservándose ese recuerdo en el cuerpo etérico, viven de allí en adelante cada uno buscando la pareja ideal. Al final de la ronda de reencarnaciones se funden de nuevo el Yo inferior con el Yo Superior, que es la "Boda Mística" más dulce y feliz que el mejor de los matrimonios.

6º punto. De acuerdo con la Ley de Precipitación, la Llama Violeta se antepone a la Llama Oro-Rubí para proteger a la manifestación contra toda "efluvia". Entonces, se coloca la Llama Oro-Rubí en contorno a la creación para conservarla en perfecta tranquilidad hasta que esté sólida. Esto último constituye el 7º "Día" en que "Dios descansó de su labor".

En todo "Tratamiento" (oración o petición) para obtener una demostración, cuando el solicitante se siente que lo que pide se le va a dar, debe cesar toda petición y dejar obrar a los "Siete

Pasos". El Maestro Emmet Fox decía de esto: "cuando sientes que la paloma de la paz se posó, cesa todo trabajo. El milagro se ha hecho".

Fíjate que en todos los seis primeros pasos del texto no mencionan sino a "Dios". Es la energía en acción. Del sexto paso en adelante, comienzan a nombrar a Yavé Dios, o al Señor Dios. Es porque la manifestación (hombre) está conciente y comienza a actuar el "YO SOY". YAVE significa YO SOY. "El Señor" es el mismo personaje, o sea el Positivo Masculino de toda creación. El yo inferior es el negativo femenino.

No olvides que cada vez que leas la Biblia debes afirmar: "LA SABIDURIA DIVINA ME ESTA ILUMINANDO". Esto hace que la mente se conecte al plano de la comprensión perfecta.

DEL DICCIONARIO METAFISICO DE LA BIBLIA

GENESIS:
Del griego: fuente, origen, linaje.

El primer libro de la Biblia. Es el recuento de primeras causas. Principios elementales. Libro de las emanaciones. En hebreo: Sepher Berashith. Génesis también señala el nuevo nacimiento, o sea el perfeccionamiento del ser en la regeneración.

(TIERRA, CIELO, LUZ, FIRMAMENTO y AGUA, fueron ya dados en el AÑO 1, N° 1 de la Revista Metafísica "El Nuevo Pensamiento").

DIA:
Días y noches en la Biblia son símbolos de grados de desarrollo. La noche es ignorancia. El día es comprensión.

ESTRELLAS:
Pensamientos síquicos. No son espirituales, son de los planos astrales. La vibración de los pensamientos astrales o síquicos, es muy inferior al pensamiento espiritual puro.

EDEN:
El Jardín del Edén es la conciencia espiritual pero ya muy alta, donde y cuando el individuo manifiesta automáticamente en su vida. Es el estado de dicha de todo metafísico adelantado.

LOS 4 RIOS DEL EDEN:

PISON: En su significado simbólico o segundo estrado de significación, Pisón es vida que impregna todo. En su significado tercero o jeroglífico, Pisón es el Yo Superior. El ser en su más alto grado. Pisón rodea toda la tierra de Avila (Havilah) donde hay oro y piedras preciosas.

HAVILAH: Es el cuerpo físico en donde existen potencialmente todos los tesoros del espíritu.

GUIJON: Es el sistema digestivo. Tipifica lo físico. Siempre se ha considerado que es inferior, sin inteligencia, vacío, obscuro, por esto lo llaman Etiopía.

HIDDEKEL O TIGRIS: Simboliza el flúido nervioso. Es el centro electromagnético que se expresa en el centro del átomo.

EL EUFRATES: Es la corriente sanguínea que recibe y distribuye los alimentos que ingerimos.

Como se puede ver, la Biblia tiene tres planos de comprensión para nosotros. La letra muerta que es la interpretación intelectual y material. Su simbolismo o plano mental y su significado espiritual que es tan profundo que se le ha dado a llamar "jeroglífica". Generalmente todas las traducciones de la Biblia son hechas en letra muerta, interpretadas en su sentido material. No conocemos sino la enseñanza metafísica que se haya ocupado de su significado simbólico; y ya en este estudio verás tú como comienza a traslucirse su realidad espiritual de vez en cuando.

Como se ve claramente, en las palabras traducidas anteriormente, están mezclados los niveles 2 y 3. A veces se trasluce el nivel simbólico y otras veces aparece el nivel jeroglífico (o totalmente espiritual). Esto es porque en el nivel 2º la conciencia física aún está actuando. Se comprende el significado simbólico. Y en el nivel 3º que llamamos jeroglífico o totalmente espiritual, ya se vislumbra el segundo significado del Génesis, o sea el renacimiento o regeneración.

INTRODUCCION A LA
VERDAD COSMICA
por la Gran Hermandad Blanca

II PARTE

"VERDADES BASICAS PARA EL ESTUDIANTE"

1. *CONCIENCIA*

CONCIENCIA, es una palabra que ha confundido las mentes de los estudiantes de metafísica casi desde un principio, por ser una expresión vaga; no obstante cada vida encarnada o desencarnada y cada Ser Perfecto en planos de luz, no es más que un *estado de conciencia*. La del hombre, comprende eso de lo que él está consciente o de lo que ha conocido a través de la experiencia vivida.

El mundo exterior divide la conciencia en el SUBCONCIENTE: que contiene las experiencias del pasado, las cuales a veces están profundamente arraigadas en su naturaleza. El CONCIENTE; el cual comprende las experiencias del presente. Y la SUPRACONCIENCIA, o desarrollo superior que el hombre lucha por conseguir.

La conciencia es la única propiedad de cada vida individual, y es una actividad que no puede ser robada o destruida. Por lo tanto, lo que un hombre construye dentro de su conciencia por medio de la contemplación y del esfuerzo, es suyo para toda la eternidad.

A través de su vida, el hombre está sometido a tres tipos distintos de conciencia. Estos son:

1. CONCIENCIA INDIVIDUAL: que es el conocimiento de que uno existe como *Ser Inteligente* que tiene el uso de la energía, facultades y libre albedrío para crear y dirigir un plan de vida individual.

2. CONCIENCIA DE GRUPO: en la cual cada pensamiento y sentimiento, cada virtud o vicio, aumenta esa condición en la "conciencia de la masa".

3. LA CONCIENCIA DE MAESTRO ASCENDIDO: en la cual ya la entidad usa sus facultades creadoras de pensamiento, sentimiento y palabra para producir únicamente lo perfecto voluntariamente.

2. LA LEY DE CAUSA Y EFECTO

La frase bíblica: "Lo que el hombre siembra, eso cosechará", es la gran verdad que hoy conocemos como la LEY DEL KARMA.

Al usar el hombre su libre albedrío, crea una herencia de karma: el bien se convierte en la gloria del cuerpo causal; el mal, en el peso del aura personal. Ninguna vida recibe en una encarnación más karma de lo que su evolución le permita expiar en ese lapso de vida. No hay enfermedad ni desgracia, ni condición que sea experimentada por ser alguno en una encarnación, mayor a lo que él pueda soportar. La Ley de Retribución le fue impuesta a la humanidad, para que aprendiese por medio del dolor que produce la energía al regresar; la Ley del Círculo o que lo que sale de un hombre tiene que regresar a él. Sin embargo, bajo la radiación beneficiosa del Séptimo Rayo, al hombre se le ha dado el conocimiento y el poder de aplicar el Fuego Violeta por medio del cual él puede sublimar toda la energía mal calificada de toda su corriente de vida. Aparte del Karma individual al que está sometido cada corriente de vida, considerables esfuerzos deben emplearse para mitigar el karma de una raza, de una familia, de una nación, de una religión y aún del planeta en sí.

3. LA VERDAD SOBRE LA REENCARNACION

La reencarnación es realmente una misericordia para el alma que está evolucionando en la atmósfera presente del planeta Tierra, porque la acumulación de karma individual, nacional, racial y planetario es tal, que es esencial un descanso de la lucha y la necesidad de mitigar los males de causas pasadas para asegurar la existencia continuada de esa alma con las cualidades de esperanza, fe y determinción para perseverar hasta que se asegure la inmortalidad del ego.

Cuando un alma ha acumulado gran sabiduría y comprensión en una vida previa, es muy lamentable, que en el nacimiento sucesivo le sea nublado por las restricciones karmáticas que abarcan toda la raza, impidiendo que esa alma traiga el recuerdo completo de su propia luz. Esto tiene que recogerlo de nuevo por medio del desarrollo de la intuición y trabajar a través de la estructura del cerebro y de los vehículos que le son suministrados en el nacimiento actual. La razón por la cual a la conciencia del hombre no se le permite el recuerdo del pasado, se debe a que los pecados y la iniquidad de la raza se han hecho tan pesados, y el odio y las injusticias tan tremendas, que la Ley Kármica, en misericordia, baja la cortina del olvido para dar a los egos oportunidad de extender la luz de su alma sin cargar con rencores de otras vidas.

4. NO EXISTE LA MUERTE

La vida es eterna, completa y bella. Al cerrarse la puerta a la vida terrenal, se abre en los reinos de luz donde el alma está destinada a vivir hasta que le llegue el momento de reencarnar o de ser ascendida. La muerte nunca es el fin, sino un comienzo; quizás una oportunidad para hacer reparaciones por la energía mal usada, o para recoger la cosecha de una vida bien empleada. El ascendido Maestro Jesús vino a la tierra para probar la verdad de la Resurrección y de la Ascensión y las glorias de la Vida Eterna. El no creía que la muerte, la desintegración, el deterioro, la senectud y toda la destrucción de creación humana eran el destino del hombre. El se *consagró* a vivir de modo perfecto y probó al mundo la continuidad de la vida. Por lo que dijo, quizo hacernos saber, que esperaba de todos nosotros que algún día llegáramos a la misma conciencia y comprensión que quita el miedo a la muerte y eventualmente lleva a la victoria de la Ascensión.

5. LOS SIETE CUERPOS DEL HOMBRE

El hombre es un ser séptuplo, cuyos siete cuerpos son instrumentos del ser, y han sido creados durante un período de muchas edades. Estos siete cuerpos son necesarios para que un individuo pueda encarnar o tomar cuerpo en el plano físico; siendo cada cuerpo creado de la sustancia del reino en el cual funciona.

Los tres cuerpos superiores incluyen la "PRESENCIA YO SOY", el SER CRISTICO y el CUERPO CAUSAL, los cuales funcionan en el plano espiritual o reino de los Maestros Ascendidos, y forman parte integral del equipo individual, por medio del cual puede alcanzarse completo dominio de la energía de la vida y así ganar la eterna libertad.

Los cuatro cuerpos o vehículos inferiores son: el cuerpo emocional cuyo objeto es exteriorizar la naturaleza sentimental; el cuerpo mental el cual es el creador y recibidor de los pensamientos-formas; el cuerpo etérico el cual es el depósito de las experiencias de la presente y anteriores encarnaciones; y el cuerpo físico el cual está interpenetrado por los otros tres y fue hecho para ser el Templo de la Llama Triple o Chispa Divina

a. LA PRESENCIA "YO SOY"

La presencia "YO SOY" (o cuerpo electrónico), es un ser viviente individualizado con quien podemos hablar y quien oye cada llamado u oración. Sólo conoce la perfección de la gran Omnipresencia Universal y continuamente la irradia hacia el mundo de las formas. La presencia YO SOY, es una con el gran Yo Soy; los rayos de energía que fluyen dentro del cuerpo físico desde el cuerpo electrónico son idénticos a los rayos que fluyen desde el sol para convertirse en luz, energía y vida para toda cosa en el planeta, y si la conciencia intelectual mantuviera su atención enfocada en su fuente, la presencia "YO SOY", la perfección siempre se manifestaría en el mundo del inviduo.

b. EL CUERPO CAUSAL

Los bellos colores del cuerpo causal, son representativos de las siete esferas de conciencia que es el aura natural del Sol de nuestro sistema, y en menor grado, es la exteriorización de la cantidad de energía calificada que le es dada a cada vida según progreso a partir del estado puro de inocencia. Dentro de estas esferas, todo el bien acumulado por experiencias pasadas descansa hasta que el mundo físico esté lo suficientemente armonioso para beneficiarse de este depósito del bien. El cuerpo causal de cada individuo varía en tamaño y calidad de acuerdo con la cantidad de energía calificada constructivamente a través de las edades, tanto dentro como fuera de un cuerpo encarnado.

c. EL SER CRISTICO

Entre la presencia Yo Soy y la forma física, media o actúa el Divino Ser Crístico, el cual es un ser inteligente de luz con una conciencia pura que crece y aumenta con el cuerpo causal (este es el Cristo que el ascendido Maestro Jesús manifestó y que todos nosotros tenemos que llegar a manifestar. Por eso dijo él: "Síganme a mí", que no es más que poner en práctica lo que enseñó y que lo conduce a uno a la identificación con nuestro propio Cristo para manifestar la perfección que él alcanzó y que le valió el nombre de JESUCRISTO). Aunque este Ser Crístico tiene una vibración más baja que la presencia Yo Soy, lo cual permite que actúe en nosotros, su acción es conjunta, y cuando se le permite libertad de acción, actuará como un Director personal divino de todos los asuntos materiales. Cuando el estudiante ha avanzado en el sendero, la presentación de este Ser Crístico a través del cuerpo físico es lo que ha sido referido como la segunda venida de Cristo, —la cual ha de ser individual—. Por eso comprendemos por qué no basta con creer en el Cristo, sino que cada quien tiene que CONVERTIRSE EN EL CRISTO dentro de sí.

d. EL CUERPO EMOCIONAL

El cuerpo emocional fue creado de la sustancia emocional o mundo sensorio que es el mismo reino donde funcionan las entidades que muchas personas llaman ángeles y arcángeles. Su propósito es irradiar e intensificar las virtudes que dan felicidad como la paz, perdón, misericordia, pureza, etc.

e. EL CUERPO MENTAL

El cuerpo mental, el cual fue hecho de la sustancia del reino mental es muy similar al ser Crístico por el hecho de que debía ser el vehículo del ser Crístico en su manifestación inferior o exterior. La actividad mental funciona a través de este cuerpo el cual contiene la suma de todos los conceptos, opiniones, conocimientos y conclusiones humanos extraídos de todas las fuentes de información. La mente fue creada para que fuese *sirviente* de la llama individualizada y *no* su dueño. Debía ser el instrumento para crear y mantener el patrón o la visión hasta que la manifestación física pudiese efectuarse.

f. EL CUERPO ETERICO

El cuerpo etérico es la imagen y figura verdadera de la forma humana tangible, pero compuesta de un material mucho más sutil. Dentro de este cuerpo están las relaciones y recuerdos de todas las experiencias sufridas por el individuo a través de incontables vidas. Es también el medio para la transmisión de fuerzas a todas las partes de la forma humana. Determina las condiciones del cuerpo físico, porque en sí, es depositario y transmisor de energía, así como el verdadero intermediario entre los mundos internos y externos del hombre.

g. EL CUERPO FISICO

Al igual que en el caso de los otros cuerpos, el físico también es creado de la sustancia de su propio reino. Su función, tal como la percibimos, es ejecutar los actos físicos y manifestar en el mundo de las formas. Este cuerpo está hecho de minúsculas partículas de luz que llamamos electrones, y éstos son emitidos desde la fuente de Energía Universal y prestados al individuo para crear un ropaje de carne a "imagen y semejanza" del ser Crístico. Sin embargo, la realidad no es el cuerpo físico, el cual es un mero punto de anclaje en la Tierra para los rayos de luz que se proyectan directamente desde la fuente divina.

6. LA TRINIDAD

La Trinidad actúa a través del Universo como la acción trina y única de Padre-Madre-Hijo; siendo aquello que llaman el Santo Espíritu realmente la naturaleza femenina o SENTIMENTAL Divina. El cuadro de la Trinidad, (ver el "Maravilloso Nº 7") enseña a la Presencia Yo soy envolviendo a la forma física en su Manto de Luz Electrónica. Dentro del corazón humano el ser Crístico representado por la LLAMA TRIPLE (ver portada de nuestra Revista). En esta llama vemos nuevamente la trina acción de Padre-Madre-Hijo, representados por las llamas azul, rosa y amarilla respectivamente y que es el anclaje de la vida dentro de la forma humana. Alrededor de la figura de la presencia Yo Soy está el cuerpo causal representado por círculos de los colores de las siete esferas. En este gran depósito es donde la presencia "YO SOY" obtiene el BIEN acumulado por la corriente de vida y lo canaliza hacia la manifestación física. La contemplación diaria de este cuadro le permitirá al estudiante visualizar y comprender efectivamente las tres actividades principales indispensables para su iluminación, salud y abundancia de todo lo bueno, como también para el proceso que lo llevará a su Ascensión en la Luz. Estos son a) el uso victorioso de la llama Violeta Transmutadora y el Manto de Luz; b) el establecimiento de su conexión con la presencia "YO SOY" por medio de su atención; y c) recibir y dar las bendiciones de la presencia "YO SOY".

7. EL CONCEPTO INMACULADO

El concepto inmaculado es la pureza del diseño divino que el Creador tiene para cada uno de sus hijos. Está incorporado en el ser Crístico, pero la conciencia exterior tiene el privilegio y está obligada a manifestarlo tarde o temprano. Este concepto es lo que debemos visualizar en nosotros mismos o en los demás, pues una de las normas de la Gran Hermandad Blanca (Maestros de la Sabiduría) es que nunca visualizan a un individuo como imperfecto, pero ven siempre este concepto inmaculado del Cristo que cada uno ha de llegar a ser. Ya conocemos el poder creador del pensamiento: donde fijes tu atención en eso te conviertes. Por eso, visualizando la mayor perfección que podamos es como podemos alcanzar esa perfección en nosotros, nuestro mundo y nuestros asuntos.

8. LA IMPORTANCIA DE LA BUENA SALUD

La buena salud es la voluntad del Creador para cada uno de sus hijos y cuando no se manifiesta, es un claro recordatorio de que el individuo tiene una creencia contraria, ya que la verdadera causa de la enfermedad es el miedo, el odio, la crítica, la preocupación, la frustración, la ansiedad, el pesimismo y cualquier otro pensamiento o sentimiento discordante. Todas estas son causas erradas, pero pueden ser contrarrestadas por la conciencia de paz, confianza, amor, esperanza, victoria y otras cualidades de los maestros ascendidos. Al reconocer los hábitos personales de pensamiento y sentimiento que son las causas de la enfermedad e intentar diariamente eliminarlos manteniendo pensamientos y sentimientos de las virtudes opuestas en corto tiempo se puede disfrutar de un funcionamiento perfecto de cada parte del cuerpo físico.

9. ILUMINACION ESPIRITUAL

¿Qué es iluminación? Es el conocimiento de la verdad y la liberación de la ignorancia. El ascendido Maestro Jesús dijo: "CONOCED LA VERDAD Y ELLA OS HARA LIBRES". Pero ¿cómo podemos saber la verdad? Hay que llegar a la comprensión de que no hay mejor Maestro que el ser Crístico, y una vez que la mente está limpia de todos los "ismos" y de todas las teorías, entonces el ser Crístico Superior podrá manifestarse... Esto sólo puede hacerse por medio de la meditación en asuntos espirituales.

10. GRATITUD POR LAS BENDICIONES DE LA VIDA

Uno de los medios más rápidos de liberar los poderes divinos encerrados dentro del corazón, es por medio de un sincero y profundo sentimiento de gratitud por la vida y por las muchas bendiciones que todos disfrutamos. La gratitud, es realmente un chorro de energía que sale con una bendición, y como *toda vida,* desea ser amada, la gratitud hace que más y más bienes acudan allí donde se encuentra ese sentimiento de gratitud y quitarse de encima la presión de discordia que envuelve todo.

La falta de gratitud ha evitado que muchas puertas se abran y dejen salir abundancia de bien hacia el individuo. Recuerden bien, que en nuestra mente tenemos el suministro de todo lo bueno, y constantemente debemos vivir en el SENTIMIENTO DE ABUNDANCIA aún en las cosas más triviales de nuestro vivir cotidiano.

No sólo basta con saber que la opulencia nos viene de nuestro pensamiento y sentimiento: tenemos que sentir la gratitud y creer que ya lo hemos recibido. Una excelente afirmación es: "YO SOY LA RESURRECCION Y LA VIDA DE MI ILIMITADO SUMINISTRO DE TODA COSA BUENA Y PERFECTA QUE DESEO EN MI SERVICIO A LA VIDA". Es un modo excelente de atraer el suministro y la opulencia de Dios a nuestros mundos. Sin embargo, como medio de expander y doblar nuestras bendiciones NO HAY SUBSTITUTO PARA LA GRATITUD Y EL AMOR.

COSAS DE LA REENCARNACION

Un amigo nos preguntó: ¿Por qué será que en una misma familia a menudo se encuentran hermanos tan diferentes? ¿Cómo es posible que la misma sangre y la misma raza pueda producir dos especímenes tan opuestos?

Son cosas de la Reencarnación, le contestamos.

De dos hermanos, el mayor es un gran caballero y el segundo un gran patán. El primero actúa como un señor donde el menor actúa como un carretero. Los dos tenían que venir al mismo nivel, el menor porque ya le correspondía subir de categoría en premio a sus esfuerzos en su vida anterior. El mayor no podía bajar de categoría, pero sí tiene que venir a nivelarse en el ramo del trabajo porque en su encarnación anterior nació en la corte y no hizo otra cosa que seguir a los reyes donde ordenaran pasear. Por eso su aspecto es noble, sus modales refinados, sus gustos costosos; mientras que el hermano menor es tosco, ordinariote y en cuanto a sus gustos, no le exigen más que las delicias de un perro caliente mientras se absorbe en "las aventuras de los Picapiedras".

Porque sabrás que hasta en el Cielo hay jerarquía. La nobleza y la jerarquía son grados de adelanto evolutivo que no se pueden ni comprar ni robar; como tampoco se pueden destruir, usurpar ni degradar impunemente. Cuando se cree haberlos hundido, surgen con igual fuerza por otro canal, y el que los haya adquirido no puede jamás perderlos, no importa a que nivel le corresponda renacer.

TOME NOTA...

CIENTIFICO es aquel que pregunta ¿Cómo?

FILÓSOFO es aquel que pregunta ¿Por qué?

MISTICO es aquel que mira la vida de adentro.

MATERIALISTA es aquel que mira la vida de afuera.

POETA es aquel que domina el lenguaje.

POLITICO es aquel que antepone a todo su partido o su carrera.

ESTADISTA es aquel que antepone a todo, el país.

PATRIOTA es aquel que atiende a los intereses de su país, antes de los suyos propios.

ARTISTA es aquel que hace de la belleza su religión.

HEROE es aquel que ejecuta lo que otros se contentan con admirar.

CABALLERO es aquel que jamás se propasa.

COBARDE es aquel que viendo lo más alto, prefiere lo más bajo.

TONTO es aquel que cree poder engañar la Gran Ley.

LADRON es aquel que cree apoderarse de algo que no ha ganado.

JUGADOR es aquel que trata de ganar lo que no le pertenece por derecho de conciencia.

ADULTO es aquel que ha aprendido a controlar sus emociones.

JOVEN es aquel que jamás se aburre.

VIEJO es aquel que ha perdido la capacidad de maravillarse.

SANTO es aquel que ama a Dios por sobre todas las cosas.

FARISEO es aquel que utiliza a Dios para gloriarse ante los demás.

OPTIMISTA REAL es aquel que sabe que no puede existir sino una sola causa.

PESIMISTA es aquel que cree en múltiples causas.

CHARLATAN es un médico que trata síntomas en lugar de causas.

CHIFLADO es todo aquel que ve las cosas de manera distinta a ti.

SENTIDO DE HUMOR es sentido agudo de proporción.

CRITICAR es la forma indirecta de autoexaltarse.

ARREPENTIMIENTO es la entrada al Cielo.

REMORDIMIENTO es vanagloria emponzoñada.

RELIGION es la búsqueda individual de Dios.

Si la FUERZA BRUTA fuera el objetivo, serían los leones los que nos tendrían enjaulados.

Si lo que importara fuera el TAMAÑO únicamente, los dinosauros serían aún dueños.

PRESION ARTERIAL ALTA significa presión emocional, o demasiada ansiedad.

PRESION BAJA significa poco interés.

Cuando los HUESOS CRUJEN, es la mente que está anquilosada.

El castigo del MENTIROSO es no poder creerle a nadie.

La maldición de la IGNORANCIA reside en que la propia víctima lo ignora.

Lo peor de la POBREZA es no tener nada que dar.

El peligro de la RIQUEZA es la tendencia al egoísmo.

Lo malo del SENSUALISTA es que los sentidos le han matado el corazón.

El HOMBRE PERFECTO vendrá cuando la mujer perfecta esté pronta a recibirlo.

El que exagera su genealogía es como las papas; su mejor parte está bajo tierra.

Los que siempre llegan tarde a misa (oración, religión, etc.) van a encontrarse en retardo al Cielo.

Lo que le dés a la obra de Dios se te multiplica y te bendice. Lo que le niegas a Dios no te servirá de nada.

CONSULTORIO

CASO C. B.

C. B. estaba en estado de gravedad extrema, pero no quería morir hasta que no llegara una hija que estaba ausente.

La familia sabía que la hija tenía impedimentos y no podría venir. Tenía familia, hijos, trabajo y complicaciones que no le permitían hacer un viaje para ver a su madre.

La familia no sabía que hacer, y la señora sufría tanto, que era horrible verla en ese estado. Acudieron a nosotros, y 8 minutos después del tratamiento metafísico que se le hizo, descansó la señora espontáneamente, sin sufrimiento y pasando del sueño al otro plano.

El tratamiento que se le hizo fue el siguiente: Nos dirigimos a su Cristo interior, lo reconocimos, lo bendecimos y le dijimos "Tú sabes que en los planos cósmicos no existe la separación. Que tu materia dañada se desintegre en el plano terreno no quiere decir que tú dejes de ver, oir, acompañar, proteger y dirigir a tu hija desde el plano a donde tengas que habitar de hoy mismo en adelante, si así lo aceptas. Sabes que tú eres la resurrección y la vida, como te enseñó tu propio Maestro Jesús de Nazareth.

Vete tranquila, no temas, porque el mismo Dios está de aquel lado de la vida como en este. Te envolvemos en la llama violeta de la transmutación del karma en nombre de "YO SOY".

Así fue como la señora C. B. cerró sus ojos y se fue tranquila y sin sufrir, a los ocho minutos de haberle hecho el tratamiento mencionado.

———— o ————

CASO W. S.

La Sra. W. S. se casó en Rusia donde vivió varios años y regresó a Venezuela con una hijita de poca edad, y el proyecto de traerse al esposo que es oriundo de allá. Una vez aquí, se encontró con el problema de lo difícil que era traerlo ya que entre ambos países no existían relaciones diplomáticas, y otra serie de dificultades.

En medio de todo esto, ella conoció la Metafísica y comenzó a instruirse por medio de una de las maestras, a quien más tarde le confió el problema que tenía. La maestra *le dio* un tratamiento para que lo hiciera y se le solucionara el problema.

Al poco tiempo, aquello que aparentaba ser inamovible, comenzó a ceder, y recibe la noticia que por mediación de un diplomático amigo había la posibilidad de que su esposo pudiera salir de Rusia hasta París, donde era condición que ella lo esperara para conducirlo aquí, ya que parece ser que Rusia vela de manera especial por todos sus ciudadanos que salen fuera. La Sra. W. S. temió y dudó de que esto sucediera tan fácil, lo cual produjo que tal diplomático mediador fuera removido de su puesto, deteniéndose aparentemente el curso de la gestión.

De nuevo la Sra. W. S. acudió a la instructora de metafísica, la cual le indicó que olvidara la mecánica de las cosas, que olvidara los trámites jurídicos para traer a su esposo aquí, e hiciera nuevamente el tratamiento. Así lo hizo la señora, y a los 15 días recibió telegrama del esposo anunciándole que se encontraba en París y que cuatro días después estaría en Venezuela. (El esposo está efectivamente ya en Caracas).

El tratamiento que se le dió a la Sra. W. S. y que ella cumplió al pie de la letra fue el siguiente: que mentalizara a su esposo aquí, a su lado (aplicación del principio de mentalismo) pensando que su venida no dependía de *determinadas personas* sino de la presencia YO SOY en las personas que él escogiera y todo esto dió como resultado, que quince días después, le llegó el telegrama de su esposo anunciándole que se encontraba en París y que cuatro días más tarde estaría en Caracas. Es más, hasta le consiguió trabajo; y había ella quitado en tal forma la vista de los acontecimientos físicos respecto a su problema, que no se dió cuenta que dos días antes las relaciones de Venezuela con Rusia ya estaban funcionando.

Todo esto se resolvió de forma tan armoniosa, que no fue necesario que ella fuera a París, evitándose ese enorme gasto, que era otro de los inconvenientes.

———— o ————

CASO M. Y. M.

Este joven no duraba en ningún trabajo. Su familia se desesperaba lo llamaban irresponsable, flojo, distraído y por supuesto, con cada decreto de estos, su caso empeoraba.

Al fin un día vino al consultorio y comencé a examinarlo.

—¿Qué es lo que te gusta hacer en la vida?

—¿A mí?

—¿Y a quién va a ser?

Lo que sucede cuando alguien recalca preguntando "¿A mí??" o "Qué" cuando ha oído perfectamente, es que se están dando tiempo para pensar. ¡Al fin contestó!

—¡Nada!

—¡Cómo! —exclamé— ¿No te gusta hacer nada? No puede ser. Hay algo que te distrae más que todo lo demás en la vida. ¿Tú tienes algún hobby?

—No.

—¿En qué te distraes cuando estás en tu casa?

—Durmiendo.

El caso era grave en verdad. Decidí cambiar la táctica.

—Dime, ¿por qué cambias de trabajo tan a menudo?

—Bueno, porque me despiden al poco tiempo.

—¿Y por qué te despiden?

—Dicen que no rindo.

—¿Cómo es eso de que no rindes? Explícate.

—Ah porque pierdo todo el tiempo.

—¿En qué?

—En conversar.

—Bueno, le dije con fuerza. Ya me fastidió de sacarte las palabras con escarbadientes. Ahora habla tú, y dime que son esas conversaciones tan interesantes que te quitan el tiempo. Porque lo que es a mí me estás perdiendo mi tiempo por no conversar.

—No que... es que... bueno yo me voy a los otros departamentos y nos ponemos a conversar y se va la mañana o la tarde y todos están perdiendo el tiempo conversando conmigo.

—Entonces ya descubrí lo que más te gusta hacer en la vida. Si los otros departamentos se interesan tanto en lo que tú conversas, que dejan lo que están haciendo para "perder el tiempo" contigo oyéndote, entonces mi amigo, lo que más te gusta hacer es conversar. Ese es tu talento, tu hobby y tu "arepa". Luego estás mandado a hacer para Relaciones Públicas. Vamos a hacer el tratamiento indicado.

Le dicté el siguiente tratamiento:

Tomó papel y lápiz y:

"El puesto y el trabajo que me pertenecen existen, y me están esperando. Si alguien lo está ocupando, ese lo está desempeñando mal, porque es mío por derecho de conciencia y ningún otro que yo puede cumplirlo a la perfección. Rodeo esa colocación con amor, lleno de amor el vacío que hay en mi vida (lo cual quiere decir que no volveré a denigrar de mí mismo ni permitiré que nadie me juzgue ni me decrete mal). Gracias Padre que ya estoy en mi puesto correcto y verdadero".

A los tres días me llamó para decirme que una de las grandes compañías lo había mandado a llamar para ofrecerle un puesto de Relaciones Públicas en donde ha dado plena satisfacción.

Revista Metafísica

El Nuevo Pensamiento

Directora: Conny Méndez

Año 1 — No. 3 — Junio, 1970

CARTA EDITORIAL

Querido condiscípulo:

¡Cuánto nos complaces con tus expresiones jubilosas de gratitud y felicitaciones por el primer número de cortesía que recibiste!

Verdaderamente la reacción ha sido muy satisfactoria.

No hubo sino dos voces descontentas, y no por el contenido, sino la primera por el precio de Bs. 5 y la segunda por el estilo sencillo que usamos.

Hermano y hermana, si en verdad deseas la Revista, si sientes la necesidad de lo que ella representa, y no te es posible costear ese precio ni tampoco el de abono, aún reducido como lo está, tendremos el mayor gusto en regalártela. Tu alimento espiritual bien vale para nosotros el sacrificio.

Ahora, el precio irá bajando con el aumento de la edición. Bien sabes que cuanto menor es el tiraje es más cotoso; cuanto mayor es el número de ejemplares que requerimos, menos cuesta cada número.

Esta Revista no gana ni un mediecito redondo: todo lo contrario. Te habrás dado cuenta que ella no contiene ni un solo anuncio comercial. Ella dependerá íntegramente de la venta y suscripciones, porque hasta que pueda sostenerse sola, es financiada por fondos privados.

No queremos comercializarla. No pretendemos hacer negocios. Queremos alimentar tu espíritu; instruirte para ayudarte a solucionar tus problemas, quitar tus penas, curar tus enfermedades y asegurar tu ingreso a la Nueva Era de Oro de la Tierra, pues la único que nos impulsa es el deseo ardiente de adelantar al mayor número posible de seres humanos para que la Nueva Era no los encuentre dormidos, pues comprendiendo los sucesos que nos esperan, no seremos afectados por ellos.

La segunda voz, descontenta por la sencillez de nuestro lenguaje, quiere que nuestro estilo se involucre con giros de retórica y que apliquemos en formas más literarias las formas del buen decir.

A este hermano le pedimos disculpas por no podernos dirigir exclusivamente a su propia necesidad de fioritura intelectual, pues el momento es álgido y el tiempo nos escasea para poder alcanzar y abarcar al mayor número posible de seres humanos, de almas y mentes desde la edad de diez años hasta los cincuenta. Menores de diez años que puedan comprender la Verdad Metafísica son excepcionales; y mayores de cincuenta que no tengan la región frontal en comienzo de acartonamiento también son excepcionales. De manera que hay que hacer la instruc-

ción sencilla, amena, interesante, lucida pero sólida para que impreg-
nando, irradie y quede.

Así pues, ayuda al prójimo haciéndonos saber si deseas o no conti-
nuar recibiendo la Revista. No te cuesta nada, ni siquiera la estampilla
si usas el cupón de la última página. Sólo el esfuerzo natural del que
acusa recibo de un regalo que ha recibido. Si no deseas continuar reci-
biéndola será lamentable que interrumpas el hilo de maravillosa sabi-
duría que se canaliza por esta vía, pero... eres libre. Te podemos llevar
al agua pero no podemos obligarte a beber.

Gracias, condiscípulo.

CONNY MENDEZ.

CHISPITAS

El pasado tuyo no es lo que interesa, sino lo que eres *ahora*, o lo que decides ser. La Biblia dice: "Hoy es el día de la salvación, ahora es el momento aceptado".

Estás saludable porque estás contento y no contento porque estás saludable. Un cuerpo manifiesta salud porque es el efecto de una mente feliz. Lo malo es que todo el mundo ha creído a pie juntillas aquel error de "mens sana in corpore sano", cuando es al revés.

Si no tienes tiempo para meditar y hacer tus afirmaciones, tendrás mucho tiempo que dedicarle a las enfermedades y las calamidades.

El ser más tonto del mundo es aquel que no se preocupa por su desarrollo espiritual y toda su vida la dedica a los asuntos exteriores.

En realidad no existe ninguna "mala situación" ni los negocios y las cosas pueden "marchar mal". La depresión exterior está en el interior de las mentes y de allí se manifiestan en el ambiente y circunstancias.

La verdad es que tú no conoces a Juan. Tú sólo conoces la idea que tú te has formado respecto a Juan; y esa idea seguramente la expresó alguien frente a ti, y tú la aceptaste sin chistar ni comprobar.

El fracaso del Apolo 13

(EXPLICACION METAFISICA)

No vamos a entrar en detalles técnicos o mecánicos, ya que nuestra misión es la de explicar el significado metafísico de los hechos.

Los americanos siempre han visto al Nº 13 con tal desconfianza que llegan a eliminar de los edificios el piso Nº 13 y en los hoteles las habitaciones que llevan el mismo número.

Sin embargo, diríase que con el Apolo 13 se hizo el esfuerzo de borrar la superstición. Los metafísicos lo polarizamos en el positivo para quitarle las vibraciones negativas que parte del mundo le ha formado y que flota en la efluvia; y sumamos 1 y 3 igual a 4 que es el número de la estabilidad y la armonía perfecta.

A pesar de que nadie quería que el vuelo Apolo 13 tuviera el menor inconveniente, miles de miles de personas ignorantes de la Ley de Mentalismo asociaron el fracaso con el número "fatídico". Añadiendo a esto el hecho de que en los días anteriores al vuelo, circuló una película sobre una misión espacial que fracasó; que la nave andaba descompuesta e impedida de regresar a la Tierra, y que ni una sola de las personas que vieron la película dejó de pensar, asociar y decretar cuanta barbaridad se le antojó, en conexión con el próximo vuelo espacial, siendo la tónica general: "¡dígame si esto le sucede al Apolo 13"! Lo cual es un reto como para provocar el terror y compartirlo.

El accidente, cualquiera que éste fuera, no podía menos de ocurrir. Fue el cumplimiento de la Ley de Causa y Efecto. A pesar de que la mayoría alegue que fue un tornillo, o un meteorito, o una reacción química en el combustible, todas estas razones no son sino el canal por donde se cumplió la Ley.

Cuando se regó la noticia, todos los metafísicos nos pusimos a la obra de corregir y contrarrestar el error, viendo la verdad, y no nos sorprendió que los astronautas dominaran la amenazadora situación y llegaran sanos y salvos. Hasta las olas en el "splash down" se desaparecieron y el mar se puso manso como una piscina.

La ayuda mental que les dimos fue la de recordar que todo, absolutamente todo está compuesto de siete unidades; cuatro positivas y tres negativas. Afirmando y acentuando esto, se aceleran las vibraciones positivas y la situación se vuelve y presenta su cara bonita, dejando de manifestar su parte negativa. Esta es la manera de "ver" la Verdad que liberta del peligro.

Pequeño método para comprender la Biblia

ADAN Y EVA

BREVE RESUMEN DE LO YA PUBLICADO: La Biblia no intenta ser ni Historia ni Biografías. Ella es toda una gran clase de Sicología y Metafísicas. Todos los relatos son ejemplos de estados mentales y de cómo ponerles remedio. Enseñan las Leyes de la Actividad Mental. Cada personaje de la Biblia representa un estado de conciencia que **todos** nosotros podemos experimentar, y los sucesos que ocurren a los diferentes personajes ilustran las consecuencias que acarreamos cuando consentimos esos estados mentales, sean buenos o malos. Aunque es verdad que algunos nombres como Moisés, Eliseo, Pablo de Tarso, etc. son históricos, y aunque sus vidas fueron como las pinta la Biblia, son traídas a colación para pintar estados mentales de ellos y los resultados obtenidos. Otros como el Hijo Pródigo, el Buen Samaritano, la Mujer de Púrpura etc., son ficticios; jamás existieron y son para ejemplificar esos estados mentales de una forma gráfica y sencilla.

La sección que antecede al relato de Adán y Eva en el Paraíso (Génesis 1) expone el Principio de Mentalismo, o sea la base de la demostración.

Tú sabes muy bien, que un estado de ánimo o mental no puede dibujarse como se dibuja un objeto material. Por ejemplo: ¿cómo pintar el temor? Pues por medio de una cara con expresión de terror. Lo mismo ocurre con la envidia, el remordimiento, la sensibilidad etc. Se pintan seres envueltos en llamaradas que indican los tormentos de los celos, envidias, deseos insatisfechos.

Lamentablemente, muchas personas con poca imaginación no saben interpretar estos cuadros. Los toman al pie de la letra y al poco se dan cuenta de que aquello no tiene ni lógica ni sentido común. ¿Qué pasa? Que recha zan la Biblia entera y dicen que es una sarta de mentiras. Del cuadro de las llamaradas salió el mito del Infierno.

Los fanáticos religiosos son fanáticos, porque por obediencia ciega defienden y aceptan la teoría, la alegoría, el cuadro ficticio, simbólico, como si fuera la auténtica verdad y se crean un conflicto en el subconsciente, ya que el *espíritu en ellos* conoce la verdad, no puede aceptar la falsedad, y se lo advierte al consciente.

El Infierno sí existe, pero no es un sitio o lugar de fuego. Existe donde quiera que haya humanos sufriendo torturas del alma o del pensamiento. La persona que está sufriendo celos está en un infierno. Su imaginación le vive forjando imágenes falsas que lo tienen en un suplicio con respecto a la persona amada, y por consiguiente sus sentimientos corren parejos con los cuadros de su pensamiento.

¿Un ser en paz y perfecta armonía? Pues se pinta una persona tocando un instrumento porque todo el que está ocupado haciendo o tocando música pone una expresión de deleite. El instrumento popular en los tiempos en que se pintó el cuadro de la paz y la armonía era el arpa. Aún no existía el piano. Un instrumento musical, de hecho, es símbolo y exponente de armonía y para expresar que esa paz era celestial, se pintó un ser con alas tocando esa arpa, en el aire (cielo) y de

allí surgió la idea graceja, aunque poco graciosa, de que en el Cielo se pasa la eternidad sentado en una nube tocando arpa. Las cosas hay que meditarlas para desentrañarlas.

Afortunadamente ya se conoce universalmente el símbolo de la justicia, o sea, la mujer vendada con una balanza en la mano. La Biblia usa las cosas concretas para expresar ideas abstractas. Felizmente Pablo lo advierte: "Estas cosas son alegorías", —dice.

Pues bien, en la Biblia, metafísicamente, ni Adán representa el sexo masculino, ni Eva representa el sexo femenino. Adán y Eva son una misma persona. UN SOLO SER. Adán representa el cuerpo y Eva el alma. Tú y yo, o cualquier otra persona en el Universo son cada una "Adán y Eva". En la Biblia, MUJER es siempre el alma, y ADAN es el cuerpo material. Los sentidos, la mente, los sentimientos, están todos en el alma. Cuando el alma se va dejando el cuerpo en la Tierra, ella se lleva todo lo que animaba aquel cuerpo. El intelecto está en el alma. La vida está en todo. Cuando el alma se va queda el cuerpo inerte y se corrompe pronto. La vida no se va. Está en todo. Se transforma, o sea, que se transmuta en otra forma.

Con lo que tú conoces del principio de Mentalismo, sabes que la mente y el sentimiento son los creadores de todo lo que nos ocurre. Todo es creación de la mente en combinación con el corazón. ¿No es así? Todo ocurre primero en el pensamiento y en las convicciones. El alma es, pues, CAUSA. Luego estas creaciones se manifiestan en el cuerpo. ¿No es así? El cuerpo es, pues, EFECTO.

El cuerpo no puede comunicarle nada al alma porque él es efecto y *nunca* el efecto es anterior a la causa. Todo le ocurre al cuerpo después que el alma lo ha concebido.

Por esto es que dice el relato que Eva comió primero del fruto prohibido y luego tentó a Adán. "Comer" es simbólico de "pensar". Comer-pensar, meditar-digerir. "Cuerpo" incluye toda la manifestación exterior del individuo. "El verbo se hizo carne" es "La palabra se materializó". La palabra es el paso que sigue al acto de pensar.

Ya tú sabes, que la gran ley de la naturaleza es que todo lo que nos rodea, todo lo que nos ocurre son expresiones de nuestros estados de conciencia (y de subconciencia) del momento. Nunca puede el cuerpo dañar al alma. Siempre es Eva, (alma) quien come primero del fruto. Es una forma simbólica de decir que el temor, la gula, la ira por ejemplo, primero se piensan y se sienten con el alma, con la mente, con las convicciones, con la imaginación, o sea, con el corazón, y luego se manifiestan en el cuerpo en forma de úlceras, barros, cáncer, tumores, colitis, infartos, y toda condición y suceso en la vida exterior.

Ahora, ¿qué clase de fruta fue la que comió Eva? Se llamó "El fruto del árbol del conocimiento del bien y del mal". Ningún árbol de ese nombre crece en el planeta. Está clarísimo que es alegórico. Existe una creencia general de que fue una manzana. Aquí un paréntesis para un dato científico. Las siete capas atmosféricas que cubren nuestra Tierra comienzan por la Atmósfera (Ionósfera, estratósfera etc.) y terminan por la llamada zona de Appleton. No se sabe si alguien "oyó campanas", otra persona confudió la magnesia con la gimnasia, lo cierto es que se formó tal lío con las siete capas atmosféricas y los siete días de la Creación, que llegó a traducirse el nombre de la zona última (antesala del cielo) literalmente "Appleton" Ciudad de la Manzana. Y aquí tienen ustedes un ejemplo de cómo se forman los chismes, o sea, que una simple alegoría se convierte en causa de "LA CAIDA DEL HOMBRE", por haberle aceptado una manzana a su mujer, fruta de un árbol auténtico, en un sitio geográfico genuino, en una fecha exacta del pasado, y todo es una fábula más fantástica que las de Esopo o La Fontaine, las cuales por lo menos fueron inventadas para enseñar lecciones valiosas.

Muy poca meditación hace falta para comprender que el crear una pareja adulta sin experiencia, ni infancia, ni adolescencia y castigarla por un pecado cuya naturaleza no eran capaces de comprender; y luego castigar a su lejana posteridad por un incidente que tuvo lugar siglos antes, y por el cual no eran en absoluto responsables, es algo que no es ni justo ni siquiera inteligente. Y eso que el relato cuenta que lo que dijo Dios fue "De todo árbol del jardín podéis comer, pero del árbol del conocimiento del bien y del mal no comerás porque el día que comiereis seguramente morirás".

Esto significa que si pensamos bien y mal al mismo tiempo, sufriremos. Por ejemplo: decimos que el chocolate es delicioso, lo que implica que es muy bueno; pero de seguida decimos. "A mí me hace mal". Allí está la mezcla. Hay gente que cree que detestar a los comunistas o a los derechistas es bueno. ¿Cómo va a ser bueno lo malo? Esa es la mezcla.

En la alegoría el hombre fue creado primero porque en los humanos, el ser está siempre consciente de su cuerpo antes de su alma, como los niños.

La serpiente representa el Yo inferior, la mente carnal, que es nuestra creencia en la separación de Dios. SOMOS UNO CON EL. La causa de todas nuestras dificultades está basada en la creencia de que la materia tiene poder; que lo exterior puede gobernar por encima de lo interior, y es una creencia sutil como una serpiente. Es la más primitiva de todas las creencias, la más terrena, y por eso la comparan con lo más primitivo que es una serpiente (el gusano, la culebra, la anguila, etc.) que se arrastra por la superficie de la tierra. Aceptamos ávidamente la enseñanza de la Biblia, de Jesús, de Metafísicas prometiéndonos que no volveremos a creer en falsedades, y nos proponemos no pronunciar una sola palabra negativa, y al salir a la puerta de la calle vemos que están cayendo unos goterones. ¡Ay! —exclamamos. "Va a caer un diluvio, y yo sin paraguas, y no es nada, sino que tengo principios de grippe!" Esa es la serpiente sutil. Si deseas transformar tu mente, lo primero que tenías que decir, es YO NO QUIERO que esta lluvia me perpudique y DECRETO que no me perjudica ni en mis planes ni en mi salud, porque sencillamente no es armonioso y menos aun cuando estoy saliendo de una clase donde estoy aprendiendo a conocer y emplear la verdad. Recuerda que tú no tienes por qué someterte a las condiciones, ellas tienen que someterse a ti porque la Biblia dice:

"Dios dijo: Henchid la Tierra, someted y dominad sobre los peces del mar, sobre las aves del cielo, sobre los ganados y sobre todo cuanto vive y se mueve sobre la Tierra, y vió Dios ser muy bueno cuanto había hecho. (Los peces del mar simbolizan ideas terrenas, las aves representan ideas espirituales; y todo cuanto se mueve sobre la tierra inclusive, todo tipo de vibración, inclusive palabra y pensamiento).

Segundo: si no he traído paraguas, es que no lo necesito.

Tercero: mi espíritu no puede tener gripe; siendo ésta una gran verdad metafísica, liberta a mi materia de esa condición.

Cuarto: bendigo el bien en toda esta situación y quiero verlo; ¡gracias Padre! Ves como la serpiente te hizo olvidar todo. Te hizo recordar tres decretos negativos, comiste de su "fruto" y te hizo sentir desnuda, a la merced de los elementos, sin protección y agarrándote de las cosas materiales como un paraguas. Porque la parábola dice que cuando Adán y Eva habían comido del fruto prohibido se sintieron desnudos cuando nunca antes lo habían notado.

En el frescor de la tarde, dice la alegoría, oyeron la voz de Dios preguntando en dónde se hallaban. Eso es, que después que nos hemos olvidado de la verdad y ensuciado con negatividades, nos acordamos de la Ley y nos preguntamos si será demasiado tarde para remediar el daño.

No es verdad lo que dice la serpiete que "el día que comas del fruto serás como los dioses que conocen el bien y el mal". Es lo contrario. Analizando el mal no se domina. La única forma de dominarlo es no tocándolo mentalmente, y si uno se da cuenta de que lo ha pensado, hay que "despensarlo" volviéndolo deliberadamente positivo. Sustituyen-

do el pensamiento con la Verdad del Ser, la Verdad de Dios, la Verdad del Cristo en nosotros, la Verdad del Plano Espiritual, y todo suavecito, sin violencia (porque en el espíritu de nada sirven los músculos) y luego quedarse en paz.

Repito: nuestra convicción de que el mal y la limitación tienen poderes contra nosotros, es la causa de todos nuestros problemas, de las enfermedades, de las guerras y los pleitos, de la pobreza y la inarmonía. Cuando aprendas la verdad del Ser, la verdad de Dios y de nuestro Cristo interior, y la aplicamos constantemente hasta que se haga automático ese pensamiento en nosotros, no tenemos que luchar para ganar el sustento. Nuestro pensamiento, que es creativo, demostra ' todo lo que necesitemos. Mientras tanto Eva, nuestra alma, come del fruto prohibido, piensa limitadamente, y todo lo exterior va de acuerdo con ese pensamiento. Creemos que todo hay que lucharlo para poder vivir! Se cree que la Tierra hay que laborarla con sudor para que dé algo; se cree en toda clase de pestes que hay que fulminar con insecticidas, y mientras se crea eso, siguen los insectos multiplicándose. Se cree que "no quiere llover" y mientras se decrete esto, el agua no cae. La India y China son países que ejemplifican este estado mental. En ellos se cree que no hay suficiente comida para la inmensa población, y mientras más se piense y se decrete esa creación humana, menos da la tierra, menos llueve, más aridez hay en el suelo y más hambre en las masas.

El ser desterrados del Paraíso por un ángel con una espada de fuego, significa que mientras mantengamos la creencia en la limitación, nos está vedada la entrada a la paz y la felicidad. La espada es la verdad. El Angel es el estado de felicidad pura. El Edén o Paraíso, ya sabemos, es el estado de conciencia o estado mental en que ya no tenemos que luchar, porque todo nos viene por "añadidura".

El Apocalipsis dice: "A aquel que supere le daré de comer del árbol de la vida". Mientras se conserve una sola creencia de limitación, se está cerrada la puerta del cielo, no importa cuán bueno y santo sea el individuo. A menudo vemos seres que nos hacen decir de ellos: "¡Pero cómo es posible que a Fulano le ocurra esto o aquello cuando es un santo, generoso, bondadoso, no calumnia ni critica, no tiene rencor, es noble, yo diría que es perfecto!" Pero lo vemos con achaques y hasta con terribles enfermedades; o en la más abyecta miseria; o si son ricos y poderosos los vemos sucederles terribles calamidades en sus seres queridos. Todo eso es ocasionado por las falsas creencias que poseen. Es posible que crean en el sufrimiento como un deber, y enviado por Dios. Esa "cruz" tan espantosa de la enseñanza pisciana, quie-

nes creen que el "sígueme a mí" de Jesús quiso decir que deberían sufrir con resignación que los clavaran, foetearan y vejaran sus enemigos!

Si alguno te detesta, su odio no puede afectarte en lo más mínimo siempre que ese odio esté en él y no en ti. Si tienes lo que llamamos una conciencia de prosperidad, no puedes empobrecerte, no importa lo que suceda en el mundo exterior. Es notorio que las personas que ganan grandes sumas de dinero en la lotería o en los caballos, o en el juego, pierden todo muy pronto. ¿Por qué? Porque esa ganancia no es legítima. No viene por su estado de conciencia próspero sino por un estado de conciencia de pobreza, ya que si tuvieran conciencia de prosperidad no estarían buscando dinero por medio del azar; estarían muy seguros de su propio valer. Siempre expresamos nuestra propia conciencia. Cuando se sabe con convicción que Dios es nuestra providencia y que sus canales son infinitos, no importa lo que sucede en el exterior, todo lo que necesitamos nos vendrá en alguna forma, de alguna parte, por añadidura.

En la Biblia, los padres, nuestros padres, son nuestro pasado inmediato, porque hay la creencia de que nuestras condiciones de hoy son los resultados de los actos de ayer. Nuestros actos del momento determinan lo que nos ocurre en el momento. Si no hacemos nada por cambiar las condiciones de ayer, ellas continúan igual o se encadenan. Pero si decidimos que no vamos a continuar en las condiciones de ayer, estas cambian al instante. Las experiencias de hoy son causadas por los pensamientos de hoy. Renueva los pensamientos de hoy y verás transformadas las condiciones de hoy.

Dice la Biblia que Adán cayó en un profundo sueño, pero no menciona que jamás haya despertado. Eso es así. No ha despertado aún, o mejor dicho, va a comenzar a despertar ahora.

En Efesios: 5-14 se dice: "DESPIERTA TU QUE DUERMES. RESUCITA DE ENTRE LOS MUERTOS Y CRISTO TE DARA LUZ". El pensar en el Yo superior comienza a manifestarse en el cuerpo. El cuerpo es un fiel retrato de las condiciones mentales, y cuando sufrimos por una falsa creencia, es el reconocimiento de la verdad lo que nos liberta. Cuando te crees padeciendo cierta enfermedad, sufres todos los síntomas. Cuando el médico te dice que no tienes esa enfermedad, te curas como por milagro. La verdad te liberta.

"PERO YA CRISTO HA RESUCITADO DE ENTRE LOS MUERTOS Y SE HA CONVERTIDO EN EL FRUTO DE AQUELLOS QUE DORMIAN". (Corintios 15).

Adán y Eva se desterraron del Paraíso por haber aceptado la duda y el temor, pero Cristo reabre la puerta del Este y los admite. El Este siempre simboliza el espíritu. El lado izquierdo del cuerpo simboliza el Este, el lado espiritual. El derecho es el lado material.

Ahora, uno de los puntos que más daño hacen es aquél del "pecado original". ¿Qué cosa es el pecado original? ¿Por qué supone la Iglesia que venimos todos con el estigma del pecado original? Precisamente, el pecado original es la duda y el temor. No es nada sexual. Es puramente mental. Medita bien esto, pide luz y verás muy claro.

¿Por qué esa obsesión sexual que todo lo interpreta en términos de prohibición o libertinaje? Relee el último capítulo del librito "Metafísicas al alcance de todos". No hay para qué volver a explicar este punto. Es sicológico y no metafísico.

El "pecado original" viene en todo el que nace en el planeta porque nacemos de padres que tienen conciencia de temor y de ignorancia. Pero no quiere decir que se esté condenado por siempre a ese estado de cosas! Nada de eso. En cuanto el individuo aprende que "no hay nada que temer sino al temor"; al aprender la "verdad del Ser", se transforma la situación porque se ilumina el alma. Se curó la duda, comienza a mejorar todo lo exterior que hasta entonces ha estado manifestando limitación. Y la Biblia dice que el Cielo se puede alcanzar a la fuerza. Es cuestión de decisión y de proponerse a no permitirnos ni consentir más en estados mentales negativos.

En cuanto a la última parte del capítulo de Adán y Eva donde Dios o Yavé parece que maldijera, no es sino la forma dramática empleada en toda la Biblia por los maestros en la época de Moisés, para alertar y enumerar los efectos que acarrea la Ley de Mentalismo mal empleada.

Esto fue escrito basado en los sucesos ocurridos en la mal llamada "caída del hombre" antes de la evolución adámica en la cual estamos.

DICCIONARIO METAFISICO DE LA BIBLIA

ADAN: Del hebreo, significa Rojo-sólido.

Por cierto que Adama significa Tierra-roja. Era una ciudad fortificada de Neftalí, en tiempos de Josué. Adán es el hombre genérico. Representa a toda la raza humana. En un más alto nivel de interpretación, Adán representa la inteligencia.

EVA: Es el aspecto femenino del hombre genérico. "Mujer y hombre los creó". Eva es representativa del amor en el nivel superior de interpretación. Se necesita la unión de la inteligencia y el amor para generar la sabiduría.

EL SUEÑO DE ADAN: Es la ignorancia en que yace la humanidad con respecto a las leyes de la Creación y a la verdad espiritual. Está comenzando a despertarse.

EL ARBOL DE LA VIDA: Es el símbolo de la columna vertebral. Está en el tronco. Los nervios son las ramas y las hojas.

GANADO: Representa ideas de fuerza vital.

BESTIAS DEL CAMPO: Son las energías que se usan en las sensaciones. Cuando el hombre relacione sus fuerzas vitales con la sabiduría, que es la unión de la inteligencia y el amor, encontrará eterna satisfacción en lugar de placeres sensuales.

EL FRUTO DEL ARBOL DE LA CIENCIA DEL BIEN Y DEL MAL:	Representa el sistema nervioso simpático, cuyo fruto es "la sensación", toda sensación, sea emoción, sentimiento, satisfacción del apetito, de la bebida. Cuando el hombre llega a controlar éstas, por medio de la afirmación y la realización, sus sensaciones le son armonizadas y todas sus funciones son llenadas con energía nerviosa. Cuando el hombre abusa de la sensación de placer bien sea sexual, o de sentimientos, emociones, de la mesa, se está robando energía, ese alimento nervioso esencial. Ese excesivo placer, con el dolor que acarrea es lo que se llama "Bien y Mal".
AVES DEL CIELO:	Son ideas espirituales.
PARAISO:	Es lo mismo que Edén.
EL JARDIN:	Es el Reino de los Cielos que mencionaba el Maestro Jesús y que está "dentro de ti", o sea, que tenemos la facultad de creárnoslo.
EL ESTE U ORIENTE:	Se refiere a ese "interior".
EL OESTE:	Se refiere a lo exterior.
LA SERPIENTE:	Es la conciencia humana o conciencia carnal. Cada vez que tu tratas de llevar a cabo una acción de acuerdo con las reglas metafísicas que estás aprendiendo, siempre surge alguien que te pone en guardia o te alerta con algún concepto terreno, creación humana, ideado en lo negativo. Ese está haciendo el papel de la "serpiente". La criatura más baja de todas. La que marcha pegada del suelo y que tienta con la manzana de la discordia. Si le haces caso, estropeas tu idea o tu proyecto. No sale. Se muere.

Metafísica del Deporte

En todas las épocas, en todos los países; en toda la Tierra, cuando comienza el ser humano a funcionar como persona, surge un brote de energías desproporcionado con relación a las capacidades del muchacho.

¿Quién no conoce las anomalías del treceañero? Hay un choque entre mente, siquis y físico que requiere una paciencia, una comprensión y una disciplina que pocos padres están ni preparados ni dispuestos a soportar. Los chicos se vuelven insoportables para los "grandes", y esos grandes se vuelven insoportables para los chicos.

Nada de esto es nuevo. Es tan viejo como la humanidad, y cada generación tiene que pasarlo, aprenderlo y recordarlo. Lo lamentable es que muchas generaciones de "grandes" lo olvidan y junto con ese olvido entierran el remedio que nos legaron generaciones de inteligencias, y ahí radica lo imperdonable.

El muchacho en plena pubertad siente surgir en él un mundo subconsciente de animalismo sexual y poderosísimo, es un chorrerón de energías que estaban dormidas y que se despiertan todas juntas al comienzo del tercer ciclo de siete años, de los catorce a los veintiuno, como tú bien lo sabes.

Ese muchacho no sabe que hacerse con él mismo. El no se comprende ni se conoce. Sólo tiene el instinto de desahogar el vórtice que lo perturba más allá de todo sentido común, y se lanza contra todo lo que encuentra en su camino, sea padres, hermanos, maestros, prohibiciones, instituciones, causas, gobiernos o ventanas y faroles. Más tarde se impacienta por arreglar el mundo entero porque encuentra que "los viejos están todos despistados", pues la pretensión desmedida es uno de los desequilibrios de su condición de adolescente.

Precisamente para esa edad, para esa emergencia, es que "las generaciones de inteligencias" nos legaron el Deporte. Para eso fue inventado por educadores gigantes del pasado, ya que el ejercicio físico trasmuta el deseo de caerle a palos a otro ser humano y en vez le cae a una inofensiva e insensible pelota, que sirve de chivo expiatorio de las energías sin usar.

Todo ser que escoge evolucionar encarnado en un planeta, tiene que someterse a una serie de condiciones particulares de ese planeta. Las condiciones terrícolas exigen que la energía se use a través de un cuerpo material de carne y hueso, pero no desaparecen los factores intangibles, sensorios, tan presentes, que no se les puede eclipsar. Hay, por ejemplo, el sistema nervioso, el sistema mental, las inclinaciones atávicas y las preferencias síquicas.

No entremos a analizarlos. Sólo veamos unos ejemplos. El boxeo, por ejemplo, es un deporte que no es jamás escogido por el intelectual (sistema mental) ni por el músico (sensibilidad nerviosa). Atrae poderosamente al sistema de inclinaciones atávicas porque recuerda y llama al animal y sus instintos que no los tiene muy lejos.

Los juegos de pelota atraen a los materialistas. El futbol, las bolas criollas, son juegos en que se patean y se manosean las bolas. Más elevados son los deportes en que se usan instrumentos, bates, cestas, raquetas, y el nivel intelectual y cultural de sus adictos va ascendiendo también. Los juegos se van haciendo de más en más refinados, de más en más garbosos, donosos y elegantes hasta llegar a la delicadeza del Badminton, que se le manda a un "gallito" emplumado, con una fina y esbelta raquetica a que vuele por encima de una alta malla alejada del suelo. Así las preferencias síquicas, anímicas, se van manifestando en el deporte que escoge el individuo.

Los deportes todos sirven para lo mismo; 1° Para descargar las energías acumuladas. 2° Para descansar el cuerpo de una inmovilidad forzada por el trabajo. 3° Para desviar la mente de actividades opuestas, como la política. 4° Para acoplar todas estas alternativas en una distracción sana.

Es absolutamente insano, insalubre, contraria a todas las reglas de higiene mental y física, la barbarie que se impuso aquí en Venezuela cuando se instituyó un Enciclopédico Programa de Educación tan increíble por lo pletórico, que obligó a todos los planteles a suprimir totalmente el Deporte, la Cultura, Arte, Música, Lectura, todo descanso, adorno y recreo, para poder empujar, atapusar el Programa en el estudiante en un tiempo que se negaba a estirarse para abarcarlo todo, y la juventud reventó por donde no debía, siendo su único alivio la política, la violencia y la otra violencia vicaria, la de los vaqueros y hampones de televisión. ¿Y los estudios?... Hoy en día ningún estudiante escribe una carta sin errores ortográficos!

A la juventud venezolana se le cerraron las puertas de la educación viva, la educación que entra por la práctica, ya que el Deporte es el inigualable maestro de ganar o perder con nobleza, de varias clases de generosidad, de comprensión, de disciplina y de dominio del carácter.

Y ahora para revelarles el Señor de todos los deportes, el deporte por excelencia para serenar la mente, educar los reflejos, equilibrar y desarrollar el cuerpo, la mente y siquis, el deporte integral que cumple todos los requisitos enumerados arriba y que da además el garbo y la elegancia de lo espiritual: el patinaje en hielo. Su inmediato inferior es la natación.

En los países fríos es recomendable los deportes que ponen a sudar. En los climas tropicales son indicadas las actividades acuáticas y sobre hielo.

Si todos los barrios poseyeran su propio campo completo de Deportes, con piscina y pista de hielo y con Maestro-Director que sepa estimular y activar las competencias interbarrios; si las autoridades ofrecieran premios por distinciones, por pericia, etc., se acabaría la delincuencia.

A la hora de cerrar hemos tenido noticias de que ya se está construyendo una gran pista de hielo. Damos las gracias al generador de ese comienzo.

INTRODUCCION A LA VERDAD COSMICA
por la Gran Hermandad Blanca

Parte III

ORIGEN Y EVOLUCION DEL HOMBRE

1. *LA CREACION*

El Sol de nuestro sistema es sólo uno de siete soles en la galaxia a la cual pertenecemos. La Tierra es uno de los siete planetas que pertenecen a ese Sol. Toda actividad en el Universo está bajo la dirección, control y guía de algún majestuoso Ser Cósmico. Los que se ocupan del mantenimiento de nuestro Sol y sus siete planetas se llaman Helios y Vesta. (Arriba como abajo, todo es por parejas. Masculino y Femenino. Helios, masculino y Vesta su complemento Divino Femenino, porque así se les llama en ese plano, lo que correspondería a esposo y esposa aquí en nuestro plano).

Después de recibir su iniciación Cósmica Solar, Helios y Vesta diseñaron los siete planetas de nuestro sistema y grabaron el patrón en lo que allá se llama "El Corazón del Guardián Planetario Silencioso de nombre "Inmaculatta", quien lo sostuvo para el uso de los Siete Elohim de la Creación quienes fueron los que crearon la nebulosa y posteriormente la materializaron físicamente según el proyecto de los señores del Sol.

2. LAS SIETE ESFERAS

Dentro del Sol hay Siete Esferas o Templos que representan los atributos del Supremo Creador. La Primera Esfera es la Voluntad Divina, Rayo Azul como saben todos ustedes. Es aquí donde nacen todas las ideas, pasando luego a la Segunda Esfera donde son moldeadas en Divina Sabiduría para su presentación a través de varios canales. En la Tercera Esfera es donde se ejerce la atracción, cohesión y adhesión, llamada por los humanos Amor Divino. (Como estás viendo, en el hombre esto es la Llama Triple, y de acuerdo con la Ley de Correspondencia que dice: como abajo es arriba como arriba es abajo, de estos tres poderes, esferas o llamas se desprende toda creación). La Cuarta Esfera es Blanca, y así como el blanco irradia todos los colores, esta esfera proyecta las mencionadas ideas divinas hacia el mundo de los hombres. A través de la Quinta Esfera, se transmiten a las conciencias receptivas las ideas relacionadas con los descubrimientos científicos e investigaciones médicas. De la Sexta Esfera es derramada la inspiración a los dirigentes religiosos y de la Séptima Esfera se derrama la Llama Violeta que disuelve todo lo negativo y destructivo y disuelve todo karma. Es enseñada y transmitida por Maestros, Guías y Conductores Individuales.

3. LOS HIJOS DE LAS SIETE ESFERAS

Durante el período de la creación de la Tierra los futuros habitantes del planeta residían en dichas Siete Esferas dentro del Sol. Eran apenas chispas espirituales o átomos permanentes de siete tipos diferentes. Unos pasaban más tiempo en una de las Esferas, clasificándose así como originarios del 1º, 2º, o 3er. rayo según el caso. Esto hace que cada individuo sea esencialmente de una Esfera o Rayo en especial, y que a través de su evolución, tiene que equilibrarse en todas las cualidades de los tres rayos; o sea, que todo ser humano tiene que manifestar el equilibrio perfecto del Poder, Sabiduría y el Amor, antes de poder lograr la ascensión a los planos de luz. En otras palabras, el individuo debe emular las características de los Siete Rayos (los otros cuatro rayos son derivados de la Llama Triple) antes de ser relevado de la necesidad de nacer y renacer. Sus numerosas encarnaciones son para que él desarrolle las características necesarias para favorecer ese balance.

4. COMPLEMENTOS DIVINOS

La mencionada Chispa Divina es una inteligencia individualizada que contiene todos los atributos del Creador, y presenta los aspectos masculino y femenino de la Divinidad. Esto se llama el Cuerpo de Fuego Blanco, y los dos seres en uno, deciden si quieren o no buscar mayor individualización, dividiéndose en Rayos Gemelos. Sin embargo, por propia determinación muchos de estos nunca se separan para viajar por el mundo de las formas, sino que continúan funcionando en un solo Cuerpo de Fuego Blanco, cumpliendo así su Plan Divino como UNO SOLO al efectuar su Servicio Cósmico.

El Cuerpo de Fuego Blanco cuando decide proyectarse en el plano físico, se individualiza en los cuerpos femenino y masculino de la Presencia Yo Soy, quien a su vez proyecta rayos de luz en el corazón de las formas físicas. Estos cuerpos físicos son los egos que evolucionan sobre la Tierra y los rayos de luz centrados en los corazones es lo que llamamos El Cristo. Estos rayos gemelos entonces comienzan su larga serie de encarnaciones hacia la meta de perfección y de la ascensión, jornada que tomará un mínimo de 14.000 años para completar, siempre y cuando el individuo se adhiera a los principios del sendero en cada encarnación.

5. CICLOS COSMICOS DE EVOLUCION

Un ciclo cósmico es un período de 14.000 años que se divide en siete ciclos menores, durante los cuales cada uno de los siete rayos predomina por un período de 2.000 años. El propósito de estos ciclos es proveer una atmósfera y ambiente propio de las diferentes esferas de iluminación espiritual para el desarrollo de los egos que encarnan. Durante cada uno de estos ciclos menores aparece un Avatar para impulsar la evolución de la raza. En el presente ciclo de 14.000 años en curso, la Sexta Administración de 2.000 años comenzó poco antes del nacimiento del Maestro Jesús y terminó el 1º de mayo de 1954 cuando comenzó el Séptimo Ciclo o Administración; y así tal como el Amado Jesús fue la figura predominante durante la Administración Cristiana, la autoridad que preside en estos 2.000 años, es el Amado Ascendido Maestro Saint Germain, Director del Séptimo Rayo para la Tierra.

6. ESPIRITUS GUARDIANES

Cuando el trabajo de la Creación fue terminado y los Elohim reportaron a Helios y Vesta que el planeta Tierra estaba listo para ser habitado, el Arcángel Miguel vino a la Tierra con los siete tipos distintos de inteligencias que iban a poblarlo. Junto con ellos vinieron los espíritus guardianes que ofrecieron sus servicios a los padrinos de la raza humana, con la misión de recordar a los espíritus encarnados la Llama Inmortal que cada uno llevaba en su corazón, así como la razón por haber encarnado. Estos espíritus guardianes eran aquellos de otras estrellas y planetas que sólo buscaban ayudar en el cumplimiento del Plan Divino para el planeta recién creado; pero lamentablemente aún estas almas altamente evolucionadas, se han desviado, siendo alcanzadas por las tramas de imperfección creadas sobre la Tierra desde la "caída del hombre".

7. LAS RAZAS RAICES Y LOS MANUS

La evolución del hombre se logra a través de las siete razas raíces con sus siete subrazas. Fue la intención original que cada raza raíz completara su círculo en un Ciclo Cósmico de 14.000 años; cada subraza haciendo predominar su propio rayo en cada ciclo de 2.000 años. Las tres primeras razas raíces completaron su evolución en el período dispuesto de 14.000 años cada una. La primera raza raíz fue conocida como la Raza de los Dioses, y se desenvolvió donde actualmente está situado el Polo Norte. La segunda raza raíz se desenvolvió en un continente llamado Hiperbóreo, el cual incluía la parte norte de Asia y por el oeste se extendía hasta Suecia, Noruega, parte de las Islas Británicas y Groenlandia. La tercera raza raíz se desenvolvió en el Continente de Lemuria. Los nombres de los Manus de estas razas no se conocen ya que estas evoluciones fueron completadas a tiempo y regresaron al Sol. No obstante, la Cuarta Raza Raíz, se desenvolvió en el Continente de Atlanta bajo su Manú, el señor Himalaya. Fue durante los primeros años de este período que "ocurrió la caída del hombre" como consecuencia de haber permitido que las almas rezagadas de otras estrellas encarnaran en la Tierra. Esta raza tiene siglos de atraso en su evolución y por lo tanto un gran número de estas almas aún están en la Tierra. La actual superpoblación del planeta se debe exclusivamente al hecho de que aún habiendo muchos de la cuarta raza evolucionando aquí, la quinta raza raíz ha entrado a evolucionar. Esta raza comprende la raza blanca y su principal misión es desarrollar el intelecto del hombre. También han encarnado en la Tierra algunos de la sexta raza. Aunque la raza nace en cualquier parte del planeta, va siendo atraída a un centro natural, el centro de su desarrollo pues es en el Continente Norteamericano. Miembros de la séptima raza comienzan a entrar en escena, pero la cumbre de su evolución estará centrada en el Continente Suramericano. Los Manús de estas razas son los siguientes:

Quinta Raza Raíz: Manú Vaisvata.

Sexta Raza Raíz: Señor Merú.

Séptima Raza Raíz: Señor Saithrhu, anteriormente conocido como el Gran Director Divino.

8. LA CAIDA DEL HOMBRE

Poco después de haber comenzado la Cuarta Raza su Ciclo de evolución, el Consejo Cósmico convino en permitir que un número de almas rezagadas de otras estrellas encarnaran en la Tierra. Estas almas eran aquellas que persistieron en seguir el camino de la imperfección y del mal, no pudiendo continuar en sus propias estrellas o planetas a través de su iniciación cósmica. Por consiguiente, se habían convertido en "huérfanos" planetarios, es decir, almas sin un planeta donde encarnar para seguir sus propios planes o para intentar colocarse en el sendero de Evolución Espiritual. Las gentes de la Tierra, habiendo visto como tres evoluciones alcanzaban la perfección en el tiempo previsto, confiaron en que su alto grado de desarrollo espiritual sería un modo de ayudar en la evolución de los rezagados si se les permitía que encarnaran en la Tierra. No obstante, las cosas no sucedieron como se pensaba, por el contrario, las impurezas síquicas que trajeron los rezagados comenzaron a manifestarse en la sustancia elemental de la Tierra y por medio del libre albedrío de sus habitantes, comenzó la experimentación por medio del pensamiento y del sentimiento. Durante un período de muchos siglos, el hombre cayó de su estado de Gracia Espiritual en las profundidades de la impureza y de la degradación. Demás está decirlo, la evolución de la Cuarta Raza Raíz resultó afectada, con el resultado de que muchos miles de ellos aún están evolucionando en la Tierra encarnación tras encarnación.

9. EL PLAN DIVINO PARA TODOS

El Plan Divino para el hombre es que se convierta en Maestro de la Energía y de la Sustancia en cualquier punto del Universo. Para poder hacer esto, él tiene que comprender que toda la energía utilizada en el pensamiento, sentimiento, palabra hablada y acción, tiene que mantenerse en el estado puro tal cual como es enviada desde el Corazón de la Gran Omnipresencia Universal. El hombre es un Dios en embrión, y el plan original era que el hombre adquiriera su perfección y se convirtiese en Maestro en el ciclo de 14.000 años. Desde la caída del hombre, este período se ha extendido considerablemente y aunque muchos han adquirido esa perfección al ascender, quedan aún muchos miles y hasta que estos indiquen su disposición a deponer sus propias impurezas y colocarse en el sendero, la evolución de la Tierra está siendo seriamente demorada. En este sentido, debe reconocerse que nada en el cosmos es estático. Los planetas y aún los soles en sí, tienen que evolucionar en un plan hacia la poderosa meta de la perfección. Hoy la Tierra se mueve rápidamente hacia uno de esos períodos de iniciación cósmica y los que no convengan en purificarse lo suficiente para poder tomar parte en ese gran momento, se encontrarán en la misma situación de las almas atrasadas hace muchos siglos. Por supuesto, podemos suponer que esas mismas almas son las que hoy rehusan purificarse, pero lo más lamentable es que están influenciando a muchos otros que podrían alcanzar grandes alturas si permitiesen afirmar sus propios conceptos por su libre albedrío Divino.

10. *LA ASCENSION Y NIRVANA*

Cuando el hombre llega a un punto en su evolución donde las cosas materiales de la Tierra tienden a perder su encanto y comienza a buscar en dirección a la Iluminación Espiritual, es el momento en que se inicia en el sendero hacia su ascensión.

Cuando alcanza esa ascensión, ha llegado a la meta de su evolución en la Tierra. Entonces se convierte en UNO con su propia presencia YO SOY y por consiguiente UNO CON DIOS MISMO. Es Maestro de toda energía y sustancia y libre para viajar por todo el cosmos. Sin embargo, no termina aquí su evolución. A partir de ese punto, comienza un nuevo período de evolución como Ser Divino, por lo cual podrá convertirse aun en un Dios Solar, dirigiendo las energías de un sistema planetario con sus habitantes. El estado de conciencia más allá de este punto en el esquema de la evolución, ha sido llamado "Nirvana" lo cual con frecuencia se ha referido como un "estado de dicha suprema". Sin embargo, debe comprenderse claramente que este estado es una expansión de la individualidad y una vez obtenido, puede renunciarse a él con el objeto de prestar un mayor servicio a la vida.

Las predicciones catastróficas

(EXPLICACION METAFISICA)

Cada tanto tiempo aparecen en la Prensa las predicciones de tal o cual Medium, referente a horribles acontecimientos futuros o ya inminentes. Fíjate que *siempre* son negativos. Jamás anuncian acontecimientos felices. Diríase que los profetas gozan torturando las mentes y que aspiran a pasar a la Historia con el título de "El que mejor anunció el Desastre". ¡Valga la gloria!

Ya tú sabes que por Ley de Mentalismo, estas imágenes y decretos hacen que los que sienten temor, naturalmente atraen o crean las mismas catástrofes en sus propias vidas y en la de otros que piensan igual.

Los mediums clarovidentes *sí* ven esas visiones. Los claroaudientes *sí* oyen voces. No es que estén locos, como se cree vulgarmente. Lo que sucede es que el medium cuya mente está polarizada en el negativo no puede ver ni oir sino predicciones fatales, catastróficas, porque así es la pantalla o los espejuelos con que lo ve todo.

La mediumnidad es un desarrollo de los sentidos astrales. No todo el mundo tiene ese desarrollo, así como que no todo el mundo tiene desarrollado el sentido musical, o la inclinación a la mecánica o al deporte o a la costura, y a nadie se le ocurre ponerle obstáculos a otro que quiera practicar estas actividades. Andando la Era, se sabrá universalmente que la mediumnidad es tan natural como cualquiera otra afición, y que no es una prueba de espiritualidad. Ella es una faceta material del individuo. De *todo* individuo, pero no desarrollada en todos.

El hecho de que el medium vea en términos negativos o positivos sólo depende de su propio clima mental. Si sus conceptos son negativos, es un atrasado espiritual e interpreta todo en términos catastróficos. Si tiene adelanto espiritual no puede interpretar lo que ve y oye sino en términos provechosos y felices. De manera que "por sus frutos los conoceréis".

Hay un libro que está circulando, que presenta una ilustración gráfica y muy interesante. El autor es un medium tan desarrollado que se desdobla y visita lugares y planos extraños. Es sabido que todo suceso, toda época, toda palabra dicha queda grabada en lo que llaman "las memorias akasicas", y es posible para un medium desarrollado visitar lugares y sucesos del pasado, pero nadie puede entrar allí donde las vibraciones sean mayores que el propio nivel de adelanto. Así, el autor del libro que mencionamos, describe sus viajes, sus conversaciones con Maestros etc., pero delata su verdad en el hecho siguiente: El asegura que la raza venidera es la Quinta Raza Raíz, cuando sabemos que la próxima, la que espera el planeta Tierra es la Séptima Raza! Esto comprueba más allá de toda duda posible que su nivel anímico está aún en ese remoto pasado cuando la Cuarta Raza esperaba el advenimiento de la Quinta.

Como el hundimiento del Continente Atlante ocurrió en esa época, cuando se esperaba la inserción de la Quinta Raza, lo que vió y oyó nuestro amigo el autor fueron las predicciones hechas por los sabios de la época. Todo obscuro, todo tétrico, todo fatídico, como ciertamente ocurrió.

Nosotros les rogamos a nuestros lectores, seguidores del Avatar de la Nueva Era de Acuario, el Ascendido Maestro Saint Germain, que no acepten los conceptos de aquellos mediums equivocados que todo lo anuncian en negativo. Aunque sí es verdad que algunos, como la autora de la Bola de Cristal, interpretan correctamente lo que ven y que lo que anuncia ocurre en el presente y en el futuro inmediato, primeramente hay que notar, que todo lo que anuncia es fatídico. Como dijimos, sus conceptos son negativos y, por lo tanto, lo bueno y feliz está más allá de sus capacidades.

Para comprobar la verdad que estoy dándoles, voy a copiarles las palabras dichas por el Maestro Saint Germain referentes a esta Era en que hemos entrado, la cual anuncian los profetas populares como "el fin del mundo" y todo catastrófico. Como verás, lo que dice el Maestro es la contradicción absoluta de todas las profecías destructivas: "Durante los próximos 2.000 años que comenzaron el 1º de mayo de 1954, Era de Acuario, la Tierra atravesará un período de intensa actividad sin precedentes, en todos los ramos de esfuerzos físicos y espirituales; y a cada individuo le será dada la oportunidad de iniciarse en la nueva enseñanza para lograr su libertad espiritual.

Bajo los auspicios del Séptimo Rayo que tengo el honor de presidir, cada ser humano es invitado a "meter el hombro a la carga" para apurar el logro triunfal de esta Gran Rueda Cósmica, pues, estén o no ascendidos, *cada ser humano que ha encarnado en este gran ciclo* tiene un papel integral en las actividades del Rayo Séptimo y compartirá la gloriosa Cosecha Cósmica. A medida que avanzamos hacia el Nuevo Día, se hará más evidente la reunión de todos los mejores esfuerzos del Ciclo, el cual se puede comparar con el acto final de un gran espectáculo cuando todos los artistas son presentados a una gloriosa sinfonía final.

A la luz de la Nueva Instrucción, todo individuo perteneciente a este planeta que no haya obtenido su liberación, le será dada la oportunidad de reencarnar bajo el Ciclo del Rayo Violeta, será educado en el conocimiento del Fuego Sagrado, podrá transmutar "las cizañas sembradas por el enemigo" (su ser inferior) y ofrecer una abundante cosecha a su Yo Superior.

Todos los grandes seres iluminados están trabajando bajo los auspicios de la Gran Hermandad Blanca para proteger y libertar a la Tierra y su gentes de las fuerzas negras que la han amenazado.

No está lejos el cumplimiento de la Profecía (1-Corintios 2-9) "Ni el ojo vió, ni el oído oyó, ni vino a la mente del hombre lo que Dios ha preparado para los que le aman", que será manifestado ante todos los hombres".

Esta profecía tiene su plena descripción en el Capítulo 21 del Apocalipsis.

Una explicación conviene aquí para el confort de todos los que "ven", "oyen" y "sienten" mediumnimicamente y se sienten aterrados por lo que están atestiguando ante sus propios ojos.

Como vean terremotos, derrumbes, etc., no son ni edificios ni ciudades lo que ven derrumbarse por más real y verdadero que les parezca. Son estados de conciencia antiguos de ustedes mismos que se están disolviendo con la radiación del Rayo Violeta que está penetrando en todo el planeta.

La Biblia llama al individuo "una ciudad", sus obras y sus conceptos son "construcciones". Si son muy antiguas dice que son "petrificadas" y "cristalizadas". Si el individuo es un alma muy, muy vieja es "una nación". Su voluntad es "el Rey".

Cuando comienzan a disolverse· antiguos estados de conciencia, creencias arcaicas y conceptos errados, la persona mediumnimica los ve como derrumbamientos de antiguos edificios, y los interpreta como si estuviera recibiendo anuncios de terremotos, inundaciones, ciclones etc. y cree que debe alertar a las poblaciones. Las personas que creen firmemente estos anuncios, producen la manifestación en sus propias vidas.

Sin embargo, no podemos desoir lo que anuncian los Maestros y que le ocurrirá a tres cuartas partes de la raza humana encarnada en el planeta.

Hacia el fin de este siglo XX· en que vivimos, se acercará a la Tierra un planetoide que tiene una fuerza magnética tres mil y pico de veces mayor que la de la Tierra. Este planetoide fue el que anunciaron no hace mucho; que (y que) iba a chocar con la Tierra, lo cual constituiría el fin del mundo.

La verdad es que el planetoide está destinado a cumplir una misión con respecto a la Tierra, porque nada es casual. La casualidad no existe. Sólo existe la Ley de Causa y Efecto, como tú bien lo sabes.

Como también sabes, todo el sistema planetario nuestro va hacia una gran transformación. Los Maestros lo llaman "Una Iniciación", y es que cada planeta va a dar un paso adelante. A la Tierra le toca subir un plano u ocupar la línea (imaginaria) que cursa el planeta Venus, el cual también adelanta un paso o plano y ocupará la línea que cursa Mercurio. Este entrará en el aura del Sol.

Pero como ya se ha dicho aquí anteriormente, la Tierra no puede efectuar el paso adelante si no se endereza. Para enderezarla es que nos han enviado el planetoide, el cual ejercerá una atracción magnética por el Polo Norte que es la parte inclinada del eje, y que una vez derecha en su eje, la Tierra puede entrar a ocupar su nueva ruta.

Pero hay algo que deben saber. No todos podemos entrar a esa nueva ruta. Es una posición elevada a la cual no se puede subir si no se tienen las vibraciones que corresponden a la nueva ruta.

Es, como quien dice, una graduación para comenzar un curso de estudios más avaanzado. La humanidad ya alcanzó cierto grado de adelanto intelectual y necesita comenzar el próximo grado. Eso es todo. Pero como es lógico, los infantes, los pre-escolares, los adolescentes, no pueden cursar estudios superiores y tienen que permanecer en su nivel hasta que les llegue su momento. La creación nueva es perenne.

Para que vayas viendo cómo se hacen las cosas en esos mundos que no vemos con los ojos físicos, y cuán sabio y perfecto es el engranaje cósmico, ese planetoide (que se llama Hercolubus, de *herco* (fuerza) y *lubus* (blanca, pura primitiva) ya es planeta porque tiene habitantes semihumanos. Desde hace tiempo los observatorios geofísicos han ido notando, que nuestro eje se verticaliza a razón de 5 grados por cada 10 años. Hercolubus está trabajando por la Tierra y acercándose desde 1951. Para 1972 lo podremos ver, y para 1982 tendremos 15 grados de verticalización, lo suficiente para que el mundo entero acepte esta verdad.

Hercólubus tiene una elíptica de 6.666 años en recorrer. Como ves, este es "la bestia" de la Biblia, cuyo significado lo aclararemos en el próximo número.

La Cenicienta

Los cuentos de hadas contienen todos una lección de metafísicas. Uds. todos saben que las hadas existen. Que son criaturitas elementales. Son lindas figuritas de la naturaleza que habitan en parejas y bosquejos, tejen hamacas, se mecen, se deslizan en las cascadas cuando son espíritus del agua, y precisamente porque son espíritus elementales tienen el poder de hacer aparecer y desaparecer los objetos y artículos que desean, tales como los chinchorritos mencionados, que ellas cuelgan desde una flor hasta otra próxima y allí duermen siestas al sol o a la sombra.

La demostración que logró la Cenicienta es muy clara para nosotros los metafísicos. Es una clase en el Principio de Mentalismo.

Una niña de alma dulce y sencilla estaba relegada a la cocina por un par de hermanastras que le imponían todas las tareas de la casa. Como eran grandes y ella pequeña, eran más fuertes y la tenían atemorizada.

En su soledad la niña soñaba. Soñaba con lindos trajes, un príncipe azul, con un coche dorado, es decir, con todas aquellas cosas que ella oía mencionar y describir en la conversación de las hermanastras mientras ella les servía la mesa.

Cuántas veces se le iba el alma en anhelos mientras vestía a las tiranas allá arriba. Cuántas veces soñaba con zapatillitas de cristal mientras lavaba los platos y las copas. Cuántas veces acariciaba las sedas, las plumas, las flores, y cuántas veces el Cristo en su corazón le susurraba "Algún día tendrás esto y más"; y ella respondía con fe, "Sí, algún día tendré un palacio de diamantes y un bello príncipe me besará las manos y bailará conmigo".

Y un día se materializaron sus sueños. Apareció el ángel de la demostración (hada madrina) y con los ingredientes de su propio subconciente vió la niña transformarse los ratones, la jaula de los ratones, la calabaza, el cristal de las copas y sus propios harapos en un milagro increíble; y el todo, teñido con la duda de que aquéllo no podía ser verdad y que de pronto desaparecería, en efecto, a las doce de la noche todo se desapareció.

Pero con el gozo y la bella experiencia, su conciencia había cambiado. Ya no soñaba sin esperanzas, sino revivía los alegres recuerdos llenos de fe y felicidad.

Y allá en el fondo de su cocina vió venir al príncipe que la buscaba sin hacer caso a las negativas y evasiones de las hermanastras.

¿Cuentos de hadas. . . ? Sí, eso es precisamente la verdad. El cuento de hadas hecho realidad; aquéllo que tú sueñas como imposible; lo que tú temes que no puede durar. Todo aquello que tú consideras demasiado grande y bello para que te ocurra a ti, eso es precisamente lo que llamamos el Plan Divino para ti, el diseño de Dios, único, que no puede repetirse en nadie más porque es una de las infinitas expresiones del Creador. Eso es lo que has venido a manifestar en esta encarnación; y si no lo realizas tendrás que regresar tantas veces como lo requieras para manifestarlo.

Por lo general todo cuento que se universaliza como la Cenicienta y Blanca Nieves, cumplen una misión metafísica.

Los gnomos no son una ficción de la imaginación. Ellos existen, son elementales y están encargados de reproducir la grama, las hojas, la corteza de los árboles, el monte, las frutas y flores.

La madrastra con su poder mágico y maligno también es verdad. Es la magia negra, llamada así porque es el poder de mentalismo funcionando en el odio y la negatividad. Las hadas no tienen mayor poder mágico que nosotros los humanos.

Las brujerías son manifestaciones del poder mental empleado con odio y negatividad. Cuando se emplean con amor, en polo positivo y por el bien, se le llama Magia Blanca y son tan milagrosas como las brujerías, pero en bien y felicidad.

El materialista que niega rotundamente la realidad de la brujería, de los milagros y de las manifestaciones espiritistas como aportes, apariciones, voces, etc., o sea, de todo lo que él no pueda explicar con una causa razonable exterior, está totalmente errado. El siempre rebate todo fenómeno sobrenatural con argumentos insubstanciales como:

—Esas son tonterías. Infantilismos. ¿Vas a creer ahora en cuentos de hadas?

Ahora tú, que conoces los principios de la Creación, sabes que esos fenómenos son creaciones. Que son efectos. Que no hay efectos sin causas. Ni causas sin efectos. La causa de este tipo de "fenómeno" está en el pensamiento, sea blanco o negro, bueno o malo, dependiendo de la polaridad en que ha actuado el pensamiento, sea positivo o negativo.

Por supuesto que no hay que olvidar que cuando se menciona el pensamiento, esto incluye el sentimiento y la palabra. Es una acción triple que en la Biblia se llama "El Verbo". El Logos.

"El Verbo estaba con Dios y el Verbo era Dios" significa que esa triple acción de pensamiento, sentimiento y palabra, lo cual forma vibraciones creadoras, son causa primaria, origen de todo y son todopoderosas.

San Juan no puede ser más categórico. Dice "Todas las cosas por medio del Verbo fueron hechas, y sin él NI UNA SOLA COSA DE LO QUE HA SIDO HECHO FUE HECHA". Esta es una de las frases más claras y más destacadas de toda la Biblia. Ni una sola cosa de lo que ha sido creada fue materializada sin el Verbo.

Hay que ver lo que esto significa. Todo lo creado, todo lo que tiene existencia, todo lo visible e invisible, "Y el verbo se hizo carne y habitó entre nosotros". ¿De dónde habrán podido sacar que Jesús de Nazareth podía ser el Verbo que creó todo lo que ha sido creado? Lo que provocó el malentendido fueron esas palabras "Y el Verbo se hizo carne y habitó entre nosotros".

Lo que esto quiere decir, es que la triple acción del pensamiento, sentimiento y palabra se manifiesta, se materializa y perdura a la vista y al tacto. No se desaparece. Es la forma de decir que es sólido. Se hizo carne.

Pero sólo el pensamiento, sólo el sentimiento, o sóla la palabra hablada por hablar, no se solidifican. No se demuestra en lo exterior.

Ahora que los humanos hablan mucho y repiten mucho lo que sienten mucho.

CONSULTORIO

CASO N. M.

N. M. es una jovencita que estudia en la Universidad. Cada vez que va a presentar algún examen me pide que la ayude "para que no la quiebren".

Esta actitud es la primera cosa que traté de cambiar en ella.

—¿Y por qué razón esperas tú que te van a "quebrar"?

—No, si yo no estoy esperando que me quiebren, sino que...

—Estás mintiendo, le digo. ¿Cómo me vas a decir que no esperas que te quiebren si lo primero que me has dicho después de pedirme ayuda es "para que no me quiebren"?

De manera que si no te ayudo yo, ¿tú fracasarás?

—Ah, sí es verdad, tuvo la humildad de confesar.

Y en ese mismo instante se curó para siempre del temor de fracasar en los exámenes. Por supuesto que sin temor, triunfó en ese preciso examen que fue el primero para el cual pidió ayuda; y por supuesto que también hablamos mucho más de lo que he reportado.

Entre estas cosas que hablamos le aclaré que si ella ha trabajado mucho y bien, merece pasar con alta calificación y no debe temer.

Protestó.

—Pero si se ve a diario que estudiantes muy capaces los quiebran!

—Eso es porque se presentan al examen con temor y sabes que el temor es idéntico a la fe. Es fe en lo malo que te produce lo mismo que estás temiendo o esperando.

¡Mire usted que tiempo han perdido!

¡Pasarse el año trabajando para salir después quebrado porque le tiene miedo al examen o al examinador!

Total, que ella como comprendió muy bien las circunstancias, decretaba y declaraba antes de todo examen:

—Si yo he trabajado y estudiado bien, tengo derecho al triunfo, y lo que es mío por derecho de conciencia, nadie me lo puede ni quitar ni estropear.

Iba divinamente cuando un día me vino a ver muy mortificada.

—El tratamiento ha dejado de funcionar, me dijo.

—¡No es posible! exclamé muy extrañada.

—Sí. Yo pienso correctamente, decreto correctamente porque me doy cuenta perfecta de mi derecho de conciencia y ya van tres pruebas que he perdido.

—Un momento, le dije. Tienes algunas amigas que no son metafísicas, que no hacen sino culpar de sus fracasos a los maestros y examinadores, y tú habrás seguramente convenido con ellas que tal profesor es muy antipático, o muy injusto etc. etc.

En su cara ví el asombro de quien oye una gran verdad.

—Pero, ¿y cómo lo sabes? ¡Si eso es exacto! Yo no puedo enseñarles las reglas metafísicas porque no están preparadas y se reirían de mí, pero las oigo hablar como hablaba yo antes y varias veces me he mezclado en la conversación y he expresado conceptos negativos.

—¿Y qué debo hacer? ¡No puedo andar con los oídos tapados!

—No es necesario. Simplemente escuchas pero piensa "no acepto ni para mí ni para ellas".

Pero tienes que formar el hábito de estar alerta. Eso fue precisamente lo que ocasionó la famosa "caída de Adán". No fue ninguna manzana ni desorden sexual. Fue simplemente que en el planeta encarnaron rezagados de otro planeta que se destruyó, y estos seres estaban llenos de conceptos destructivos. Eva los escuchó, los creyó y luego le echó el cuento a Adán. Ahora es que Adán se está despertando a la verdad, de ese "sueño" en que cayó!

---

o

EL CASO DE PEDRITO

A Pedrito nos lo trajeron un día con el brazo izquierdo encogido e inmóvil. Había sufrido una fractura en el codo y sin pérdida de tiempo lo habían llevado a un puesto de emergencia donde se lo habían "arreglado". Pero esa noche comenzó a inflamarse el brazo dentro del yeso, el dolor era terrible y hubo que volverlo a presentar en el puesto de emergencia.

Allí lo operaron, pero la cosa marchaba tan mal que su mamá lo cambió a una de las grandes clínicas donde le hicieron tres operaciones más.

Mes y medio después le quitaron el yeso y se vió el desastre. El brazo encogido y doblado hacia arriba, no tenía otro movimiento que el de los dedos, los cuales Pedrito no alcanzaba a utilizar. Lo llevaron donde un especialista que dijo que el hueso se había consolidado mal y que no tenía remedio.

—Pedrito, le preguntamos, ¿tú quieres estar así? Nos dió un "¡No!" horrorizado y con los ojos espantados mirándonos como si fuéramos un atajo de locos.

Esa era la reacción que se buscó con la pregunta.

—Entonces no te dejaremos así. Te vamos a curar. De cuando en cuando vas a decir "ya estoy bueno".

Le hicimos el tratamiento mental de visualizarle el brazo envuelto en Llama Violeta y le dimos a la mamá instrucciones para sus pensamientos y su conducta hacia Pedrito. En el momento de aplicarle las manos al brazo, Pedrito advirtió que sentía un gran calor que casi lo quemaba.

A los cinco días Pedrito mostraba orgulloso su brazo que estaba doblado sólo unos dos centímetros, y a los veinte días había recuperado todo su tamaño y sus movimientos.

Los médicos no se explican lo que pasó allí. Nosotros, por supuesto, sí.

Revista Metafísica
El Nuevo Pensamiento

Directora: Conny Méndez

Año 1 — No. 4 — Julio, 1970

Queridos condiscípulos:

Voy a contestar dos preguntas que surgen constantemente entre ustedes y nosotros.

Pregunta Nº 1.—Que si nosotros los metafísicos somos Rosacruces.

Pregunta Nº 2.—Que si "Esto" tiene la aprobación de "la Iglesia".

Comencemos por informarte que nuestro Director, el Ascendido Maestro Saint Germain, fue en una de sus encarnaciones, es decir, en el año 1583, Christian Rosencreuze, nacido en Alemania, fundador de la primera Logia Rosa-Cruz. Masculla esto.

Para poder captar y aceptar la Metafísica se tiene que haber sido practicante en todas las sectas y religiones que han surgido en el planeta, las cuales fueron dadas al mundo por los Maestros, una nueva cada 2.000 años, presentando un paso más adelantado cada una.

Para ponernos al día —ya que tenemos un atraso de 5.000 años— los Maestros tienen 30 años entrenando y desarrollando a un pequeño número de personas escogidas por sus cualidades espirituales, para que puedan recibir "El Rayo de Luz y Sonido" por medio del cual se ven y se oyen los Maestros dando sus instrucciones. Es por este conducto que las personas que están "atrasadas de noticias" se les pone al día, además de que nos imponemos inmediatamente de sucesos que anteriormente a estas comunicaciones de Luz y Sonido, no nos llegaban sino con cientos de años de atraso.

Dos ejemplos urgentes son: el primero la creencia en muchas personas que lo que la Tierra está esperando es la Sexta o la Quinta Raza, cuando es en realidad la Séptima. Lo que pasó en la Cuarta Raza (Atlantes) fue que se desorganizó el orden cronológico de la evolución, y vinieron las Razas Quinta y Sexta en forma desordenada, mezclándose unas con otras, encarnadas ya en el planeta.

Segundo: El error en que está una secta ocultista respecto a que el Ascendido Maestro Saint Germain está aún esperando ascender y llevando el nombre de Príncipe Rakoczi, cuando el Maestro ascendió en el año de 1784, luego fue nombrado Director del 7º Rayo y en Mayo de 1954 fue nombrado Rey (Avatar) de la nueva administración, comúnmente conocida por el nombre de Era de Acuario. Este dato delata en qué época están ubicadas las enseñanzas y prácticas de la secta mencionada, y así tantas otras que no han tenido la manera de recibir nuevas órdenes en 5.000 años. Porque aunque ellas (las sectas) dicen estar informadas espíritamente, no se dan cuenta de que cuando invocan espíritus que dan información e instrucción, por Ley del Círculo (Ley de Atracción) los que vienen son entidades, sermones o escritos de la misma época en que están estancados los invocadores.

Pregunta Nº 2.— "La Iglesia" y la Ciencia jamás se han mezclado hasta ahora. Siempre han vivido como perros y gatos, como aceite y vinagre. Pero ya llegó el momento en que "ella" también tiene que ponerse al día. Ya se remueve en su poltrona. Ya comienza a registrar viejos papeles que anteriores Concilios hicieron suprimir.

"Esto" como nos llaman tímidamente los discípulos fervorosos del catolicismo, "Esto" es la Metafísica; y dicho a rajatabla te informo que la base de tu Iglesia es la Metafísica, expuesta por Aristóteles y Santo Tomás de Aquino y adoptada por los dirigentes antiguos.

Pídele a tu confesor que te deje leer la máxima obra de Aristóteles titulada "Metafísica" y los comentarios tomistas (Tomás de Aquino); lo malo es que están escritos en latín.

De manera que, difícilmente se presta la Iglesia a desaprobar la Metafísica, ya que es su propia base. Difícilmente se lanza la Religión a obstaculizar la Ciencia en esta era científico-religiosa.

Bien, chao, hermano.

CONNY MENDEZ.

NUESTRO LEMA:
LO QUE NO PUEDAS ACEPTAR DEJALO PASAR
MAS ADELANTE LO COMPRENDERAS.

¿LA REENCARNACION?

Esta pregunta se la hacen y la hacen muchísimas personas, sobre si es verdad o no es verdad.

La pregunta principal es: *¿Cómo sabemos que es la Verdad?*

Por la Ley del Ritmo. Porque está en evidencia en toda la Creación en contorno. Desde la luz del día que se oculta, se muere rítmicamente después de un ciclo de doce horas y vuelve a nacer después de un ciclo de doce horas, debido al círculo que describe la Tierra al girar sobre sí misma.

Los árboles se despojan de todas sus hojas todos los años rítmicamente y vuelven a nacer las hojas rítmicamente.

Las estaciones del año, se van en su mes y nacen en su mes, rítmicamente.

Las cosechas dan sus frutos en la Primavera que es conocida notoriamente como el *renacer* de todo, y mueren en el Invierno que es conocido notoriamente como el momento anual en que todo se duerme, desaparece, involuciona, preparándose para el renacimiento, rítmicamente, en la próxima Primavera. El año muere y se repite la historia, se apaga y se repite. La Ley del Ritmo que acabamos de mostrarte tan incontrovertiblemente, es un Principio; que los Principios no cambian y que los Siete Principios funcionan siempre al mismo tiempo en todo, porque son parte de aquello que llamamos Dios, y no pueden actuar separadamente como el hidrógeno y el oxígeno que actúan conjuntamente y si se separan ya no sería agua.

Tampoco el hombre y todo lo que le atañe puede dejar de participar en una ley, porque ellas actúan, repetimos, siempre en todo momento, en todo cuanto existe y siempre juntas.

Y el hombre no solamente reencarna vida tras vida sino que reencarna en él mismo cada siete años, como ya se les ha dicho. El renueva todas las células de su cuerpo cada siete años y su cuerpo entero se renueva, se reencarna en otra numeración. Ese es su ritmo, como el ritmo de las estaciones es de cada tres meses, el del día cada doce horas; el de la vida de los perros entre diez y doce años; el de las hojas cada año, en Otoño para renacer en la Primavera. Esa evidencia es la que dijo el Maestro Jesús: "el que tenga ojos para ver".

El motivo que ha dado la Iglesia para suprimir la enseñanza, es que si la humanidad sabe la verdad, no se esforzaría en corregirse y superarse sabiendo que siempre se le está ofreciendo una nueva oportunidad y que es mejor que crea que no cuenta sino con una sola vida de setenta años máxima en que aprender a portarse bien porque si no se va a cocinar en una paila eterna. Lo que la Iglesia no realizó fue que con eso inventó el temor. El hombre le cogió terror a la muerte y comenzó a emplear la Ley de la Fe al revés, en el polo negativo, que es lo que se llama temor, atrayéndose todo lo que se teme como ya tú lo sabes. ¿Qué ocurre? Lo mismo del lado allá que del lado acá, ese temor es un concepto que sigue actuando y reproduce allá todos los horrores de lo que llaman los católicos el purgatorio e infierno, además de una enorme serie de errores diferentes.

La realización de que la reencarnación es verdad, quita el temor a la muerte. Quita el temor al infierno y se pasa del planeta Tierra al plano astral suavemente y sin aspavientos, como si se continuara viviendo aquí, y que sólo se está visitando otras condiciones de vida, como otro país. Nada más. Es un nuevo chance que el hombre recibe, y es la comprobación de la misericordia divina y de que eso que llamamos Dios es una energía amorosa, bondadosa, justa, inteligente, o sea, amor, bondad, justicia, e inteligencia en acción.

"Quien no ha experimentado
de morir y nacer a la vida sin interrupción
siempre será un huésped sombrío
sobre esta su triste tierra".

El poeta iniciado Goethe

RESPIRACION DINAMICA

SISTEMA METAFISICO

Como ya te has dado cuenta, en el plano altísimo en que vive el metafísico, se eliminan: las luchas, los esfuerzos inútiles, las complicaciones, la confusión, y tantas otras cosas que dificultan la vida y que le quitan el placer al placer. Esto se debe a que es un plano mental-espiritual en que no es necesario emplear sino Principios, y toda la gama de efectos se efectúan solos.

El buen metafísico sabe cumplir con las Leyes de la buena salud, pero no tiene que vivir pendiente de los ínfimos detalles y la plétora de conocimientos que inhiben y limitan la vida de los sectarios que se van por las ramas y van a caer en una maraña de hojas, en vez de mantener en mente los Principios, para mayor sencillez, sin desviarse.

Por ejemplo, en la respiración. La mayoría se desanima al poco de comenzar el estudio de la respiración rítmica, porque es una operación larga, complicada, minuciosa, y en la vida moderna occidental no hay tiempo para la contemplación. La norma de nuestra Era es pues, la simplificación, la descongestión, el camino corto, la eficiencia, la rapidez, lo práctico... pero, con satisfacción en el cumplimiento y en los resultados. Que no quede la cosa "manga por hombro", pero que tampoco se desperdicie la energía. EL DINAMISMO es el orden del día. Aquí está pues el dinamismo respiratorio, o lo que es lo mismo RESPIRACION DINAMICA basada en el sentido común que es la Sabiduría Divina expresada en el plano terreno. Ahora verás. Te va a gustar mucho.

¿Sabes tú tomarte el pulso? Porque hay muchas personas que, o no se lo encuentran, o no saben ni donde les queda. Pues el pulso se siente presionando con la yema del dedo índice izquierdo, la base del pulgar derecho o viceversa, pero justo encima de la muñeca. Tantea para que encuentres el punto en que late más fuertemente. El pulso una vez que te lo encuentres no lo pierdas, por supuesto, la importancia de esto es solamente para hacer una respiración controlada y rítmica y para los efectos, también se puede practicar con un metronomo.

Ahora comienza a practicar respirando profundo durante cuatro pulsaciones; deteniendo el aliento durante cuatro pulsaciones; botando todo el aire durante cuatro pulsaciones; y deteniéndote de nuevo durante cuatro pulsaciones. O sea, que la inhalación debe ser rápida, profunda, completa, ensanchando el pecho. La exhalación debe ser también rápida, completa y hundiendo el estómago para que ayude a salir todo el aire de los pulmones. Los intermedios no ahogan, no presentan peligro.

Sin parar, entre un movimiento y el otro y de acuerdo con tus pulsaciones, comienza a respirar: Uno, dos, tres, cuatro; detén la respiración, uno, dos, tres, cuatro; ve soltando el aire, uno, dos, tres, cuatro; no respires, uno, dos, tres, cuatro; respira de nuevo, uno, dos, tres, cuatro... y así sucesivamente. Practica mucho hasta que sepas muy bien hacerlo porque ahora vas a pensar en la Llama Violeta mientras respiras. Respira, cuenta y piensa en el color Violeta.

Segunda parte del movimiento:

Cuando tú inhalas, naturalmente piensas que te estás llenando los pulmones de aire (si es que piensas en ese momento). En este caso, piensa que te estás llenando los pulmones de Luz Violeta. La luz irradia de modo que cuando detienes la respiración durante las próximas cuatro pulsaciones, piensa que la luz sigue hasta más allá de tus pies. Esto, en realidad, equivale a que estás impregnando tu sistema digestivo, intestinos, etc. y toda la corriente sanguínea, de manera que si tienen algún mal digestivo la Luz Violeta te lo compone.

Cuando exhales, piensa que la Luz sigue de la caja del cuerpo hacia arriba llenando la cabeza, lo cual tiene el efecto de haber así impregnado tus tres vehículos: físico, emocional y mental. Si algo marcha mal de la cintura para arriba, queda así purificado.

Ahora, cuando detengas por segunda vez la respiración, después de haber exhalado, piensa que estás proyectando la Luz en cuatro ondas, una por cada pulsación, hacia afuera, hacia la gente y el mundo.

Este último movimiento es el que tú utilizas para favorecer a alguien que necesite ayuda o que tú desees curar.

La explicación hace que el método parezca tardío para ponerlo en práctica, posiblemente también se tarde uno hasta verlo muy bien; pero luego en la práctica se ve lo sencillo y rápido que es, y resulta ser una forma dinámica e infalible para lograr todo lo que te voy a enumerar. Esto es curativo, compensador, ajustador y muchas cosas más que vas a ver.

Se puede hacer esta respiración tres veces por la mañana y con la Llama del día. Azul el Domingo, Amarillo el Lunes, Rosado el Martes, Blanco el Miércoles, Verde el Jueves, Rubí el Viernes (que es un poco tirando a ciclamen) y Violeta el Sábado.

AZUL.—Para sentirse libre de algo, ataduras, cuando sientas temor, nerviosismo, debilidad o cuando quieras sentir fe, necesites protección o fuerzas, haz de una a tres respiraciones a voluntad con la Luz Azul.

AMARILLO.—Cuando estudies o leas (para leer la Biblia especialmente) cuando necesites ideas, o para agudizar la inteligencia, cuando "pidas luz", cuando necesites información, sabiduría. Haz de una a tres respiraciones con luz amarilla.

ROSADA.—Cuando sientas desagrado hacia alguien o algo. Cuando te sientas sin amor hacia un sector de la humanidad o hacia alguna organización. Hazlas con la luz rosada.

BLANCA.—Cuando te sientas deprimido, triste, cuando estés cansado, agotado, cuando estés fallo de entusiasmo para cualquiera empresa o trabajo. Hazlo con la Llama Blanca.

VERDE.—Cuando tengas algún órgano "enfermo" o que estés manifestando malestar en cualquier parte del cuerpo, cuando quieras saber la Verdad, o cuando creas que algo o alguien te engaña. Hazlo con la Llama Verde.

RUBI (Ciclamen).—Antes de dormir, cuando estés desvelado, cuando te sientas bravo, violento, perturbado, molesto, especialmente cuando te sientas pobre o corto de dinero. Esta es la llama de la Proveeduría y de la Paz.

La proyección de la Llama en el último paso de la respiración, es una petición especial que ha hecho el Ascendido Maestro Saint Germain.

Más arriba aún, en el Plano Espiritual, si es que tu mente ha llegado a funcionar en El (Plano Espiritual) exclusivamente todo lo anterior queda suprimido. Sólo hay que afirmar: "YO SOY EL ALIENTO QUE EQUILIBRA" y esto pone en movimiento la actividad interior que mantiene lo exterior en perfección. Pero esto es un estado de conciencia muy alto. Si no lo comprendes aún, debes poner en práctica la Respiración Dinámica. Y si esta última te parece demasiado simple, todavía no es para tí.

Pequeño Método para comprender la Biblia

CAIN Y ABEL

El nombre Caín significa "posesión" y se refiere a la cualidad en la conciencia que trabaja para adquirir o poseer egoistamente. Caín era labrador de la tierra, lo cual implica que él pertenecía al plano terrenal. Abel significa "aliento", que lo relaciona con el plano espiritual.

Caín y Abel eran hermanos. Esto demuestra que ambas cualidades se encuentran con frecuencia estrechamente relacionadas en la conciencia. Según cuenta la historia, cada uno de ellos trajo su ofrenda a Jehová, el cual aceptó la de Abel y rechazó la de Caín. Esto indica que cuando la conciencia está compenetrada de ideas espirituales se identifica con lo divino y es más aceptable a Jehová que cuando está llena de ideas o pensamientos materiales. Caín, lleno de ira, mató a su hermano. Esto representa la naturaleza carnal venciendo a la naturaleza espiritual, cosa que sucede con frecuencia en nuestras experiencias cuando los impulsos espirituales

(Abel) son sustituidos por los celos, la cólera y el egoismo (Caín).

Cuando la conciencia está dominada por su naturaleza inferior, lo cual está en violación de la Ley Divina, nos atraemos muchos sufrimientos. Jehová dijo a Caín, "Y ahora maldito eres de la tierra... cuando labrares el suelo, no volverá más a darte su fuerza; fugitivo y errante serás en la tierra". Y Caín contestó: "Mi castigo es mayor de lo que yo puedo soportar".

Cuando desobedecemos la Ley Espiritual de nuestro Ser, se presentan condiciones negativas en nuestras vidas y muchas veces nos parece que son más fuertes de lo que podemos sobrellevar. Entonces también como Caín, nos vamos a habitar a la tierra de Nod. Nod significa "caminar sin rumbo fijo" y representa la perplejidad y confusión del hombre que pierde contacto con su ser espiritual.

Otro hijo nació a Adán y Eva que vino a sustituir a Abel. Su nombre fue Set, que significa "compensación" o "substituido". El pensamiento espiritual "Abel" puede ser vencido temporalmente por el pensamiento dominado por los sentidos (Caín), pero resurgirá de nuevo, como está simbolizado con el nacimiento de Set. Es la parte eterna e inmortal del hombre que siempre vuelve a reafirmarse. Set, por tanto representa el desarrollo espiritual del hombre. Su primer descendiente notable fue Enoc. "Y anduvo Enoc con Dios, y no fue hallado, porque le tomó Dios consigo" (Gen. 5:24). Aquél que camina con Dios no se confronta con las experiencias comunes a aquellos que se encuentran en estados de conciencia inferiores. Es levantado al Reino Espiritual. "Enoc representa el comienzo e instrucción a una nueva vida en Cristo".

En el léxico hindú, Abel sería llamado "alma animal". En el Nuevo Testamento, San Pablo lo llama "la criatura".

Caín, en el léxico hindú es el "cuerpo físico". San Pablo lo llamaría "la carne".

DICCIONARIO METAFISICO DE LA BIBLIA

CAIN: Significa egoismo, posesión, adquisición, centralización, lanza, algo que corta; algunos antiguos lo llamaron "el genio del mal", pero no es del todo malo ya que lo que él simboliza se deriva del poder centralizado. Toda idea de gobierno es derivada del Poder centralizado. El aspecto benévolo o malévolo es determinado por aquello a lo cual se dirige la centralización.

ABEL: Significa respiración, transitoriedad, vanidad, vapor. Esto lo coloca en el aire, en el reino del alma, o sea, una conciencia un tanto superior a la que representa Cain.

NOD: Significa caminar sin rumbo fijo. Dando traspiés por el terror, agitado por aprensión, enloquecido por el temor. Escapatoria. Exilado.

SET: Significa compensación, substituido, constituido, asentado, fundado, determinado, colocado, dispuesto. Por tanto Set representa el desarrollo de la conciencia espiritual en el hombre.

Significado Metafísico del Terremoto

En tiempos de la Conquista, todas aquellas personas que destruyeron tribus enteras de indios en la búsqueda de oro del Perú, contrajeron un karma que quedó pendiente mientras no ocurrían circunstancias que se prestaran para la quema o cumplimiento de esa deuda.

En esta era en que la Tierra ha comenzado a vibrar más rápidamente para poderse trasladar, primero a la órbita de Urano y luego a la órbita de Venus. Esta es la llamada iniciación que se espera.

Como se dijo en un artículo anterior, en el número 3 de El Nuevo Pensamiento, no pueden los niños de primaria ingresar a una Universidad. Así mismo los seres humanos atrasados por causa de un karma grave sin cumplir, no pueden vibrar a la frecuencia que se necesita para vivir en una órbita tan por encima de la órbita terrena como son las órbitas de Urano y Venus. Para poder adelantar y vibrar en altas frecuencias hay que despojarse del lastre que pesa y obliga a la Tierra a retardar su marcha, tal como hace una persona grande cuando camina al paso de un niñito de dos años.

Las personas que tanto maltrataron a los indios en tiempos coloniales, han reencarnado o están reencarnando en sitios como los devastados por el terremoto del Perú. Estos seres primero nacieron en regiones muy pobres, muy atrasadas y amenazadas por lo que les ocurrió. El hecho de haber sido víctimas de los pantanos, chorrerones de aguas provenientes de lagos de montañas derrumbados, significa que toda la emoción y las lágrimas que ellos causaron, acumuladas y aumentadas, les cayeron encima. Ya se pagó ese karma. Pero ocurre también que hay seres que han adquirido grandes fortunas, han sido muy poderosos, muy enaltecidos y no han hecho otra cosa que gozar de su dinero y de su posición; para nada se han ocupado de sus hermanos y vecinos humanos, jamás ayudaron a los pobres y humildes, y éstos son enviados a reencarnar en condiciones ínfimas, en regiones solitarias o despobladas y en la mayor pobreza. Todos esos cataclismos que acaban con grandes sectores de humanidad están cumpliendo el Principio de Causa y Efecto. La Ley del Círculo o Bumerang. Se les devuelve a quienes lo deben y lo merecen.

Por esto es que los cataclismos que tienen que ocurrir en estos tiempos hasta que la Tierra vaya a elevarse a las órbitas de Urano y Venus, son para hacerles saldar sus cuentas a los seres conformes, a los aletargados, a los perezosos, para que luego puedan nacer en la nueva Tierra enderezada, iniciada en su nueva órbita, adelantada, purificada, ya que el Principio de Atracción no permite acercarse un cuerpo impuro a un cuerpo puro.

De manera que si tú estás ya estudiando metafísica con el fin de superar tu karma y elevar tu mente, no tienes nada que temer. No te ocurrirá nada catastrófico en esta Nueva Era; y a todos los que tú veas atribulados, ayúdalos con tu pensamiento. Conoce para ellos que su Verdad es la Perfección y que sólo están siendo lavados de sus imágenes erróneas y del mal uso de la energía pura.

Toda esta gente que sufre y sufrirá en los cataclismos de la Era, son los denominados "espíritus rebeldes" que no pueden acompañar el progreso de los mundos que habitan y tienen que someterse a rectificaciones compulsorias en planetas más primitivos como Hercólubus (véase la primera parte de este artículo, "Predicciones Catastróficas" en la Revista N° 3) el cual viene a llevarse a todos aquellos que no pueden escalar la órbita de Urano-Venus junto con la Tierra.

En el Capítulo 13 del Apocalipsis, Versículo 18, se refiere al número de la Bestia y el número del hombre, y dice que este número es 666. Este número representa una vibración que se ajusta perfectamente a un estado caótico. Juan Apóstol ve todo este suceso como en el fin del Siglo en el cual estamos viviendo. El 666 señala el ritmo vibratorio peligroso para la supervivencia del ambiente moral humano.

Usando un lenguaje sencillo, diremos que el 666 registra en el manómetro sideral la presión máxima y peligrosa de la caldera de las pasiones humanas. Es una aguja que indica que "el vapor" violento del siquismo negativo y destructivo amenaza con hacer estallar la caldera, o sea, la línea de protección en la armonía del conjunto planetario.

Hercólubus tiene una elíptica de 6.666 años en recorrer. El número en "palabras de a centavo" es la etiqueta que marca el fin de su estadía en el planeta Tierra para todos aquellos que no están a la altura de la nueva órbita terrestre, la de Urano-Venus.

Vuelve a leer el comienzo de este artículo en el número anterior como ya te dijimos, donde están las predicciones del Ascendido Maestro Saint Germain para esta Era, y verás que no corres ningún peligro puesto que te estás instruyendo a la Nueva Enseñanza, así mismo no habrá peligro alguno para todo aquél que tenga como estandarte la Pureza, lo cual significa simplemente el deseo de superarse y de adquirir el conocimiento verdadero de aquello que llamamos DIOS.

El viaje del Presidente a Washington

SIGNIFICADO METAFISICO

La "Operación Petróleo" que llevó al Presidente Caldera a Washington, fue el canal por donde se cumplió una orden universal cósmica que marcó la aurora o despertar del mundo a la Verdad de que Venezuela no es ya el caserío indígena bañado en oro negro, sino un país tan lleno de señorío que ha logrado resistir (sin mayores esfuerzos) a todas las incursiones del "Comunismo", el "Castrismo", el "Terrorismo" y a las "Guerrillas", todo lo cual no ha podido, ni podrá jamás triunfar aquí por la sencilla razón de que existe una ley inmutable que dice "no tendrás jamás que repetir un paso dado", y que el paso que están dando en Rusia, en China Roja, en Cuba etc. son experiencias que un sector humano ya superó en vidas pasadas, y ese sector está todo encarnado hoy en Venezuela.

Ese sector ha nacido aquí para impulsar con sus vibraciones el movimiento que llevará a nuestro país a ser la Nueva Jerusalem, o Capital de la Nueva Era.

Como ya dijimos, llegó el momento de que la mente mundial ayudara ese impulso, y para lograr polarizar esa mente, tenía que trasladarse a la actual Capital del Mundo, a Washington, la primera figura venezolana, y que dejara vibrando allí la impresión de cultura, refinamiento, ilustración, capacidad y magnetismo personal, además de constituirse en ejemplo de amor al hacerse portavoz de todo el Continente Suramericano.

NUESTRO LEMA:

"LO QUE NO PUEDAS ACEPTAR, DEJALO PASAR, MAS ADELANTE LO COMPRENDERAS".

INTRODUCCION A LA VERDAD COSMICA
por la Gran Hermandad Blanca

PARTE IV

LA JERARQUIA ESPIRITUAL

1. *LOS SIETE PODEROSOS ELOHIM.*

Después que Helios y Vesta prepararon el plan matriz para los planetas de su Sistema, los Siete Elohim fueron llamados a actuar para que ellos realizaran la construcción de cada una de las partes, incluyendo el planeta Tierra. Cada uno de los Elohim está asociado con una de las Siete Esferas o Rayos y por consiguiente, contribuyeron a dar a la Creación las características o cualidades de sus Rayos individuales. Los Elohim trabajan conjuntamente con sus Complementos Divinos individuales, realizando su Servicio Cósmico como UNO. El ritmo de la creación se mantenía como sigue:

PRIMER RAYO: Hércules y Amazonas.—Decisión y la Voluntad de hacer la manifestación.

SEGUNDO RAYO: Cassiopea y Minerva.—Percepción del Plan y la Sabiduría para analizar los métodos de operación.

TERCER RAYO: Orión y Angélica.—Uso de la acción cohesiva del Amor Divino y las actividades de construcción.

CUARTO RAYO: Claridad y Astrea.—El sostenimiento de la Pureza en las partes componentes de todas las actividades, y el mantenimiento del Concepto Inmaculado en todo.

QUINTO RAYO: Vista (o Ciclópea) y Cristal.—Consagración de toda la energía al propósito Divino.

SEXTO RAYO: Tranquilino y Pacífica.—Suministro de las necesidades del momento para mantener la Paz a través de todas las actividades.

SEPTIMO RAYO: Arturo y Diana.—Ritmo de Invocación del Fuego Sagrado para mantener el Plan Divino.

2. LOS SIETE ARCANGELES.

Cada una de las siete Esferas o Rayos está representada en el Reino Angélico por un Arcángel y su Complemento Divino (el Complemento es como quien dice, la esposa, o sea la mitad de la célula original).

Son los Directores de las Huestes Angélicas en el servicio prestado a la humanidad. Su asociación con los Siete Rayos es como sigue:

PRIMER RAYO: Miguel y Fe.—Defensor de la Fe; Poder; Protección.

SEGUNDO RAYO: Joffiel y Constancia.—Iluminación; Inteligencia.

TERCER RAYO: Camoel y Caridad: Poder del Amor Divino.

CUARTO RAYO: Gabriel y Esperanza.—Pureza de mente y cuerpo; Esperanza.

QUINTO RAYO: Rafael y la Madre María.—Consagración al servicio.

SEXTO RAYO: Uriel y Altagracia.—Suminsitro de los requisitos del momento.

SEPTIMO RAYO: Zadquiel y la Santa Amatista: Invocación de la Divina Misericordia y Compasión.

3. EL SEÑOR DEL MUNDO.

Aunque los Cargos ya nombrados se aplican a todo el Sistema Planetario relacionado con nuestro Sol, los siguientes cargos están asociados con la Tierra en sí. Estos servicios son realizados por Seres Ascendidos que evolucionaron en la Tierra, o por grandes almas de otros planetas quienes voluntariamente desean colaborar. El cargo de Señor del Mundo lo tuvo anteriormente el Amado Sanat Kumara, quien vino a la Tierra desde Venus, cuando los habitantes de la primera habían llegado al colmo de la degradación, amenazando la propia existencia del planeta y del Sistema. Su gran Amor sostuvo el balance de la Tierra hasta que uno de sus hijos llegó al punto de madurez necesario para asumir esa responsabilidad. Ese gran momento se alcanzó en 1955 cuando el anterior Gautama Buda se convirtió en el nuevo Señor del Mundo. No obstante, Sanat Kumara convino en permanecer como Regente hasta que llegara el momento en que la Tierra y Venus fueran requeridas a entrar en sus respectivas Iniciaciones Cósmicas.

4. EL BUDA Y EL MAESTRO MUNDIAL.

El nombre BUDA, es un título usado para designar a un ser de gran luz y desarrollo espiritual. En este sentido puede compararse con el título de Cristo. Sin embargo, el cargo cósmico de Buda generalmente lo ocupa uno que esté calificado para ocupar el Cargo de Señor del Mundo como en el caso del Señor Gautama. La actual posición de Buda la ocupa LORD DIVINO, a quien anteriormente conocimos como Lord Maitreya cuando desempeñaba el cargo de Maestro Mundial o Cristo Cósmico. Al ser Lord Divino elevado al rango de Buda, el cargo de Maestro Mundial ha sido desempeñado conjuntamente por los Ascendidos Maestros Kuthumi y Jesús, quienes eran Directores de los Rayos Segundo y Sexto respectivamente.

5. LOS DIRECTORES DE LOS RAYOS.

Cada uno de los Siete Rayos está representado por un Ser Ascendido quien asume la responsabilidad de enseñar y guiar a la humanidad no ascendida de la Tierra que pertenezca a su Rayo o Esfera en especial. Los Siete Directores están bajo la jurisdicción del Gran Director o Maha Chohan. Aparte de sus funciones como cabeza del grupo de Directores, el Maha Chohan es el representante del Espíritu Santo en la Tierra, o sea, la Maternidad o Naturaleza Sentimental de Dios. Es por medio de esta actividad que se canaliza casi toda la energía del Reino de la Naturaleza a través de las distintas estaciones del año. Para el principiante, cuyo único conocimiento del Cielo consiste en: Dios el Padre; Dios el Hijo (Jesús); y Dios el Espíritu Santo, se requiere una expansión de su conciencia para comprender el conocimiento y verdad de estos Hermanos Mayores de la humanidad, quienes están siempre dispuestos a ayudarnos de cualquier modo a alcanzar nuestra Meta de Perfección así como ellos ya lo hicieron. Como cada una de las Esferas o Rayos está representada por su propio color, ahora los asociaremos con los nombres de los Directores, pero debe recordarse que los mismos colores conciernen a todas las actividades ya mencionadas y relaciones con las Siete Esferas.

PRIMER RAYO: Azul.—Ascendido Maestro El Morya.

SEGUNDO RAYO: Amarillo.—Ascendido Maestro Lanto.

TERCER RAYO: Rosado.—Ascendida Maestra Lady Rowena.

CUARTO RAYO: Blanco.—Ascendido Maestro Serapis Bey.

QUINTO RAYO: Verde.—Ascendido Maestro Hilarión.

SEXTO RAYO: Oro y Rubí.—Ascendida Maestra Lady Nada.

SEPTIMO RAYO: Violeta.—Ascendido Maestro Saint Germain.

MAHA CHOHAN: Paúl, El Veneciano.

6. *LA JUNTA KARMICA.*

La Junta Kármica es un grupo de Seres Divinos cuyo servicio, siendo ecuánime y lleno de Misericordia y Compasión, es que se haga la Justicia Divina en cada individuo que usa a la Tierra como Aula. Luego de pasar por la llamada Muerte, a estos individuos se les permite pasar seis meses de descanso, visitar a sus seres queridos y principalmente para librarse de las tensiones de la pasada vida. Luego son convocadas por un Mensajero para presentarse ante la Junta Kármica para rendir cuentas del uso dado a la Vida y Energía Divina durante su vida. La Junta asigna entonces a cada individuo a un aula en particular en planos inferiores donde pueda aprender mejor el modo de superar los errores de su vida pasada y prepararse para una mayor perfección en su nueva vida. La Junta Kármica también determina quién va a encarnar en la Tierra cada año, ya sea por el bien de la raza, o para que el individuo haga restitución por errores pasados.

El servicio de estos Seres Divinos es siempre de Amor Divino, y nunca en ningún momento es su intención castigar. Dos veces al año, en Junio y en Diciembre, la Junta se reúne en el Retiro de Tetón para oir las peticiones de la humanidad y siempre que sea posible, para obtener concesiones de energía divinamente calificada para ayudar en la evolución de la Tierra y de sus habitantes en los próximos seis meses. Los siguientes Seres actualmente constituyen los Miembros de la Junta Kármica:

PORTIA: Diosa de la Justicia y de la Oportunidad.

KWAN YIN: Diosa de la Misericordia.

PALLAS ATENEA: Diosa de la Verdad.

DIOSA DE LA LIBERTAD

LADY NADA: Diosa del Amor.

VISTA O CICLOPEA: El Ojo de Dios.

LORD SAINTHRU: Manú de la Séptima Raza.

7. *LOS MAESTROS ASCENDIDOS.*

Cuando se obtiene la Ascensión en el período evolucionario de la Tierra, el ser se convierte en lo que se conoce como un Maestro Ascendido, es decir, que ha ascendido de los planos donde pueden ocurrir errores. Ahora él es un Ser perfeccionado que habita en un plano donde no puede existir la imperfección y desde ese plano dirige sus poderosos Rayos de Luz para bien de la Tierra y de la humanidad. Desde ese momento el individuo comienza su evolución en los Planos cósmicos y no hay límite a las alturas que puede aspirar a alcanzar una vez que haya pisado ese Camino.

8. LOS RETIROS DE LOS MAESTROS ASCENDIDOS.

Los Retiros de los Maestros Ascendidos son Focos de Luz donde un Ser Divino con su Corte, rinde un servicio específico por el bien de la Tierra y de sus evoluciones. Son lugares de absoluta pureza donde los estudiantes calificados son ayudados por los Maestros para desarrollar la naturaleza divina inherente a cada quien. Estos Retiros están en sitios estratégicos de la Tierra o en los planos etéricos sobre éstos, con el objeto de crear, mantener, irradiar y expander las Virtudes Divinas esenciales, que son el alimento de los habitantes de la Tierra. Cada uno de esos Seres Ascendidos magnetiza una Virtud Divina y luego combina esa Virtud con la de los otros Focos de los Maestros Ascendidos para formar un patrón constructivo para la redención de la Tierra. La mayor parte de la humanidad no está consciente de estos Focos y los Ascendidos Maestros desaniman la curiosidad de aquellos que aún no están listos para convertirse en parte activa de su servicio.

9. CAMPOS DE FUERZA.

Un campo de fuerza es un foco conscientemente magnetizado, creado por una persona o por un grupo de personas con el objeto de dar servicio a un área en particular y por último a toda la Tierra. En el caso de actividad de grupo, el Director, con la colaboración del grupo primero diseña en la mente la actividad particular a la cual estará consagrado el servicio del grupo. Si es posible, el diseño en sí debe visualizarse (por medio de una ilustración) de modo que todos dirijan sus energías hacia la misma actividad. Es esencial que la imagen se mantenga igual en todas las reuniones una vez que se haya elaborado, para que crezca y expanda sus bendiciones a través del grupo y hacia todo el vecindario. Por medio de la contemplación y dirección constante de la calidad de la energía que se desea dentro del Campo de Fuerza, puede hacerse crecer en intensidad hasta el punto donde sea una fuerza potente para el bien en el área inmediata y a través de la atmósfera de la Tierra en sí. Un Campo de Fuerza está en movimiento constante y a través del mismo se derramarán ilimitados Dones de los Seres Divinos a quienes se haya dedicado, según se refuerce y expanda en cada reunión.

10. OTRAS EVOLUCIONES.

Hay una evolución acerca de la cual la humanidad en general sabe muy poco; no obstante, en el aire que respira, en cada acción suya y en toda actividad a través del infinito, el REINO ELEMENTAL juega un papel muy importante. Los seres elementales de este Reino forman el cuerpo del hombre, su atmósfera y todo lo que él contacta. La Voluntad de Dios ha sido fiel y constantemente expresada por el Reino Elemental cuya naturaleza misma es reflejar lo que ven y sienten. Es lamentable que esta característica los obligue a retratar el caos y la confusión de la humanidad, pero esto ha sido la causa de todas las condiciones catastróficas desde la caida del hombre. Cada actividad de este Reino la dirige un Ser Divino quien es responsable por el control de los distintos grupos de seres elementales en su servicio a la Tierra. En el caso de los que constituyen los cuatro elementos de los cuales está compuesta la atmósfera de la Tierra, cada actividad de este Reino tiene los siguientes Directores:

ELEMENTO AIRE: Thor y Aries: dirigen las actividades de las Sílfides.

ELEMENTO AGUA: Neptuno y Lunara: dirigen las actividades de las Ondinas.

ELEMENTO TIERRA: Pelleur y Virgo: dirigen las actividades de los Gnomos.

ELEMENTO FUEGO: Helios y Vesta: dirigen las actividades de las Salamandras.

Los Elementales en el Reino de la Naturaleza mantienen los patrones para cada flor, cada fruta y cada grano, los árboles y sus hojas, cada vegetal y de cada regalo de Dios al hombre. Estos Seres son especialmente entrenados en los Templos de la Naturaleza, y en la Tierra trabajan bajo la dirección del MAHA CHOHAN (Espíritu Santo). Cada forma humana tiene un Elemental del Cuerpo cuyo servicio es construir la forma física en cada encarnación y mantenerla reparada durante la vida.

EL REINO ANIMAL es realmente parte del Reino Elemental, y consiste de esos elementales que han sido obligados por la impureza e inclinaciones destructivas del hombre a habitar las formas particulares en las cuales funcionan. No obstante, cada evolución animal es parte de lo que se conoce como "alma de grupo" para esa evolución en especial. Esto generalmente lo personifica un Ser Divino quien ha ofrecido prestar ese servicio a la vida. Cada vez que una parte individual de esa "alma de grupo" se eleva en conciencia, toda la evolución se beneficia grandemente y se aproxima hacia la exteriorización de su estado perfecto. Hoy, la responsabilidad del hombre hacia el Reino Elemental es muy grande. Ahora debe aprender a AMAR TODA VIDA ELEMENTAL HASTA QUE SEA LIBRE, no importa la forma que esté manifestando, para que en la Nueva Era estas hermosas criaturas expresen las formas originales de belleza en las cuales fueron creadas.

Los Querubines son principalmente Seres que se sumergen profundamente en la franja electrónica alrededor del Sol al cual pertenecen, se saturan con las virtudes que emanan de él y traen el sentimiento y la virtud a la Tierra. Por medio de la experimentación aprenden a sostener la Virtud, e irradiarla, para bendecir todo aquello donde son enviados. Existen pequeños Querubines que disipan esa Virtud por el fuerte impacto de la incredulidad y de la rebelión en el mundo, pero Ellos crecen hasta que pueden sostener en sus Auras la bendición que han sido enviados a irradiar y permanecer intocados por las energías de corrientes de vida menos desarrolladas.

Los Serafines son Seres Gloriosos quienes generalmente forman la Corte o Guardia de Honor de los Seres que viajan por el Cosmos. Siempre que esos Seres hacen una visita, verán la Presencia de los delicados y agraciados Serafines precediendo al Ser Cósmico, Maestro u otro Huésped Divino. Ellos también son centros irradiantes de Amor Divino y Protección, pero casi siempre su servicio consiste en asistir a los Mensajeros Divinos.

Los Devas son Seres Divinos que forman el alma de cada actividad constructiva sobre el planeta Tierra. Esto incluye a las grandes Catedrales e Iglesias, montañas majestuosas, lagos y bosques etc. En los casos de servicio divino, su oficio es transportar la energía liberada al Corazón de la Creación. Allí se conocen los deseos y peticiones de los fieles y se libera la energía requerida para beneficio de los suplicantes. Si es invocado un Ser Dévico, éste formará el alma del Campo de Fuerza de un grupo de estudiantes dedicados, quienes desean asistir en la evolución del planeta.

Las Huestes Angélicas son generalmente creadas por los Arcángeles, por sus Complementos, Seres Cósmicos y Maestros Ascendidos, y forman la "Corte Espiritual" de dichos Seres. Ellos son los mensajeros de quienes los crearon, y aportan los dones de su Creador a la atmósfera de la Tierra cuando los dirigen para bendecir y elevar a quienquiera que desee aceptar ese Don, así como su realidad.

LO QUE NO PUEDAS ACEPTAR DEJALO PASAR

PERO SIGUE LEYENDO...

Estado de Conciencia

El estado de conciencia en que vive una persona determina cuanta felicidad o infelicidad conoce durante su estancia en la Tierra.

No hay dos personas que vivan constantemente en el mismo estado de conciencia. Personas que se encuentran en una charla, en colegios o iglesias, por lo que acaban de escuchar, se encuentran en un mismo estado de conciencia, pero al volver a la rueda o esfera de su propia vida y estado de conciencia habitual, se separan en conciencia. Dentro de estos espirales materiales viven dando botes como pelotas de goma. Bajan a la obscuridad, se elevan por una exhaltación momentánea, explotan de ira y así sucesivamente, pasando a veces a través de cien diferentes estados de conciencia durante el curso de un período de ocho horas.

Cada estado de conciencia que atraviesan tiene una vibración diferente. Por supuesto que todas las emociones destructivas tienen una acción vibratoria que es desintegrante para la naturaleza espiritual o conciencia espiritual que se está tratando de desarrollar o formar a través del alma. El Alma que es torpedeada por estas vibraciones, las cuales cambian hasta tres veces cada minuto, está tratando de alcanzar la luz de un consejo espiritual de más arriba. El Ser Superior se esfuerza por mandar a través de este ciclón de vibraciones, suficiente presión para poder guiar a aquella alma. Esto significa que el Yo Superior tiene que adquirir una acción vibratoria capaz de pasar a través esas ondas de vibración, pero aún antes de que su luz pueda anclarse, ya el individuo ha pasado a otra acción vibratoria y otro estado de conciencia. La Conciencia Espiritual vuelve a variar su dirección vibratoria, pero en cuanto llega al alma, ésta de nuevo ha pasado a otro estado de conciencia, corriendo de cuarto en cuarto perseguida por el Ser Espiritual que trata de hacer que se calme y permanezca en una situación lo suficiente para lograr que le entre la luz y la ayuda que necesita.

Verás pues que el entrenar a un individuo para que mantenga sus vehículos inferiores en una acción vibratoria pareja, es permitir que su propio Ser Superior le de el alimento, el consejo y el valor necesarios para que se liberte. Muchos discípulos nuevos tienen grandes brotes de entusiasmo que, aunque son buenos, también son choques rápidos para la acción vibratoria del alma, de manera que nosotros recomendamos mantener al ser inferior o exterior en el camino central para que la radiación y la luz de la Presencia YO SOY pueda entrar y formarse una con la vibración del aspirante.

El progreso y el desarrollo le viene más rápido a una persona que se conserve en paz, que aquélla que aunque tiene más celo, es menos controlado.

MANTEN Y SOSTEN TU PAZ

La única forma en que la Presencia YO SOY puede llegar a la conciencia inferior del hombre es dirigiéndole ciertas vibraciones que le llegan a él como deseos, sensaciones, aspiraciones y una presión que lo lleva a ciertas actividades que, aunque el ser exterior no puede a menudo explicarse aquello por medio del razonamiento, siente que es un impulso de su corazón. Hasta que el desarrollo del estudiante llega al punto en que la conciencia exterior o inferior, totalmente despierta, se incorpore al Plan Divino y a la imagen que están contenidos en el Ser Superior, la Presencia utiliza vibraciones sutiles e impulsos para adelantar el plan de perfección, porque el alma y los vehículos inferiores del hombre deben hacerse receptivos a estas vibraciones de manera que se graben con la suficiente fuerza para que ocurra una actuación.

Instamos encarecidamente el cultivo y mantenimiento de una vibración tan pareja e invariable como

sea posible en los vehículos inferiores, bajo todas las circunstancias y toda presión. Así como la estática destruye un programa de radio o televisión haciendo imposible comprender o interpretar las palabras y el cuadro, así la discordia de cualquiera naturaleza distorsiona los mensajes y las vibraciones de la Presencia YO SOY, de manera que no son recibidos ni anclados en la energía del ser inferior con la fuerza suficiente para constituirse en la guía de la vida diaria.

En tiempos de crisis, más que nunca son necesarios individuos que puedan mantener un constante fluir y conexión con su Yo Superior, y nos urge que haya individuos que construyan este impulso y mantengan una vibración ecuánime para que la receptividad de los impulsos divinos puedan serles claros y nítidos para constituir una protección y una dirección para muchos miles de personas en las emergencias que se puedan manifestar.

ACELERA TU CONCIENCIA HACIA LA EDAD DE ORO.

Así como un programa de radio está presente en una habitación, pero requiere un instrumento para manifestar las vibraciones en sonidos audibles a los oidos de cuerpos físicos, de la misma manera, la Edad de Oro está vigente porque vivimos en el PRESENTE y nosotros gozamos la Edad de Oro en nuestra Octava, donde la Perfección, la Armonía, la Belleza y la

Libertad son la atmósfera en que nosotros vivimos.

Cuando nosotros contactamos a los Ascendidos Maestros, nos afinamos a esa Edad de Oro como quien afina un instrumento con otro. Los Maestros Ascendidos dicen: "Así como cuando oyen nuestras palabras o cuando nuestra presencia se manifiesta ante vuestros ojos en sus contemplaciones o devociones, en esos momentos vuestras conciencias están aceleradas y se montan en las altas vibraciones que están siempre presentes. Nosotros estamos ansiosos de mantenerles en esa conciencia para que ustedes puedan vivir en el mundo y sin embargo, no pertenecer a él".

Con este propósito recomendamos que ustedes pidan que sus conciencias sean envueltas en la CONCIENCIA DE VUESTRA PRESENCIA YO SOY, o la de cualquier Maestro Ascendido, en todo momento y luego que por un esfuerzo consciente, TRATEN DE PENSAR, DE SENTIR, DE VIVIR, DE HABLAR como si hubieran entrado por las Puertas al Reino de los Cielos y que allí fueran huéspedes de honor en la Asamblea perfecta que allí hay. Practicando vuestras presencias en el Reino, encontrarán que esto se convierte en un hecho, en vez de una fantasía.

COMO PUEDE TU CONCIENCIA ASISTIR A OTROS.

No hay límite para lo que un solo hombre o una sola mujer puede hacer por no importa cuánta cantidad de corrientes de vida, por medio de un pensamiento fuerte y sentimiento, mantenidos firmemente en la conciencia del Bien. No hay poder en el Universo que pueda oponerse a un buen pensamiento, a menos que el pensador de la idea constructiva elija desistir de ello. Por eso es que se dice que "Uno con Dios es la Mayoría". Por eso es que un solo ser no ascendido puede sostener al planeta Tierra contra la disolución, SI SU CONCIENCIA puede mantenerse firme y sin vacilar ante la *mente masa, la apariencia, o no importa cuál número de presiones visibles e invisibles,* que pretendan cambiar el pensamiento y sentimiento de perfección y protección sostenido por ese UNO que forma la mayoría.

Significado Metafísico de la Lucha Racial

Así como en nuestra civilización adámica la evolución se ha fijado en el desarrollo científico y estamos terminando nuestros 14.000 años con la mecanización y electronización; la civilización Atlante se fijó en el desarrollo de los poderes mágicos que son latentes en todo hijo del Creador, "hecho a su Imagen y Semejanza". Sólo que la Raza Atlante, (Cuarta Raza que vino a aprender en la escuela del Planeta Tierra) no había desarrollado la primera y más importante de todas nuestras facultades, el Amor. Emplearon sus grandiosos poderes sin nobleza alguna y con el único fin de subyugarse unos a otros, dominando, humillando y torturando, tal como hacen hoy en día los llamados "brujos" y "brujas" quienes explotan a las personas llenas de odio, sed de venganza y deseo de dominio sexual vendiéndoles maleficios y "trabajos" para esclavizar a las víctimas.

La Ley del Círculo, llamada también "el Bumerang" y que es parte del Principio de Ritmo, pronto les devolvió su maldad destruyéndolos con todo y su Continente; se lo tragó el Océano Atlántico y luego hasta el mar los aborreció y los lanzó al espacio para que allí se anquilosaran sin agua y sin aire (la Luna).

Quedaron remanentes de la Cuarta Raza depositados en los hielos, en los fósiles y hasta en cuerpos que se salvaron del Diluvio, pues esta Raza poderosísima que había acumulado inmensos depósitos de energía envenenada por sus mentes, ritos y prácticas, obligó a desencadenar cataclismos universales para destruirla.

Como las astillas de la escoba en "El aprendiz del brujo" de Walt Disney, comenzaron a revivir los remanentes de la Cuarta Raza, pero su antigua arrogancia y soberbia los castigaron llevándolos a ocupar el sitio más pobre, más humilde, humillado y sufrido de todos en el Planeta, el esclavo de sus víctimas reencarnadas.

La Ley de Correspondencia (Como es arriba es abajo y viceversa) se cumplió y la conciencia renegrida, primero empañó, opacó y luego ennegreció hasta la piel del Atlante tornándolo color marrón tierra-fértil.

El paso de los Siglos ha logrado debilitar a los poderosísimos **Atlantes**. Sus ritos y prácticas han degenerado en el casi desaparecido "**Voo doo**", tambor y brujerías, no obstante que ésta aparenta ir surgiendo.

Como las adquisiciones positivas no se pierden porque pertenecen al derecho de conciencia, la raza conserva sus dotes melódicas, aunque su música está basada en la tristeza y la añoranza de un bien perdido. Su ritmo sigue siendo hipnótico. El antiguo culto fálico se manifiesta aún en sus bailes y movimientos. La raza sigue siendo ardiente, fogosa, **violenta**, aunque algo adormecida. De su original lujo, esplendor y opulencia, le queda el gusto por lo ostentoso, los colores vivos y todo lo que brille, aunque no sea sino oro en la dentadura. Son sumamente inteligentes y amorosos y se distinguen en el arte culinario.

Así ha ido purgando su terrible karma y se ha ido mezclando con las razas siguientes. Estas razas subsiguientes conservan el recuerdo de sus sufrimientos cuando eran Atlantes. El cuerpo etérico del hombre guarda la memoria de todas las experiencias de todas las vidas pasadas y los traumas causados por tan agudas pruebas, y al encontrarse un blanco con un negro, a menudo se detestan porque se revive el eslabón etérico que guarda la memoria racial.

Cuando se mezclan las dos sangres en matrimonio y reproducción, ocurre que en el hijo están ambos eslabones: el del **Atlante** y el de la víctima en conflicto interior. Esto hace que desee mantenerse al margen de ambas razas. El individuo no se encuentra asimilado a ninguna, y se le crea el despecho por la vida misma, sin comprender el motivo ni entenderse él mismo.

Por eso se ha hecho la observación de que el mulato o **mestizo** es producto de los defectos de ambas razas, pero esto no es cierto. La verdad es que la lucha sicológica de los dos eslabones enemigos dentro de él, baja su frecuencia vibratoria a una constante que lo vuelve ofensivo para otros. Los Maestros no recomiendan la mezcla de sangre mientras no se hayan transmutado los eslabones.

Como en la Tierra no se ha desarrollado aún el Amor puro, consciente, ni tampoco se conocía la manera de disolver estas memorias del cuerpo etérico, no se ha sublimado el odio racial; pero ahora que los Maestros han dado permiso para divulgar la Ciencia de la Llama Violeta transmutadora de todo karma, basta que "los pocos" la practiquen para que "los muchos" reciban algo de la radiación y así vamos a ver disolverse, milagrosamente, mucho del resentimiento que separa a la Cuarta Raza de las razas blancas. Así se irá blanqueando y espiritualizando el color tierra, y los "blancos" (que a menudo son negros de alma) podrán darse cuenta del inmenso volumen de amor reprimido que contiene esa maravillosa Raza

Cuarta, Atlante, que ya llegó a la liberación de su terrible karma. La Luz está entrando a raudales, primero por la entrada de la Era, y segundo, porque la aceptación de esta enseñanza por los humanos encarnados actúa como espejo donde ella, la luz, se refleja.

El Nuevo Pensamiento

POR MARINA SANCHEZ DE OTERO.
(Discípula de "Metafísicas").

Siempre he creído en Dios
toda mi vida
y no recuerdo nunca
tener la fe perdida.

Pero creía en El
como cualquier persona
piensa que lo venera
y rezando el rosario
lo reza a su manera.

Nací en hogar cristiano
me bauticé, hice la comunión
me casé por la Iglesia
acudía a la Misa
escuchaba el sermón.

Las cosas rutinarias
de todo buen beato
de aquel que va a la Iglesia
para pasar el rato.

Y pasaron los años
siguiendo mi destino
ignorando que estaba
en mi mismo camino.

Y ya cuando las penas
me llenan de amargura
de pronto se ilumina
lo que fue senda obscura.

Y lo siento tan cerca
y lo tengo tan mío
que ya cuando estoy sola
no me rodea el frío.

Pues yo de Sus ovejas
soy la privilegiada
y lo que yo recibo
no se parece a nada.

En mis horas más tristes
su poder se agiganta
y todo lo que es malo
de mi lado lo espanta.

Y tanto se preocupa
de mí en todo momento
que ya vive en mi casa
y no en el firmamento.

ANTE UNA CHARLA DE KRISHNAMURTI, TELEVISADA Y LUEGO DIFUNDIDA EN HOJAS POR LA LIBRERIA DE ORIENTACION FILOSOFICA

En breve, el Maestro Krishnamurti dijo que el problema más grande en el hombre es el deterioro de la mente y del cerebro. Pregunta si sería posible detener ese deterioro, y si sería posible, además, mantener el cuerpo físico extraordinariamente vivo, alerta, enérgico, etc.

El Maestro invita a meditar para descubrir si la mente puede rejuvenecerse a sí misma; si puede hacerse fresca, joven y libre de temor.

Nosotros a la vez nos preguntamos si es que Krishnamurti no quiere ofrecer las respuestas sino obligar a descubrirlas por motus propio; ya que nos parece imposible que el Maestro ignore algo tan elemental como la Verdad metafísica del Cuerpo Hebdomadario.

Cada siete años se renuevan todas las células del cuerpo físico. Es absolutamente falso pues, que el cuerpo se pueda envejecer ¿Cómo se envejece o se deteriora algo que se *renueva* totalmente cada siete años?

Este cambio natural comienza a notarse cuando el niño cumple el primer ciclo de siete años, ya que su dentadura empieza a caerse a los seis años. Los dientes llamados "de leche" *deben* haber caido totalmente al cumplir los siete años y los nuevos son fuertes, grandes.

Existe en cada ser humano un diseño o patrón que se llama el Infante Divino. Este es eternamente joven, bello, perfecto.

Como el Ser tiene libre albedrío, él va adoptando creencias, postulados, conceptos a medida que avanza en años y experiencias de acuerdo con lo que ve en los demás. Si estos conceptos se conservan fieles a su Verdad (su Infante Divino), la imagen que él presenta ante el mundo y a sus propios ojos, es de salud, belleza, fuerza, agilidad, vitalidad, etc. Pero si va adoptando las imágenes ajenas; si cree y adopta lo que oye y ve producir a los demás; si olvida o ignora que esos productos o manifestaciones ajenas están basados en conceptos errados, y que los efectos exteriores son idénticos a las causas interiores; si él olvida o ignora este Principio, repito, entonces él mismo habrá ido transformando su imagen del Infante Divino, y cuando ocurre el cambio de ciclo hebdomadario (de cada siete años), su cuerpo se renueva, por supuesto, pero la *imagen* se distorsiona y repite exteriorizando en el nuevo ciclo las creencias y conceptos falsos. En pocas palabras, va manifestando en su físico exterior toda esa serie de mentiras que ha adoptado: feísmo, deterioro y finalmente la muerte.

Un "Maestro" de cosas espirituales tiene que saber que no solamente *SI* es posible hacerse fresco, joven y libre de temor, sino que tenemos el *deber* de emprender ese retrogreso inmediatamente que lo aprendamos a hacer, porque si no pecamos de omisión, y ¡no quiero entrar en vaticinios de lo que te ocurrirá a ojos vista porque eso es contrario a la Verdad Metafísica!

La forma de comenzar ya a transformarte es la siguiente: Repite todos los días la afirmación que sigue, y puedes usarla en *toda* manifestación de enfermedad:

"YO SOY LA MAGNA ENERGIA ELECTRONICA QUE FLUYE, LLENA Y RENUEVA CADA CELULA DE MI CUERPO AHORA MISMO".

No nos creas. Compruébalo tú mismo. Comienza ahora a usar esta afirmación para todo lo que te moleste, y verás.

Como no podemos creer que el Maestro Krishnamurti ignore el todo poder del "YO SOY", suponemos que su charla se basó en la idea de dejar que los discípulos hagan el esfuerzo y den los pasos antes de ofrecerles la solución; pero esta afirmación es dictada por el Avatar de la Era, el Ascendido Maestro Saint Germain para *todos* los humanos encarnados, y por eso la divulgamos con entusiasmo.

LO QUE NO PUEDAS ACEPTAR DEJALO PASAR
PERO SIGUE LEYENDO...

CONSULTORIO

CASO C. N. GOMEZ.

Padre de dos niños, varón y hembra, llamó desesperado que los dos niños estaban con fiebre que no bajaba. Que él y su esposa les habían hecho todos los tratamientos metafísicos que ellos conocen pero que nada les daba resultado y que por último habían decidido molestarnos.

—Ustedes están muy nerviosos, les dijimos. Con nervios excitados no vale de nada ningún tratamiento, porque el nerviosismo viene por falta de fe. La fe se basa en el conocimiento. ¿Por qué no estudian mejor el Librito Nº 1 donde dice que el tratamiento espiritual hay que hacerlo suavemente porque el espíritu no tiene músculos?

—¡Ay si nosotros nos la pasamos con ese librito en las manos! —protestaron.

—Pues nadie lo diría, —contestamos—. Bien, hagan lo siguiente. Primero, recuerden que el "Yo quiero" y el "Yo no quiero" son todo-poderosos. Luego recuerden que los niños les han sido entregados a sus padres para ser amados, cuidados, protegidos y levantados hasta la edad de veintiún años; y que durante toda la parte frágil de ese tiempo, el niño reac-

ciona a todo lo que de él piensen sus padres. Todo lo que sus padres teman para él, o decreten hacia él, se cumple instantáneamente; y después de recordar esto, hagan la siguiente declaración:

"Yo no quiero que ningún pensamiento, sentimiento, palabra o acto negativo mío se manifieste en mi hijo (o hija). Yo no quiero ocasionarle a mi hijo ninguna enfermedad o inconveniente. Yo no quiero que continúe manifestándose este estado febril. Yo quiero que se manifieste en él su salud perfecta".

"Me perdono y pido a mi Llama Violeta que disuelva y transmute la forma mental de temor creada por mí y que está causando esta manifestación".

—¿Y cuántas veces debo hacerlo? —me preguntó el padre.

—Con una sola vez basta. Me llaman para contarme la buena noticia del resultado.

Al día siguiente me llamaron para contarme que el niño había reaccionado instantáneamente "como con la mano". Ahora, la niña, como fue la más enferma de los dos, le pusimos otra vez la inyección que ordenó el médico y está mejor pero nó enteramente.

—¿Por qué es eso?

—Porque les faltó fe.

¿No ven que despés de hacer el tratamiento le pusieron la inyección "por si las moscas"?

Más claro no canta un gallo, mi amigo. Si van a confiar en la Verdad espiritual es a plena máquina; pero subiendo un poquito la escalera y volviendo a bajar a tierra ni se está arriba ni se está abajo. Ese es precisamente "el fruto del árbol de la Ciencia del Bien y del Mal".

Despés de ese pequeño regaño me llamaron para decirme que ambos niños estaban perfectamente bien.

CASO A. V.

Al Consultorio llegó C. V. a consultar un problema, el cual despachamos rápidamente porque no era muy grave. En cambio nos pareció más urgente el problema que vimos en A. V. y la investigamos.

Ella había entrado cojeando y con un banquito en la mano el cual puso en el suelo al sentarse, y encaramó una pierna en él.

—¿Qué te pasa en esa pierna? le preguntamos.

—Lo mío no interesa porque no tiene remedio —nos contestó.

—¿Quién dijo? —repusimos.

—Los médicos, —contestó.

—Los médicos tratan efectos, no tratan causas. ¿Qué te han dicho?.

—Que tengo una parálisis.

—Exactamente. Pero esa parálisis es el efecto de una causa.

—Pero nadie sabe la causa. Dicen sólo que es una parálisis.

—Bueno, vamos a curarte la causa. Primeramente, eso no es verdad.

El Espíritu no puede paralizarse. Ese es el "punto de referencia" de nosotros en Metafísica. La verdad manifestada es siempre lo que reconocemos en el espíritu, o sea, que toda la Verdad está en el espíritu, y cuando nosotros referimos lo que vemos a esa Verdad, ella se refleja en la materia y se desaparece la mentira que estamos viendo ¿Has comprendido bien?

—Sí, en otras palabras, que al yo reconocer que mi espíritu no puede estar cojo, mi pierna obedece y se cura.

—¡Magnífico! Ahora, todas las noches, cuando ya estés en la cama, sóbate la pierna de arriba hacia el pie, diciendo "YO SOY la energía electrónica que fluye, llena y renueva cada célula de mi pierna, y despide todo lo que no es semejante a la Verdad".

A los pocos días la volvimos a ver, caminando como cualquier hijo de vecino, sin banquito y sin cojera!

Revista Metafísica

El Nuevo Pensamiento

Directora: Conny Méndez

Año 1 — No. 5 — Agosto, 1970

CARTA EDITORIAL

Queridos condiscípulos:

El mundo entero se la pasa pidiendo a los cuatro vientos que "se pida por la Paz", ¡como si la paz necesitara que alguien pidiera por ella!

Desde el Papa en Roma para abajo todo el mundo insiste... (pero con insistencia hasta impaciente, como lo hacen los "pavos" en Estados Unidos) en que cese la guerra de Viet Nam, de Cambodia, de Corea, etc., etc. insisten en que el gobierno de Estados Unidos retire sus fuerzas de aquí, de allá y de más allá. Siempre hay un "más allá" porque cada vez que se aplica el remedio exterior, como no se ataca la causa, el efecto irrumpe en un sitio nuevo, y por más que el Presidente Nixon retire y retire soldados, la paz se esconde detrás de los armamentos y las bombas ¡claro!, la palabra lo dice: la "impaciencia" es la contra-paz.

Y ahora que a través de estas páginas vas conociendo las Leyes inmutables que gobiernan nuestras vidas, ya sabes que hasta que todo el mundo aprenda a conservarse en paz, paciente (no importa cuál sea la provocación) en silencio, y hasta en indiferencia, la paz no se hará.

Cuando todo el mundo recuerde contar hasta diez antes de reventar de ira o de impaciencia, la paz se hará automáticamente, porque la Ley del Círculo, Ley del Bumerang, que jamás duerme, devuelve como el rebote de una pelota todo lo que se diga, se sienta y se haga; y toda guerra, controversia y discusión surge por impaciencia, rebelión y resistencia. Naturalmente, la palabra o el gesto acalorado provoca la réplica idéntica.

Es pues, cosa de educación y de disciplina. No sigas pidiendo o esperando paz en el mundo, en tu hogar o en tu corazón mientras no aprendas a dominar todo lo que la contraríe.

Allí te lo dejo.

CONNY MENDEZ.

EL SILENCIO

Ejercicio para lograr vivir de fijo en el retiro del Altísimo

Como la práctica es lo que hace al experto; como ya todos sabemos que la presencia de Dios hay que practicarla y que es la forma más segura, no solamente de obtener la limpieza del subconsciente, sino el adelanto en todos los sentidos; los grandes Maestros han elaborado el siguiente ejercicio, que si lo hacemos todos los días, con preferencia antes de levantarnos de la cama, nos prepara primeramente para todas las experiencias del día. Segundo, nos da la habilidad de contactarnos con el plano espiritual al instante, en cualquier momento, en cualquier circunstancia, y de esta manera transformar todo lo que necesite transformarse con nuestra sola presencia.

El Silencio es tanto un lugar como una condición. Es un lugar, porque lo contactamos dentro de nosotros. Es una condición, porque al contacto con él, entramos en "LA PAZ QUE SOBREPASA TODA COMPRENSION" como dice la Biblia en Filipenses 4-7. Cuando se entra en El Silencio, el mundo y todos sus problemas se desvanecen, y cuando se sale de allí, se regresa al mundo con el alma, el cuerpo y los pensamientos renovados y fortalecidos y con la sensación de haber estado en Presencia de Dios.

PRIMERO: Relájate toda. Si tienes la frente arrugada, relájala. Donde quiera que sientas tensión, relájala. Fíjate en tus ojos, tus manos, tu quijada, tu cintura, tu espalda, tus rodillas, tus tobillos, relájalos y diles: "SUELTENSE, AFLOJENSE". Este es el primer paso del ejercicio.

SEGUNDO: "ESTAD QUIETOS Y CONOCED QUE SOY DIOS" dice el Salmo 46. Repite esta frase varias veces a los pensamientos que tratarán de entrometerse, a cualquiera sensación que te acose. Díselos en nombre del Señor. Solamente en la quietud, cuando los pensamientos y los sentimientos se apagan, se puede hacer contacto con el Cristo o el Yo Superior.

¿Estás cómoda? ¿Estás relajada? ¿Estás quieta? ¡ESTAS EN LA PRESENCIA DE DIOS!

TERCERO: Pon ahora tu atención encima de tu cabeza en el chacra Coronal o región de Cristo y dí mentalmente o en voz alta como quieras "YO SOY LA LUZ DEL MUNDO". YO... SOY... LA LUZ... DEL... MUNDO. Varias veces mientras tanto trata de ver y sentir la luz sonrosada, perlácea que penetra y te invade hasta más allá de tus pies. Estoy iluminada y despierta. La Luz de Dios llena mi ser y me hace luminosa. No tengo que luchar con la obscuridad. Vivo en la Luz. YO SOY LA LUZ. YO SOY el punto luminoso por donde Dios se asoma al mundo.

CUARTO: Pasa la atención a tu frente, inmediatamente encima de los ojos. Piensa o dí: "YO SOY LA INTELIGENCIA DIVINA". Repítelo varias veces. Ninguna torpeza física o mental puede estar en la Inteligencia Divina. He abierto mi mente y mi inspiración a Dios. Mi mente es la mente de Dios. Sé exactamente lo que tengo que hacer porque tú, Padre, piensas por mí. Toda tu sabiduría está en mi mente buscando expresión. Mis pensamientos son tus pensamientos.

QUINTO: Ahora centra tu atención en tus ojos y repite varias veces: "YO VEO CON LOS OJOS DEL ESPIRITU". Veo la Verdad más claramente. Los ojos son los servidores del Espíritu que sólo vé perfecciones en todo. CRISTO MIRA POR MIS OJOS.

SEXTO: Pasa la atención a la garganta. Repite: "TODO PODER ME HA SIDO CONFERIDO EN MENTE, EN CUERPO, EN ESPIRITU". El Verbo, al través del sonido de mis cuerdas vocales tiene todo poder para controlar toda in-

fluencia negativa. Doy rienda suelta a mis fuerzas espirituales que todo lo pueden para controlar mis pensamientos, para vitalizar mi cuerpo, para tener éxito en todo y para bendecir a otros.

SEPTIMO: Ahora lleva la atención a la nuca. Repite varias veces: "YO SOY LIBRE, NO TENGO ATADURAS". Soy libre con la libertad del Espíritu. Ninguna condición errónea tiene poder sobre mí. YO SOY HIJO DE DIOS VIVIENTE.

OCTAVO: Dirige tu atención a la espalda. Declara: "YO SOY FUERTE EN EL SEÑOR CON TODA LA FUERZA DE SU PODERIO". Tu carga es liviana. Tu fuerza es la fuerza de Dios mismo fortaleciendo cada nervio. No siento el peso de nada ni de nadie. Encaro la vida con confianza. YO SOY FELIZ.

NOVENO: Pasa tu pensamiento al corazón. Declara: "YO SOY LA EXPRESION DEL AMOR DIVINO". El Amor transforma, transfigura, llena de armonía. Piénsalo. Reclámalo para tí, para tu mundo y para tu ambiente.

DECIMO: Fija la atención en la boca del estómago. Repite: "ESTOY SATISFECHA CON LA SUBSTANCIA DIVINA". Ese es el sitio llamado en la Biblia "Jerusalem", que significa sitio de Paz. Aquí hay uno de los Chacras más importantes. Este es el que deja entrar la substancia espiritual al Alma, al Cuerpo y a la Conciencia. El Plexo Solar unido al Plexo Cardíaco es el lugar de amor por donde el Espíritu manda sus radiaciones a todo el cuerpo. Se dice en Metafísica Cristiana que el genio que preside allí es Juan el Místico, el discípulo que apoyó su cabeza en el pecho de Jesús. La substancia divina quita la fatiga de mi cuerpo, renueva los tejidos, restaura la energía, estabiliza mi mente y prospera mis asuntos. Todo deseo de mi Alma y toda necesidad de mi parte física están llenas. ESTOY SATISFECHA CON LA SUBSTANCIA DIVINA.

UNDECIMO: Cuando hayas meditado bien sobre la substancia, enfoca entonces la atención en el ombligo y piensa: "EL ORDEN DIVINO ESTA ESTABLECIDO EN MI MENTE Y MI CUERPO". Al pronunciar esto, la Ley que no varía y que es absoluta me gobierna y me guía. Ahora estoy en armonía con la Ley. Ella armoniza mis pensamientos y sentimientos y me produce Paz, Exito y Gozo. EL ORDEN DIVINO ESTA ESTABLECIDO EN MI MENTE Y EN MI CUERPO.

DUODECIMO: Centra tu atención en la parte inferior del abdomen. Repite: "YO ESTOY VIVO PARA SIEMPRE EN CRISTO". Has entrado en el lugar secreto de la vida. La Vida se riega por todo mi sistema. Mis ojos brillan, mi piel se vuelve radiante, mis facultades se agudizan, todo mi cuerpo irradia salud. Soy una con la vida de Cristo, la Vida siempre renovada.

Terminen llevando el pensamiento a las piernas y repitiendo: "YO MARCHO POR SENDEROS DE RECTITUD Y PAZ".

A medida que se vayan haciendo estos ejercicios se va dando uno cuenta del poder que contienen. Antes de levantarse y reanudar las tareas del día, quédate en quietud y sin pensar, para escuchar las ideas que nos comunica nuestro Cristo. Es bueno decir: "HABLA SEÑOR QUE TU SIERVO TE ESCUCHA". Y cuando sientas el deseo de levantarte, dí: "YO SOY EL HIJO PERFECTO DE DIOS".

Después de este ejercicio también es conveniente hacer el siguiente tratamiento:

YO SOY la Vida de Dios. Yo irradio su juventud, su belleza y su salud; mi piel está radiante, fresca. Yo niego las imágenes antiguas que hayan en el subconsciente, y decreto: Que mi materia no tiene voluntad propia ni poder para oponerse para que Dios manifieste a través mío el decreto que acabo de hacer. Lo digo en nombre de mi YO SOY. Gracias, Padre, que me has oído.

TRATAMIENTO EN LOS CAMBIOS QUE OCURRAN

Gracias, Padre, que estás presente en los cambios que ocurran. Gracias Padre que el Bien está allí mismo en donde vemos la apariencia del mal. Bendigo el Bien dentro de todo lo que veo para que aparezca a mis ojos; encierro en mi

Círculo de Amor al Cristo presente en todos los que aparentan ser mis enemigos. Gracias, Padre, que somos uno contigo, uno con ellos y que no es verdad que te puedan dividir para enfrentarnos. Abre los ojos para poderte reconocer allí donde más lejano aparentas estar. GRACIAS PADRE.

Salón Metafísico de Belleza

Cuando se entra de lleno en Metafísica, o sea, cuando se está dispuesto a cambiar la conciencia carnal por conciencia espiritual, se sale del plano de la lucha y de las leyes terrenales para entrar en el plano de la Ley Espiritual y la manifestación suave y perfecta.

Para quitarse de encima grasa, peso, volumen, erupciones, barros, manchas de la piel, arrugas, caída del cabello, imperfecciones en general, el Ascendido Maestro Saint Germain ha trazado una serie de pequeños y suaves procedimientos para ejecutar todos los días sin esfuerzos, sin ejercicios, sin dietas, sin máscaras, masajes ni operaciones, ya que todos estos se desprenden de la creencia en el poder de *los efectos* exteriores, cuando estos son manifestaciones del error y la falsa creencia que están arraigados en el subconsciente. En otras palabras, lo que está basado en el error es mentira. La Verdad es perfecta y es CAUSA de perfección manifestada. O sea, que los efectos exteriores son, por ejemplo, que la gordura es efecto de lo que uno come, o que el metabolismo anda mal, etc. Ahí tienes dos efectos exteriores; ninguno de los dos es causa. Para atacar la causa, primero hay que saber que se desprende de una falsa creencia en la mente inconsciente. La primera y principal causa es el haber *aceptado* cuando alguien sugirió frente a tí, o que leíste en la Prensa aquello de que las cosas que entran por la boca pueden convertirse en factores de fealdad.

El Maestro Jesús dejó dicho muy claramente: "no es lo que entra por la boca lo que daña al hombre, sino lo que de la boca sale, porque del corazón procede", o sea, que la palabra hablada, el verbo, es un decreto que viene de lo que en ese entonces llamaban "el corazón", que es el subconsciente.

Nuestro amado Ascendido Maestro Saint Germain ha dictado los siguientes ejercicios para adelgazar, por medio de los cuales va desapareciendo la grasa sin dejar pliegues de pellejos; se va embelleciendo la piel y curando lo que adolezca.

1º—Todos los días, de pie frente a un espejo, con la mano izquierda levantada con la palma al cielo y con la derecha sobando el vientre en rotación de izquierda a derecha (en el mismo sentido de las manos del reloj) decir en alta voz, o mentalmente, como mejor te guste:

"YO SOY LA MAGNA ENERGIA ELECTRONICA QUE ENTRA, FLUYE Y RENUEVA CADA CELULA DE MI CUERPO Y MI MENTE, ELIMINANDO TODO LO QUE NO SEA SIMILAR A ELLA, AHORA MISMO".

2º—Para proceder en otras partes del cuerpo que obligan a emplear la mano derecha y, por consiguiente, hay que bajar la mano izquierda que polariza, ver mentalmente un círculo de luz plateada que sube y baja en contorno al cuerpo, sobar circularmente todas las partes que se desee adelgazar (el que es delgado y quiere tener formas más llenas también lo puede usar con esa intención) repitiendo la afirmación. Otra forma de lograrlo es colocándose las manos en los hombros y deslizándolas por todo el cuerpo hasta los pies, sintiendo la simetría y perfección de la forma que se desea tener; la afirmación antes dada puede variar según el resultado que uno quiere obtener, por ejemplo: YO SOY LA MAGNA ENERGIA ELECTRONICA QUE ENTRA, FLUYE, RENUEVA Y EMBELLECE, o que REJUVENECE.

Naturalmente esto actúa a veces dramáticamente, instantáneamente, de acuerdo con el profundo sentimiento con que lo hagan, recuerden que la Fe es una fuerza, uno de nuestros poderes innatos. Nadie puede decir que no posee Fe porque estará mintiendo. Basta con afirmar junto con el ejercicio: "Y YO TENGO TODA LA FE QUE ME ES NECESARIA" y esta fuerza se hará sentir.

Dice el Ascendido Maestro Saint Germain: "Quiero llamar la atención de todos los estudiantes al hecho de que la sustancia de vuestros cuerpos (que parece ser invisible alrededor de vosotros) es inmensamente sensible a vuestro pensamiento consciente y a vuestros sentimientos, por lo cual Uds. puden modelarla en la forma que mejor les plazca. La sustancia de tu cuerpo puede ser modelada, repito, por medio de tu sentimiento y tu pensamiento consciente, en la más bella forma. Tus ojos, tu cabello, tus dientes, tu cutis, todo puede ser formado en la más radiante y exquisita belleza. Esto debe serle muy animador a las damas y estoy seguro que también a los caballeros, sólo que a ellos no les gusta confesarlo. Amados estudiantes, cuando se miren en el espejo, díganle a lo que ven reflejado allí, "POR VIRTUD DE LA INTELIGENCIA Y LA BELLEZA QUE

YO SOY, TE ORDENO ASUMIR PERFECTA BELLEZA DE FORMA, PUES YO SOY ESA BELLEZA EN CADA CELULA DE LO CUAL ERES COMPUESTA O COMPUESTO. RESPONDERAS A MIS ORDENES Y TE CONVERTIRAS EN RADIANTE BELLEZA EN PENSAMIENTO, SENTIMIENTO Y FORMA. YO SOY EL FUEGO Y LA BELLEZA DE TUS OJOS Y LLEVO ESTA RADIANTE ENERGIA HACIA TODO LO QUE MIRO". Así con esto, puedes causar la apariencia de la Perfección que te dará todo el ánimo que tú necesitas para saber que "YO SOY" es siempre la Presencia que gobierna todo. Quiero hacerles saber a ustedes, los que desean ver sus formas más simétricas, que haciendo el ejercicio de pasar sus manos por todo el cuerpo sintiendo la simetría y perfección que desea tener, les asombrarán los resultados; éste es el más grande adelgazador y perfeccionador del mundo. Les aseguro que esto hará que la piel se ponga firme y elástica a medida que se embellece y se perfecciona, porque estará mandando la energía de la Presencia YO SOY a través de las células, haciéndolas obedecer vuestro mandato. Esto les parecerá ridículo a los que no conocen la energía de la Presencia YO SOY, pero yo les digo que es una de las maneras mejores y más seguras de traer la perfección al cuerpo humano. Todo el que practique ésto, pondrá en su cuerpo la condición que desee. La pura y perfecta Vida Divina está fluyendo a través de tí a cada instante. ¿Por qué no borrar el viejo diseño y ponerse el nuevo? ¿Ustedes no ven cuán importante es el perfeccionar la materia? ¿Qué puede hacer la Presencia YO SOY con un cuerpo que siempre está enfermo y fuera de armonía? Cuando esto sucede, la atención se fija en el cuerpo exterior y la Presencia YO SOY no logra atraer sino muy poca atención. ¡Es tan fácil si quisieran ensayarlo! Al tratar la piel con la energía de la Presencia YO SOY se pone firme y perfecta. Es lamentable y desastroso, que individuos que poseen esta Magna Presencia dentro, le dan poder inimaginable a toda clase de cosas externas para producir resultados dudosos. Los remedios, ejercicios, masajes, etc. no tienen más poder que el que el individuo les dé. Yo no quiero decir que se debe instantáneamente cesar todo remedio exterior, ya que el individuo no está acostumbrado *a pensar de la nueva manera,* pero SI DEBEN FIJAR EN SU MENTE, QUE NADA EXTERIOR TIENE EL MENOR PODER, SINO AQUEL QUE EL INDIVIDUO LE DA CON SU CREENCIA. El estudiante a menudo no está siquiera consciente de que le está dando poder a algún artículo o proceder exterior. Ahora dale a la Gran Presencia dentro de tí TODO PODER DE HACER LAS COSAS QUE TU DESEAS VER HACER. Algunos estudiantes tomarán esta instrucción con tenacidad. Otros necesitarán más esfuerzo, ¡pero vale la pena! Recuerden que la PRESENCIA YO SOY conoce todo, desde toda la eternidad, en todas las formas pasadas, presentes y futuras sin límites. Si el estudiante se recuerda que esta Presencia es todo Amor, Sabiduría y Poder, sabrá que no puede fallar en nada de lo que se le encargue. Y si se comprende que al darle toda autoridad y poder a la Presencia YO SOY para que disuelva y disipe toda condición errada, entonces jamás se sentirá reacción alguna procedente de errores cometidos".

Estos tratamientos a veces pueden actuar con lentitud dependiendo de cuán arraigada esté la creencia en la falsa apariencia. Por eso se recomienda hacer el ejercicio diariamente. Sólo toma uno o dos minutos que muy bien pueden ser a la hora de bañarse o vestirse. Para avivar tu fe y tu entusiasmo, sería bueno que te pesaras o midieras antes de comenzar el ejercicio el primer día, para que luego compruebes lo que has perdido.

LAS MANOS

Tus manos son las manos del Creador, y representan los Rayos en la forma siguiente:

El Pulgar: Representa la Tolerancia y el Tacto, Tercer Rayo Rosa, bajo la dirección de la Ascendida Maestra Lady Rowena.

El Indice: Representa la Belleza y la Armonía, bajo la dirección del Ascendido Maestro Serapis Bey, Rayo Cuarto Blanco.

Dedo del Medio: La Ciencia en todas sus formas Divinas, bajo la Dirección del Ascendido Maestro Hilarión, Quinto Rayo Verde.

Dedo Anular: Representa la Devoción, la Paz, la Tranquilidad, bajo la dirección de la Ascendida Maestra Lady Nada, Sexto Rayo Oro Rubí.

Dedo Meñique: El Rayo Violeta de la Transmutación, Rayo Ceremonial bajo la dirección del Avatar el Ascendido Maestro Saint Germain, Septimo Rayo.

Pequeño Método
para comprender la Biblia

Génesis 6-9-11

NOE Y EL DILUVIO

"Y vió Jehová que era mucha la maldad del hombre en la tierra, y que toda imaginación de los pensamientos de su corazón era solamente mala todos los días" (Gén: 6-5).

Cuando los hombres cometen pecado atraen el mal sobre ellos. El Señor (la Ley) les devuelve lo que ellos dan. Noe fue el único hombre que halló gracia a los ojos del Señor porque era justo y recto. El también "caminaba con Dios" (Gén.: 6:9) y fue preservado. El nombre Noe significa "descanso, calma, paz". Cuando estamos en paz con el Señor tenemos su protección.

A Noe se le encargó que construyera un arca en la que él, su esposa, sus tres hijos y sus esposas, junto con dos de todas las criaturas vivientes, deberían protegerse del diluvio que cubriría la Tierra. "El arca representa un estado positivo en conciencia que está de acuerdo o hace un pacto con el principio del Ser". Esta conciencia se construye cuando descansamos en Dios y tratamos de hacer Su Voluntad. La lección práctica que derivamos de la historia de Noe y el diluvio es que, no importa lo destructivas que sean las condiciones que nos rodean si estamos armonizados con el Espíritu de Verdad (la Chispa Divina o Cristo) que habita en nosotros, entonces seremos salvados de la devastación que anonada a aquellos que se encuentran dominados por estados mentales negativos. Se nos ordena construir un arca, es decir, habitar en el conocimiento de la Presencia UNA Y EL UNICO PODER. La idea se presenta en el Salmo 91 donde se hace la promesa a todo aquel que habita en el "lugar secreto del Altísimo".

Caerán a tu lado mil,
y diez mil a tu diestra;
pero a tí no llegará.
(Salmos 91:7)

No deberíamos tener miedo cuando condiciones adversas nos amenazan. Podemos entrar en el arca que hemos construido con nuestras afirmaciones de Verdad y allí estaremos seguros. Más claro aún, que a medida que vamos construyendo nuestra nueva conciencia con el conocimiento de la Verdad, más libremente nos encontraremos de toda clase de hechos negativos, ya que la Verdad es Positiva, de alta Vibración y lo que atrae por correspondencia es su igual.

Llovió durante cuarenta días y cuarenta noches, y se posó el arca a salvo sobre el Monte Ararat. Esto significa que la prueba continuó durante algún tiempo, pero aquellos que estaban en el arca (conscientes de la Presencia moradora de Dios en ellos) estaban a salvo.

Después que la tormenta amainó, Noé envió una paloma por tres veces; cuando ésta no retornó en la tercera ocasión, Noé levantó la cubierta del arca y vió que la tierra ya estaba seca. Aquellos que estaban en el arca salieron y Noé construyó un altar a Jehová y le ofreció sacrificios. "El altar en este caso representa una resolución en lo interno de uno mismo de espiritualizarse, o sea, un pacto que uno hace con el Señor para continuar "sacrificando" sus emociones y transmutándolas al plano espiritual". Debemos hacer esto cuando

hemos pasado por una gran prueba y hemos recibido Su protección.

Noé tenía tres hijos: Sem (renombrado), y quien representa la parte espiritual del hombre; Cam (ardiente) y el cual representa la parte física; y Jafet (extendido) que significa el intelecto o razón. El más notable de ellos fue Sem, y a través de él, el hombre continuó desarrollando su conciencia espiritual. Las órdenes que dio Noé a sus hijos tienen mucho significado:

¡Bendecido sea Jehová, el Dios
[de Sem!
Y será Canaán su siervo.

(Gén. 9:6)

Es decir, dejad que la carne (Canaán o Cam) esté sujeta al dominio del hombre espiritual (Sem).

Dará Dios ensanche a Jafet,
y habitará en las tiendas de Sem;
y será Canaán siervo de ellos.

(Gén. 9:27)

En otras palabras, dejad que el hombre intelectual habite bajo la protección del hombre espiritual, no como siervo sino como su hermano menor. Este hombre físico (Cam) debe estar sujeto al dominio de ambos: el intelecto y el espíritu.

LA TORRE DE BABEL

Génesis 11.

La última alegoría es la de la Torre de Babel. Los descendientes de Noe, andando el tiempo, se hicieron muy ambiciosos. Construyeron una ciudad y luego trataron de construir una torre que llegara al

cielo. Su idea era de orden material porque construían con ladrillos y argamasa (símbolos de lo material), y por lo tanto, su proyecto degeneró en fracaso. No llegamos al cielo por medios materiales, aun cuando seamos muy hábiles.

Hay un lazo entre el cielo y la tierra. La escalera que vio Jacob simboliza la relación entre el reino espiritual interno y el plano externo donde se hace la manifestación. Sin embargo, la Torre de Babel representa los esfuerzos del hombre para trabajar sin Dios. El nombre en sí significa "confusión", y representa el caos mental que es resultado de nuestros pensamientos cuando están enfocados únicamente en las cosas materiales.

El Señor (la Ley) confundió la lengua de la gente para que no se entendieran y "de allí los dispersó Jehová sobre la faz de toda la Tierra" (Gén. 11:9). Los hombres luchan entre sí porque no se entienden unos a otros; tienen diversos intereses y cada uno persigue la satisfacción de sus propios deseos. La Torre de Babel representa la satisfacción del ego. El dictamen espiritual es: "El Hijo del hombre no vino para ser servido, sino para servir" (Mateo 20:28). La satisfacción egoísta conduce a la confusión y la dispersión de las fuerzas del hombre. El servicio a Dios y a los demás permite al hombre hablar en una lengua que todos entienden. Esto fue lo que hicieron los apóstoles después que fueron investidos del poder de lo alto en Pentecostés.

El resultado de vivir exclusivamente en los sentidos, es una resistencia que forma parte de la conciencia humana. La mente del hombre está constantemente trabajando, y este trabajo produce formas mentales. Estas formas mentales toman una individualidad muy definida, es decir, toman personalidad. Ellas se aglomeran y forman una mente compuesta que luego se manifiesta en el cuerpo. Cada vez que una nueva idea es introducida en la mente, la personalidad se perturba, resiste; pero la idea espiritual es siempre más poderosa que la personal y con esta resistencia viene más o menos una conmoción en la conciencia que en el idioma inglés se llama comunmente "chemicalization", burdamente traducido "quimicalización".

Aquellos que están ya iniciados en este proceso de evolución espiritual que el Ascendido Maestro Jesús llamó "LA REGENERACION", ya están preparados para recibir estas nuevas ideas, y en vez de resistir, dicen con el Maestro Jesús "Hágase tu Voluntad y no la mía".

Esta actividad abre el camino para que entren fácilmente las ideas divinas que se enrumban en un fluir constante como ideas espirituales siendo de esta manera la conciencia de los sentidos transformada y elevada mientras la antigua se va disolviendo. Esto es lo que se llama la "CRUCIFIXION". La asimilación de las nuevas ideas forman la "RESURRECCION" y llevan finalmente a la Ascensión.

Han habido muchos diluvios sobre la tierra y casi todo el mundo posee tradiciones de un tiempo en que para ellos toda la tierra fue sometida a un gran diluvio. Los geólogos están de acuerdo en que han habido muchos "Diluvios" en la historia de la tierra, pero esto no necesariamente se refiere al diluvio de Génesis, ni tampoco lo corroboran como historia.

Históricamente, el relato del gran aguacero de Génesis es muy incierto, y tomado desde un punto de vista histórico, ganaríamos muy poco en estudiarlo, pero como descripción simbólica de ciertos hábitos mentales, tanto en el individuo como en toda la raza, así como los efectos de estos hábitos mentales, nos puede ser muy provechoso el estudio del relato.

Cuando nosotros observamos formaciones de nubes sobre la tierra, podemos estar seguros que la lluvia está próxima. El viento puede llevarse las nubes a la región vecina, pero esa parte de la tierra tendrá la lluvia.

"Nubes" formadas por pensamientos errados o ignorantes también indican una inminente tormenta; así el efecto de pensamientos errados pueden manifestarse en cualquier parte del cuerpo.

Las causas de pruebas y calamidades en la vida de un individuo son fácilmente visibles en su pensamiento. En ellos hay un error de creencia o una confusión de pensamientos que hace que la Ley se cumpla en el curso natural de la expresión exterior, como aparente pérdida, accidente, decepción o enfermedad; la condición es deplorable pero sin embargo en ella vemos dos posibilidades de bien: 1º la manifestación se ha hecho de acuerdo con la Ley y provee una vía de escape para el error acumulado adentro, y 2º ha dado una lección valiosa. Es pequeño el consuelo en la idea de que un terremoto haya desahogado una presión o una condición anormal en la corteza terrestre, pero cuando miramos un poquito más profundamente, vemos que una presión o condición anormal en el pensamiento de la raza tenía que manifestarse, desahogarse, y que por ese hecho la conciencia racial ha mejorado.

Con respecto al relato bíblico (Gén.: 6) de "que los hijos de Dios se casaron con las hijas de los hombres y tuvieron monstruos según dicen algunos escritos, o héroes de la antigüedad según dice la Biblia", ambos productos denotan anormalidad y significa: que la persona que ya posee la conciencia espiritual ("los hijos de Dios o ideas espirituales") a menudo tienen la tentación de bajar de su plano e ir a consultar con el plano Psíquico ("las hijas de los hombres") que son las personas que trabajan aún en el plano Astral y sus sub-planos.

Los "NEPHILIM" (Gén: 6. 1-7) que menciona la Biblia, son esos fenómenos psíquicos que les encanta a la mayoría de las personas que sienten atracción por lo espiritual pero que no han logrado llegar aún al trabajo puro de la "VERDAD CRISTICA" que es el plano que estamos conociendo en la Metafísica Cristiana.

Cuando tú veas que en tu vida de pronto todo se revuelve y empiezas a manifestar reveses que te hacen decir ¡pero bueno! qué pasa que de repente todo se me ha echado a perder? Es que has hecho mal uso de tus facultades espirituales y has mezclado algo de tus antiguas costumbres materialistas erradas y te ha ocurrido lo que Génesis llama "EL DILUVIO".

DEL DICCIONARIO METAFISICO DE LA BIBLIA

EL SEÑOR:

"El Señor" y "La Ley", son intercambiables donde quiera que aparezcan en la Biblia. La "Ley de Dios" es la manifestación ordenada, organizada, sistemática, del Principio Divino del Ser, o sea, los ideales divinos manifestándose en cualquier parte de lo creado. Por ejemplo la Ley es la acción mental: vamos a describirla en tres pasos; mente, idea, manifestación. Primero hay mente. Segundo, "existe el verbo" o se hace una idea. La propia inteligencia que existe *en la idea,* además del poder que ella atrae, la impulsa a expresarse. Cuando se expresa en el exterior se le llama "manifestación". "El Señor", es la actividad del YO SOY espiritual. "El Señor Dios" en la Biblia es "CRISTO EL HOMBRE ESPIRITUAL", o sea nuestra conciencia divina, o poder creador en cada uno de nosotros. Este "Señor", el YO SOY en cada ser humano, no actúa sino "En Ley". Fue fácil llamarlo "La Ley". Fue fácil caer en el hábito de llamar a La Ley Divina "El Señor".

NOE:

Significa Descanso, calma, quietud, paz, tranquilidad, equilibrio. Noe también simboliza la reacción que sobreviene después de haber gozado y abusado de las cosas materiales. La Ley del Equilibrio trae un receso durante el cual se experimentan malestares corporales. Esto limpia la "tierra" (el cuerpo). Es el bautismo del espíritu y es necesario para establecer el equilibrio. Cuando dice en el capítulo 6 Génesis, Versículo 21 en adelante, que murieron todas las cosas vivientes, significa que todo el error es transmutado. El Arco Iris en el cielo individualmente significa el arreglo ordenado de las ideas divinas y su perfecta manifestación en la mente y en la raza, es la obediencia al

Principio Crístico que resulta del vivir de acuerdo con la Ley Divina.

ARCA:

Significa santuario, tabernáculo. El Arca de Noe significa la parte espiritual de uno mismo, construida en medio de un diluvio de errores. Esta se construye con la comprensión científica de la Presencia y el Poder de Dios, o sea, afirmando la Verdad espiritual. Se llevan en ese santuario "macho y hembra", o sean las actividades positivas y las negativas de nuestro haber.

ARARAT:

En armenio significa: desierto, despoblado, terror, maldito. En sanscrito y raíz hebráica significa: Tierra sacra, afluencia de luz. En el idioma vascongado significa "Aquí hay tierra". En la Biblia, Ararat era un país y no un monte. Sin embargo, Jehová iba a enviar a un poder de nombre Ararat contra Babilonia y Caldea. Los historiadores no han decidido si Ararat es la Armenia del presente. Pero sea lo que fuere, Ararat representa "lo desconocido". Para algunos puede representar algo sagrado, alto. lleno de poder creador, santo. Para otros, eso mismo les es caótico, terrible y temible. Los ríos Eufrates y Tigris (Hidekel) nacen en Armenia, y sabemos que estos representan el gran sistema nervioso el primero; y el segundo el sistema circulatorio. El sistema nervioso está muy relacionado con lo mental-espiritual en el hombre. El circulatorio es más cercano a lo físico. Ararat es pues, vida o muerte, según las creencias individuales que gobiernan la existencia.

LA PALOMA:

Simboliza la paz mental, paz del espíritu, o sea confianza en la Ley Divina. Las palomas son no-resistentes. Cuando nos ponemos no-resistentes, que "descansamos en Dios" viene seguro la manifestación de lo que pedimos. Por eso el Dr. Emmet Fox dice: "Cuando la paloma se pose no sigas trabajando". Queriendo decir que cuando en medio de nuestros tratamientos sentimos esa paz, esa seguridad de que se nos ha oído, es el momento de cesar toda oración y todo trabajo porque es la señal segura de que ya la manifestación está hecha.

ALTAR: Un lugar establecido para orar. Es un centro definido en nuestra conciencia donde contactamos a nuestro "Señor" y nos ponemos dispuestos a no repetir los errores, a dejar lo inferior por lo superior, lo personal por lo impersonal.

SEM: Hijo de Noe, simboliza lo espiritual en el hombre Significa recto, correcto, renombrado, brillante, esplendor, dignidad, señal, monumento, memorial, nombre.

CAM: Hijo de Noe, representa lo físico en el hombre, entregado a la sensualidad; significa: oblicuo, curvado, inferior, caliente, renegrido.

JAFET: Tercer hijo de Noé. Representa el intelecto o razón. El reino mental. El intelecto si se extiende sin limitaciones tendría que entrar en el reino espiritual. Pero es difícil para el intelectual entrar en el conocimiento espiritual por la misma razón de que posee muchos conocimientos y esto lo llena de orgullo. Sabido es que lo que "tranca las puertas del cielo" es el orgullo intelectual. A esto se refirió el Maestro Jesús cuando dijo "es más fácil que un camello entre por el ojo de una aguja que un rico entrar al cielo". El se refería al "rico en conocimientos intelectuales". Todo intelectual siempre lucha, discute, se opone y ridiculiza a todo el que trate de iniciarlo en conocimiento espiritual.

TORRE DE BABEL: Significa confusión. Cuando el hombre cree que puede contactar lo divino o espiritual conectándose con lo material, lo puramente mental o lo psíquico, siempre cae en confusión. Es solamente recordando la Verdad, o su propio punto de referencia espiritual (su propio plano de lo más alto que él conoce) que puede contactar la paz, la luz, aplomo, equilibrio y bien, o sea el Reino de los Cielos. La Torre de Babel representa exactamente ese "monumento" de conocimientos materialistas, los sabios en cosas puramente del planeta Tierra o de los estudios mentales, física, química, biología, medicina, leyes terrenas, etc.

LA ESCALERA DE JACOB: Representa las realizaciones "paso a paso de la Verdad de Dios, la Verdad Espiritual. "Jehovah", o el "YO SOY" ocupa el primer escalón de arriba. Ultimo en nuestro sendero de aprendizaje.

INTRODUCCION A LA VERDAD COSMICA
por la Gran Hermandad Blanca

PARTE V

ACTIVIDADES PARA EL DESARROLLO DEL ESTUDIANTE.

1.—LA LEY DEL PERDON.

Hacer un llamado a la Ley del Perdón, es cumplir el Edicto Divino por el cual un individuo puede obtener transmutación de sus propias transgresiones personales de la Ley de la Vida, o la de cualquier otra vida para la cual él quiera pedirla. La aplicación de la Ley del Perdón es sencilla en extremo porque significa purgar al alma de todo karma como preparación para la completa sumisión del ser inferior al Cristo interno. El estudiante primero debe invocar la Presencia Divina "YO SOY" y luego a uno o más de los Seres Divinos del Séptimo Rayo, el cual es el Rayo de la Misericordia y el Perdón, y luego pedir la transmutación de todas las imperfecciones conocidas o no, en la perfección de alguna cualidad o virtud divina. La Ley del Perdón debe siempre preceder a cualquier forma de decreto hecho por un individuo o por un grupo.

2.—EL FUEGO SAGRADO.

El Fuego Sagrado es la Vida o Energía Divina atraída y cargada con una cualidad divina en especial y Grandes Seres, de este modo han creado enormes depósitos de esta energía vital dedicada, de los cuales el hombre puede atraer y cargar su propio ser y mundo para beneficio de la raza. La energía divina que pasa a través del Cordón de Plata y penetra dentro del corazón individual, es parte de la actividad del Fuego Sagrado, y el hombre es responsable de esta energía por el uso que le dé, ante la Gran Omnipresencia Universal. Cuando se califica de modo constructivo, regresa al depósito de Energía (el cuerpo causal) para uso futuro según se requiera. Cuando ha sido calificada de modo discordante, se convierte en parte de la creación humana o estrato síquico que eventualmente deberá ser transmutado en el Fuego Sagrado. Además de ser un agente calificador de esta substancia pura, el hombre también puede invocar de los Seres

Divinos cualquier cualidad divina de estas fuentes ya establecidas de energía constructiva. Hay muchas Llamas y Rayos que son parte integral del Fuego Sagrado, pero por ahora no se puede hablar de todos. Los siguientes párrafos delinean las principales actividades requeridas del estudiante. Mayor iluminación vendrá según progrese en sus estudios.

3.—EL MANTO DE LUZ.

Tal como el nombre lo dice, el Manto de Luz es una actividad de Protección Divina que regular, constante y conscientemente debe ser invocado por el individuo para asegurar su eficacia. Cuando el hombre por primera vez se individualizó en la Tierra, este Manto de Luz era un tubo de radiación natural que encubría su aura, pero a medida que él gradualmente se retiraba de la Conciencia Divina, esta Corriente de Luz se hizo más y más pequeña, hasta que hoy, en la mayoría de las personas es apenas mayor que un lápiz. El flujo de esta substancia de luz dentro del corazón se llama el Cordón de Plata, y es el anclaje de la Vida Divina dentro del individuo. A su alrededor hay un flujo dorado de energía a través del cual la Presencia YO SOY precipita en el mundo del individuo, el Bien acumulado de su Cuerpo Causal y también a través del cual, cualquier Ser Divino, al ser invocado, derramará sus Virtudes o Cualidades para el uso del estudiante y beneficio de toda la humanidad. Estas cualidades pueden variar según el requisito, pero el estudiante sabio, construye un impulso de una cualidad o virtud dentro de su Manto de Luz, que puede ser llamado en momentos de crisis para que fluya en dirección suya cuándo y dónde sea necesario. La esfera de influencia del propio Manto de Luz depende de la cantidad de dedicación consciente a una Virtud Divina en especial y es necesario que regular y rítmicamente se hagan solicitudes a la propia Presencia YO SOY para sostener y expander esta gran actividad protectora alrededor del individuo.

4.—LA LLAMA VIOLETA TRANSMUTADORA.

Esta es una actividad del Fuego Sagrado calificada con el Poder Divino de la Transmutación. Es un regalo a los habitantes de la Tierra del Ascendido Maestro Saint Germain al igual que todas las actividades del Rayo Séptimo o Violeta, cuya presencia envolverá la Nueva Era durante los próximos 2.000 años. La transmutación significa la sustitución de una sustancia por otra, y esto es exactamente lo que hace el Fuego Violeta, reemplaza la imperfección con la perfección divina. También sublima (refina por medio del fuego) todo lo que no sea perfecto. La Llama Violeta Transmutadora puede ser invocada por el estudiante y encendida a través de su ser, de su mundo y de sus asuntos para traer la perfección divina a todo lo asociado con él, y también puede ser llamada en cualquier condición que él crea que requiera este servicio, ya sea local, nacional o planetaria.

5.—EL PODER DE LA LLAMA AZUL.

La Llama Azul es una actividad protectora y purificadora del Fuego Sagrado la cual puede ser invocada por el estudiante de diferentes modos. La forma más usada es el "Muro de Llama Azul", que puede ser invocado para envolver cualquier condición, persona o cosa que requiera Protección Divina, tal como la personalidad, el hogar, el automóvil o la comunidad. El Muro de Llama Azul es especialmente efectivo cuando se maneja o se viaja en concentraciones pesadas de tráfico o de gente. No obstante, a mayor impulso (momentum) al usarlo, mayor se hace su efectividad. El estudiante puede también utilizar eficientemente la Espada de Llama Azul una vez que haya comprendido su eficacia y sus distintos usos.

6.—LA LLAMA TRIPLE DE LA VIDA.

Esta actividad está generalmente representada por tres Llamas distintas de color Rosa, Oro y Azul. La Llama Rosa representa el Amor Divino; la Llama Dorada la Sabiduría Divina; y la Llama Azul el Poder del Creador en todas las cosas. El balance perfecto de estas tres cualidades divinas con frecuencia se le llama el Poder del Tres Veces Tres. El anclaje de Luz en el corazón físico se representa generalmente por medio de estas tres Llamas conocidas como el CRISTO INTERIOR. Por medio de la perseverancia sincera, le es posible al estudiante invocar la actividad del Cristo Interior y así preparar el camino para cada movimiento suyo. De este modo no pueden ocurrir errores de apreciación y el estudiante caminará con certeza en el Sendero, hacia su propio desarrollo espiritual.

7.—INVOCACIONES, DECRETOS Y AFIRMACIONES.

La invocación audible o silenciosa es la forma poderosa de oración que pide al Padre-Madre Dios o a cualquier Ser Divino, ayuda para uno mismo o para cualquier parte de la vida. Es una exigencia que se hace al Impulso Cósmico que ha sido edificado por Seres Divinos a través de eones de servicio. Esa potente frase de Jesús: "Pide y recibirás" expone la práctica de la invocación, porque si uno invoca a los Seres Divinos de un modo DINAMICO, los resultados serán también dinámicos. Si una petición no lleva la convicción o fe de que la oración será atendida, los resultados serán también negativos. EL SENTIMIENTO que impulsa a la invocación es el factor determinante de la eficacia, de la Gracia que retorna. Esto también se aplica a los decretos, porque los decretos cuando se hacen en voz alta tienen mucha más potencia, ya que el uso constructivo del habla que emana del centro vocal en la garganta, por la cual pasa la luz del Cordón de Plata que se dirige al corazón, es una actividad tremenda para el bien en el aura inmediata del estudiante y del mundo en general. En su verdadero sentido, es la Vida Divina dirigida conscientemente hacia un propósito constructivo. Los decretos al igual que las invocaciones deben ser positivos para que se obtengan mejores resultados.

Cuando uno decreta, debe visualizar la imagen de lo que desea que se manifieste. Esta imagen, al recibir la energía del pensamiento concentrado y de los sentimientos, materializará lo deseado. Las afirmaciones son la aceptación de los resultados de las invocaciones y de los decretos. Generalmente consisten en frases positivas al efecto de que la petición ya ha sido concedida y por consiguiente forman "vasos" de energía en los cuales nuevas manifestaciones pueden tener lugar. "AHORA YO ACEPTO LA COMPLETA ACTIVIDAD DEL CRISTO ACTUANDO A TRAVES DE MI CUERPO, MI SER, MI MUNDO Y MIS ASUNTOS". Noten la actitud de aceptación de toda la petición. Por supuesto, esta forma puede usarse para cualquier actividad que uno desee invocar en su mundo.

8.—ACTIVIDADES DE GRUPO.

Dentro de la estructura de estos estudios, hay muchas vías de servicio abiertas al estudiante. Donde sea posible, éstos deben organizar grupos con el propósito de unir sus esfuerzos en las distintas fases de invocar a los Poderes Divinos con el objeto de lograr ayuda individual, nacional o planetaria. Una de las actividades importantes de grupo es de tipo devocional porque cuando los estudiantes se inclinan a retirarse de otros tipos de devoción, necesitan llenar el vacío. En estos casos los decretos pueden combinarse con oraciones de invocación y música a fin de crear un ambiente propicio para el estudio. No obstante, los Decretos de grupo hechos con el objeto de suministrar energía a una causa son de otra naturaleza. Los decretos deben ser vivaces y enérgicos y nunca debe permitirse que se alarguen innecesariamente porque pierden energía. Otros grupos pueden dedicarse a sanar, a la música, a la juventud y muchas otras actividades donde el tiempo y el número de personas lo permitan. Cada actividad de grupo debe funcionar por sus propios méritos, con el interés de los participantes. La transmisión de la Llama por medio de la respiración rítmica una vez al mes, es una de las actividades de grupo.

9.—LA MUSICA DE LAS ESFERAS.

La gloriosa música de las Esferas y los himnos de los coros celestiales fluyen contínuamente a través de la atmósfera en la cual la humanidad vive y existe. El poderoso Elohim Vista y sus Legiones de músicos, son expresiones concentradas de las Armonías Divinas, pero también a través de cada vida ascendida, fluye música exquisita, perfume, belleza, paz y perfección. Al contemplar estas actividades de la Música de las Esferas, el estudiante puede llamar a través de su propia corriente de vida, ilimitados océanos de energía armoniosa, porque el Universo está literalmente saturado de ella. El propósito de los grupos musicales es ayudar a los estudiantes a atraer las melodías de las Esferas para el bien de toda la humanidad. También por medio de estos grupos, puede enviarse la energía armoniosa de la música y el canto para lograr las manifestaciones deseadas conjuntamente con los decretos. Es un hecho concluyente que cuando una persona está ocupada cantando, su atención tiende a desviarse menos.

10.—UNA PALABRA FINAL AL ESTUDIANTE.

Esta instrucción ha sido titulada el ABC de la Enseñanza porque eso es exactamente, una introducción a las Leyes Cósmicas de la Vida y a la enseñanza de los Maestros Ascendidos. Aunque cada asunto ha sido tratado ligeramente, la comprensión total de esta actividad está disponible para los que deseen emprender el Sendero Espiritual hacia la Ascensión. Existen hoy día muchas actividades que buscan enseñarnos las Leyes Divinas. Aunque la terminología utilizada por los distintos canales puede variar, fundamentalmente la Ley es la misma si se está en la Verdad. El estudiante debe buscar esas Actividades en las que se sienta más a gusto, pero debe cuidarse de las que empequeñezcan los esfuerzos de otros por servir a la vida. El verdadero Mensajero Espiritual siempre presentará la Ley en su estado puro, sin adulterarla con opiniones humanas, sin menospreciar o criticar a otros. Busquen la Luz por el bien de la luz, y la Verdad por bien de la Verdad. Oigan la "pequeña voz interior" y no cometerán errores. Todo lo que Uds. hagan será lo que más les convenga en ese momento de su evolución, si "sueltan" y permiten que la Presencia YO SOY dirija su vida. Que las bendiciones divinas fluyan a través de todos sus esfuerzos por establecer el Reino aquí en la Tierra. QUE DIOS LOS BENDIGA.

Hoy te acepto mi amado Ser Crístico
Toma el mando y el control
Hazme como Tú, TODO LUZ
Enséñame la docilidad de Tu Sabiduría.
y ayúdame a perdonar.
Transmuta la conciencia exterior
y su deseo de vivir sólo para mí
De ahora en adelante, déjame yo ser tu Victoria
porque mi ser inferior ya no vive
SOLO CRISTO VIVE EN MI.

Poderes que tenemos todos

RESPECTO A LOS MAESTROS

Un señor de nombre Baird T. Spalding se internó en los Montes Himalayas con diez amigos más en una búsqueda metafísica. Es decir, en busca de las enseñanzas e instrucciones metafísicas, así como de pruebas y manifestaciones de las que a nosotros nos son familiares. El año era 1894.

Algunos de los Maestros viven allí en sus cuerpos físicos. Tienen centenares de años y pueden conservar el cuerpo tanto tiempo como lo necesiten para cumplir misiones de ayuda a los humanos.

El señor Spalding por fin conoció un día a un Maestro de nombre Emil. Se cree que éste es el Maestro Kut-Humi, aunque nunca lo nombra de otra manera sino Emil. Se veían ocasionalmente en un pueblo de los Himalayas.

El grupo de Spalding tenía un problema que les ocasionaba muchas molestias, y un día Spalding tuvo ocasión de relatárselo a Emil. Ninguno del grupo lo había mencionado antes a Emil, cuando éste de manera misteriosa le preguntó ¿Qué le pasa a Ud. que no termina de una vez con ese problema? El grupo quedó sorprendido. Hablaron entonces del asunto con natura-lidad y Emil les dijo que iba a tratar de ayudarles. En dos o tres días no hubo más problema. A medida que le surgían problemas o inconvenientes a Spalding, los consultaba con Emil y notaba que los problemas dejaban de existir. Spalding se iba convenciendo de que Emil era un Adepto.

Ellos pronto descubrieron que los Maestros se podían comunicar instantáneamente por transferencia de pensamiento; que las flores los reconocían y les hacían una pequeña cortesía; que los animales salvajes venían hacia ellos sin temor; y Emil les dijo un día: No es el Ser Exterior Mortal el que hace estas cosas. Es un Ser mucho más profundo. Es lo que tú conoces como Dios. El Dios en mí. El es Omnipotente. Mi Ser Mortal NO PUEDE NADA. Es cuando dejo que el YO SOY hable y trabaje a través de mí. Cuando uno permite que el Amor de Dios a uno fluya hacia todas las cosas, nada le teme a uno ni puede ocurrirle a uno ningún mal.

Emil de pronto aparecía en la habitación de Spalding a pesar de estar la puerta cerrada. Esto al principio asustaba al inglés, pero pronto se acostumbró a la manera sencilla y confiada del Maestro. Spalding observaba que había una gran similitud entre la vida de estos Maestros y la vida de Jesús de Nazareth. También dice que estos seres desarrollan el amor en ellos hasta el punto de acostarse en el suelo ante un animal salvaje que está a punto de atacar ferozmente a un pueblo, y así libertar a los habitantes. También cuenta que estos Maestros suplen todas sus necesidades directamente del Espacio Universal: comida, ropas y hasta dinero, y que han vencido la muerte.

El grupo de amigos salieron para otra región del Himalaya y Emil les dijo al salir, los mando al cuidado de dos hombres de mi confianza; Uds. van a tardar cinco días en llegar. Yo no me voy con Uds. porque para mí no es necesario consumir tanto tiempo, pero yo les recibiré a Uds. cuando lleguen allá.

Llegaron al pueblo al quinto día a las 4 de la tarde, y quien los recibió en efecto, fue Emil. Asombrados advirtieron que ellos habían tomado la única ruta entre los dos pueblos. El Correo era el único que podía viajar a menor tiempo, y éstos viajaban de día y de noche y con relevos. Pero he aquí a un señor avanzado en años que no les parecía a ellos posible que emprendiera un viaje y lo cumpliera *en menos* tiempo que ellos!

Su explicación fue: "Yo quiero que Uds. comprendan que el hombre, en su reino, no conoce límites de tiempo o espacio. Cuando el hombre se conoce a sí mismo, no

tiene que chapalear cinco días para atravesar 90 millas.

El puede salvar cualquier distancia instantáneamente. Hace pocos momentos yo estaba en el pueblo que Uds. dejaron atrás. El cuerpo que Uds. vieron aún reposa allá. El compañero de Uds. que quedó allá, les dirá. El está aún contemplando el cuerpo que dejé inactivo. Los dos hombres que envié con Uds. pueden igualmente hacer lo mismo; sólo que los envié de esta forma para atenderlos a Uds. Es para que vean que somos todos humanos como Uds., sólo que hemos desarrollado los poderes que el Padre nos ha dado a todos. No hay otro misterio. Mi cuerpo permanecerá allí hasta esta noche. Luego lo traeré aquí y el amigo de Uds. emprenderá los cinco días de camino para acá.

En la noche, cuando se hallaban reunidos, Emil se apareció sin abrir ninguna puerta y dijo "Me han visto aparecer como por magia. Permítanme decirles que no es magia ninguna". Voy a demostrarles un sencillo experimento que podrán atestiguar. Aquí tenemos un vasito de agua que acaban de traer del manantial. Ven Uds. que en el centro del agua se está formando una partícula de hielo, vean ahora como esa partícula se atrae a sí más hielo, partícula por partícula, hasta que ya toda el agua en el vaso está helada. ¿Qué es lo que ha ocurrido? Que yo sostuve los átomos centrales del agua en el Universal, hasta que se formaron, en otras palabras, bajé sus vibraciones hasta que se volvieron hielo y fueron contagiando las partículas en contorno. Esto lo podría aplicar al agua del vaso, de la bañera, de un lago, del mar y de toda la masa de agua del planeta Tierra, ¿no es así? ¿Y qué ocurriría? Todo se congelaría. ¿Y para qué? ¿Por virtud de qué autoridad? Usando la Ley Perfecta, pero ¿para qué propósito? Para nada. Ningún bien ha sido engendrado. Si yo hubiera continuado, ¿qué cosa hubiera ocurrido? ¡La reacción! La Ley del Bumerang o del Círculo. Yo conozco la Ley, y ésta me hubiera regresado mi expresión. Yo entonces hubiera obedecido mi propio mandato y me hubiera congelado. En cambio, si yo expreso el bien, recojo la cosecha de mi bien para toda la eternidad.

Mi aparición en esta habitación la puedo explicar de la forma siguiente: Allá en el cuarto en que quedó mi cuerpo, yo lo mantuve en el Universal, elevando sus vibraciones hasta que él regresó a lo Universal donde existe toda substancia. Nosotros lo expresamos así: "Devuelvo mi cuerpo a lo Universal". Luego a través, o por virtud de mi conciencia crística o mi YO SOY, sostuve mi cuerpo en mi mente hasta que sus vibraciones descendieron y tomó forma aquí en esta habitación y pudieron Uds. verme. No hay misterio. Yo sólo estoy usando el Poder o la Ley que me ha sido dada por el Padre a través del Hijo Amado. ¿Y no es acaso este Hijo: yo, tú y toda la humanidad? ¿Dónde está el misterio? NO HAY MISTERIO ALGUNO.

Considera la FE representada por el grano de mostaza. Nos viene de lo Universal al través del Cristo Interior que ya ha nacido dentro de todos nosotros. Ese grano nos entra por la mente supraconsciente del Cristo, el lugar de receptividad dentro de nosotros. Luego tiene que ser llevado al "MONTE", "MONTAÑA", o sea, lo más alto dentro de nosotros; el punto central sobre la cabeza y sostenido allí. Entonces le permitimos al Espíritu Santo que descienda. Ahora viene la admonestación: "Amarás al Señor tu Dios con todo tu corazón, con toda tu alma, con toda tu fuerza, con toda tu mente". Piensa. ¿Te viene el significado? Este Espíritu Santo viene en diversas formas. Tal vez en entidades minúsculas que tocan pidiendo entrada. Debemos aceptar y permitir a este Santo Espíritu que entre y se una con el puntico de luz o semilla de conocimiento, y que dé vueltas en contorno, adhiriéndose, tal como vistes a las partículas de hielo adhiriéndose a la partícula central y creciendo en forma de círculo, multiplicándose y expresando esa semillita de conocimiento hasta que le podrás decir a la montaña de dificultades "Vete y lánzate al mar" y se hará. Llama a esto la Cuarta Dimensión o lo que quieras. Nosotros lo llamamos Dios en expresión a través del Cristo en nosotros.

Cheques al portador

Con mi Cristo por guía
y viendo la vida bella
Va siempre mi carreta
amarrada a una estrella.

Sin bajarme de plano
porque estoy en lo cierto
siempre digo segura
mi día está cubierto.

No me asusta el mañana
ni puedo acongojarme
mi Cristo va conmigo
¿ya qué puede asustarme?

Y camino segura
con valor y coraje
pues no está nunca muerto
ni jamás se va de viaje.

Pídele lo que quieras
y sin miedo camina
su Presencia es sin puerta
ni horario de oficina.

Y ya mi paso es firme
y nunca vacilante

pues por donde yo paso
mi Cristo va delante.

Siempre le doy las gracias
viendo la vida bella
siempre va mi carreta
amarrada a una estrella.

No está enfermo mi cuerpo
ni mi dicha distante
y al despertarme veo
mi copa rebosante.

El Amor y la Verdad
son ahora mi meta
Me envuelven dos colores
el Rosa y el Violeta.

Así llamamos en **Metafísica** a esas frases claves que parecen contener magia, porque al recordarlas y pronunciarlas en el momento oportuno se NOS HACE EL MILAGRO.

Estos versos son colaboración espontánea de nuestra querida condiscípula Marina Sánchez.

NUESTRO LEMA:

LO QUE NO PUEDAS ACEPTAR DEJALO PASAR
MAS ADELANTE LO COMPRENDERAS.

A propósito de Astrología

Por el Ascendido Maestro SAINT GERMAIN

El presente uso de la Astrología, no tiene la menor relación con el uso que tenía hace muchos siglos.

En aquel entonces no contenía ningún dicho negativo de ninguna clase.

El gran daño es que se fija la atención y se aceptan los dichos negativos en una forma mucho mayor de lo que el estudiante quiere admitir o confesar. La fuerza siniestra negativa, generada por la humanidad en el mundo, siempre se aprovecha de cosas así *para mantener la atención especialmente de los estudiantes que están adelantando* y arrastrarlos hacia abajo en vez de elevarlos.

Cuando hay un horóscopo que indica la muerte de alguien, varias mentes fijan su atención sobre esa idea y se comete un asesinato indirecto pero cierto; tan sutil, que la gente se horrorizaría si alguien les recordara que ellos tuvieron parte en dicho asesinato, (porque contribuyeron al fijar sus mentes en el hecho) pero les aseguro amados estudiantes que a pesar de ese asombro es un hecho verdadero.

Si los estudiantes de Astrología pudieran ver la fuerza destructiva que genera el presente uso de la Astrología, ellos descartarían ese estudio tal como rechazarían a una serpiente venenosa en posición de ataque para poner la muerte en sus venas.

Yo les ruego, amados estudiantes, en el nombre de vuestra luz y progreso, que se mantengan firmes dentro de su Presencia YO SOY y que no permitan que su atención sea mantenida o desviada por ninguna cosa exterior si es que Uds. quieren evitar la rueda del nacimiento y la reencarnación indefinidamente.

Desde el gran amor de mi corazón, como de quien mira y conoce lo que Uds. no pueden conocer aún, los insto a que eviten todo aquello que tenga un sabor negativo de expresión o condición, así Uds. se elevarán en alas de su propia Presencia YO SOY a la liberación infinita y a la bendición de la perfecta, eterna e ilimitada LUZ.

DOMINIO

Un filósofo dijo, "La Vida es la adaptación a las circunstancias exteriores", y explicó que toda cosa viviente muestra una tenacidad sorprendente en mantenerse viva, creciendo, y adaptándose a las condiciones en que tiene que vivir.

Esto es verdad en cuanto al reino vegetal y el reino animal. Asombra ver cómo las mariposas, los insectos, los animales poseen coloridos que los confunden con la vegetación del paraje donde viven, suponemos que para defenderse del hombre; y esto nos demuestra que es el instinto atávico; la vida inteligente ella misma, la que emplea todos los medios para conservar a sus pequeñuelos hasta que puedan defenderse ellos mismos.

Pero esto no es correcto con respecto al ser humano, el hombre que ya ha trascendido todas las etapas inconscientes, y ha desarrollado sus poderes latentes.

La Biblia enseña que el hombre no tiene ninguna necesidad de amoldarse a las condiciones en que nace, ni de resignarse a ninguna cosa. Todo lo contrario, la resignación, esa actitud que hasta ahora ha sido llamada una virtud, es en realidad una ofensa contra la inteligencia; es pereza mental y física; y va contra todos los impulsos intuitivos del individuo. Claro está que todo esto es debido a la ignorancia de la raza; y al enterarse el hombre que el impulso de su alma es la voz de Dios en él, ya deja de doblegarse y busca la manera de dominar.

El doblegarse o resignarse implica cobardía o por lo menos la aceptación de que lo exterior posee poderes superiores. Esto lo denomina el Primer Mandamiento "idolatría". No tendrás falsos dioses ante mí.

La Biblia dice que el hombre tiene dominio sobre todas las cosas, y esto hay que tomarlo en serio. No significa, que nos debemos poner en rebeldía abierta, o sea físicamente, por ejemplo, contra una ordenanza oficial que no nos guste, o alguna costumbre social establecida, o contra algún deber moral o familiar porque sí, porque nos da la gana de no seguir cumpliendo, no. Significa que tenemos poderes mentales para transformar lo exterior, *y desarrollando nuestra naturaleza espiritual, no podremos jamás actuar en forma arbitraria hacia los demás.* Nuestras acciones serían, entonces, siempre en *bien de todos,* y de nosotros mismos por consiguiente.

Por ser humanos y ya no animales o vegetales, poseemos intuición, raciocinio y sentido común, o sea la Sabiduría Divina; y usando estas facultades, sabremos qué es lo que nos incomoda con respecto a la condición del momento. El segundo paso es "conocer la Verdad", o sea meditar sobre la realidad espiritual que está oculta detrás de la apariencia material, y ya con eso basta para ver transformarse la apariencia, no importa cuál sea. La Ley Espiritual con sus canales infinitos nos sorprende con una solución que jamás se nos hubiera ocurrido.

Este es el proceso que llaman los Maestros, la Oración Científica.

La forma de desarrollar la naturaleza espiritual es practicando la Oración Científica. Logrando, aunque no sea sino una demostración, primero para convencernos de esta verdad, luego para enseñarnos la técnica. Cada vez que obtengas una demostración, sea para tí mismo o para otros, ganas un aumento de comprensión espiritual, y aprendes más Metafísica que en muchas horas de lectura o de escuchar conferencias.

No pierdas tiempo tratando de contestar preguntas teóricas o doctrinales. Cualquiera conclusión sobre éstas no será sino otro concepto intelectual más y ya sabes que el intelecto lo materializa todo. Cura a alguien, o compón una situación; haz un tratamiento afirmativo de comprensión divina y a los pocos días te encontrarás comprendiendo perfectamente el asunto teórico o doctrinal que te confundía, en lugar de haber sacado un formalismo intelectual más.

No esperes comprender TODO lo de Dios con sólo unas cuantas semanas de estudio. Es inútil que un estudiante de álgebra, por ejemplo, comprenda el teorema del binomio si todavía no puede comprender una simple ecuación.

Aprende lo siguiente: "SIEMPRE TENEMOS SUFICIENTE COMPRENSION Y SUFICIENTE PODER PARA DOMINAR LO QUE SEA QUE ENTRE EN NUESTRAS VIDAS". La Vida cuida a sus pequeñuelos. Ella no manda nada que esté por encima de nuestras fuerzas o más allá de nuestros poderes. Siempre, siempre hay que usar la Verdad que conocemos.

A los principiantes y a veces hasta a los estudiantes que no están principiando, les ocurre que porque no ven la demostración rápidamente, llaman al maestro y le dicen "Hazme un tratamiento". Si el maestro o la maestra es digna del título contestará: te ayudaré mentalmente, pero no puedo hacerlo por tí. Permitir que el discípulo haga esto equivale a impedir que un niño aprenda a caminar para que no se caiga.

Hay la costumbre de repetir frases estereotipadas como ésta: Es que así es la humanidad; y lo peor es que no cambia! El Maestro Emmet Fox dice: "La humanidad es tal que con sólo voltear su pensamiento a Dios y creer en su Amor y su Protección, puede rehacer su cuerpo, su vida, sus circunstancias, llenar su corazón de paz y rodearse de dicha y de armonía. La humanidad es tal, que cuando el temor, la tentación, la ira y la tristeza la ataca, puede borrarlas y sustituirlas por la confianza y la felicidad, con sólo pensar correctamente. Entonces, ¿dónde está la necesidad de cambiar a la humanidad? Si tiene la clave de la armonía y de la infinita perfección, ¿qué más puede desear? ¡Unicamente aprender la Verdad! Pues eso es la vida, una escuela y eso ya lo tiene. La escuela más completa de todas. En ella aprendemos todo lo concerniente a la materia y a cómo vivir en las condiciones materiales. Cuando pasamos al próximo plantel, el Astral, aprendemos a vivir en condiciones inmateriales o descarnadas.

Alegrémonos, porque nosotros estamos ya en la clase donde se aplican aquí las lecciones aprendidas allá.

CONSULTORIO

CASO TALITA Y LOS ANGELES

Este caso tiene como sesenta testigos y se ha difundido muchísimo en Caracas.

Una de nuestras Maestras de Metafísica, que la llamaremos por su nombrecito de cariño, Talita, estaba asistiendo a unas clases de cocina en la gran tienda por Departamentos "VAM" de Caracas.

Una tarde de clases, llegó la Maestra que dictaba el curso de cocina, contrariada porque se le habían olvidado las llaves del gabinete en que se guardaban los implementos que se usaban en la clase.

La Maestra hizo venir a un operario del Almacén para que forzara el gabinete. El operario trabajó mucho, hizo varios intentos, pero el gabinete permaneció trancado e impertérrito.

"Estos gabinetes son hechos para que no puedan ser abiertos sino con su propia llave", dijo, y se retiró.

La Maestra hizo un último intento pidiendo a las sesenta discípulas de cocina que estaban presentes que probaran sus llaves en el gabinete, por si acaso había una que les sirviera. Una por una fueron ensayando las señoras sin éxito alguno.

La Maestra muy contrariada pidió disculpas y se resignó a despedir la clase, cuando se le acercó nuestra Talita y le dijo: "Perdóneme, pero yo soy instructora de Metafísicas y quisiera que Ud. me permitiera hacer una prueba".

¡Cómo no!, prosiga Ud. —contestó la Maestra—, y Talita se acercó al gabinete e hizo una invocación mental que nosotros los metafísicos acostumbramos:

"Angeles de la mecánica, no es armonioso que estas sesenta señoras pierdan su esfuerzo y su clase por un olvido de una sola persona. Les pido que abran el gabinete".

Con un pequeño ruidito, las puertas del gabinete se abrieron de par en par.

Por supuesto se formó un clamor. Todas se amontonaban pidiéndole a Talita que explicara el milagro, y Talita informó que hay legiones de entidades espirituales rodeando todas las actividades de la vida y esperando que el hombre las emplee. Se les dice "ángeles" porque el ser humano reconoce en ellos una categoría superior, pero no sabe cómo nombrarlos.

Hay pues, Angeles de la Mecánica, de la Belleza, de los Caminos, Guardianes, Enfermeros, Médicos, Inspiradores, buscadores de todo lo perdido; es decir, encargados de todo lo que interese a un ser humano. Los de la Belleza te guían tus dedos cuando necesites que te salga un bonito peinado.

En próximo "Consultorio" te contaré algunas experiencias auténticas donde han actuado los Angeles al ser invocados.

Revista Metafísica

El Nuevo Pensamiento

Directora: Conny Méndez

Año 1 — No. 6 — Septiembre, 1970

CARTA EDITORIAL

Querido condiscípulo (la):

Si tú eres suscritor y te ha dejado de llegar uno o más números de esta Revista, quiero primeramente asegurarte que en ningún momento es culpa de nuestra oficina, ya que puedo garantizarte que ningún ejemplar ya pagado ha dejado de salir al nombre y dirección del suscritor. Además esta oficina aplica todas las Leyes inmutables y no es posible que la Revista deje de llegarle a quien la haya decretado por medio de una orden pagada.

Tampoco culpamos al Correo. Lo que sí puede ser culpable es tu palabra, tu verbo, tu decreto. Examínate la conciencia. ¿Eres culpable de haber pronunciado en algún momento "pestes" contra el Servicio de Correos? ¿Has dicho acaso que es irresponsable o que "todas" las cartas se pierden? Cualquiera observación negativa al respecto se te devuelve por Ley de Ritmo, como un bumerang.

Si acaso te encuentras culpable, dí ahora mismo "YO BORRO TOTALMENTE TODO DECRETO NEGATIVO QUE HAYA HECHO RESPECTO AL SERVICIO DE CORREOS, Y QUIERO QUE DE AHORA EN ADELANTE ME LLEGUE TODA CORRESPONDENCIA QUE ME PERTENEZCA".

Es indispensable que expreses tu deseo que jamás has expresado. Lo único que has hecho es quejarte ante nosotros y posiblemente del Correo.

Al limpiar ese canal sucio, no se te vuelve a extraviar carta alguna, pero no vuelvas a provocar la Ley.

Afectísima,

CONNY MENDEZ.

LECCIONES ELEMENTALES

por la Gran Hermandad Blanca

Con el número cinco de la revista cerramos el curso de cinco lecciones de "Introducción a la Verdad Cósmica". Esta clase es la número uno de la Instrucción Elemental.

DEDICACION

Amados discípulos siempre buscando la iluminación en el Sendero Espiritual. Yo invoco hoy el descenso de la Llama de la Iluminación desde el corazón de todos los Seres Divinos en el Cielo, para derramarla en, y a través de tí, AHORA. Entonces, tú te sentarás en la Mesa de los Dioses y tomarás parte de la MISMA SUSTANCIA DE NUESTRA LUZ que será asimilada por tu conciencia alerta, expandida a través de tus cuatro vehículos inferiores (mental, emocional, etérico y físico) y proyectada sobre el sendero de otros que caminan todavía en sombras.

¡Con la Sabiduría viene la responsabilidad! El uso de las Verdades Sagradas de los Dioses, determina la cantidad de iluminación añadida que te será dada. Camina en la LUZ. Expande la LUZ. Proyecta la LUZ. Sé tú la Luz de Dios en acción, en la Tierra, aquí y ahora.

En Luz "YO SOY".

LORD DIVINO.*

Lección Nº 1

LAS TRES PREGUNTAS: ¿DE DONDE VINE? ¿POR QUE ESTOY AQUI? ¿A DONDE VOY?

PARTE I. PRELIMINARIA.

Queridos estudiantes: ¡la Era de la Libertad está a la mano! Los primeros signos débiles de esta perfección están ahora amaneciendo en el horizonte de la Tierra, donde un mundo, tan hermoso como un sueño, reemplazará toda imperfección y fealdad; donde solamente la Paz, la Belleza y Alegría, residirán dentro de cada hombre, mujer y niño; donde la pobreza, la enfermedad, la guerra y hasta la muerte misma dejarán de existir! Tú piensas que esto no puede ser. Pero está en el proceso del nacimiento ahora, a pesar de todas las apariencias de lo contrario!

---

* LORD DIVINO, actual BUDDHA, conocido anteriormente como Señor Maitreya que ocupó el cargo de Instructor Mundial y Cristo Cósmico.

¿Cuál es tu meta en la vida? ¿Para qué propósito estás viviendo? Si no lo sabes, ¿no sería sabio tratar de averiguar y dejar de perder tiempo? Puedes prestar tu vida y energías para asistir y ayudar a traer a la manifestación esta Perfección para nuestra Tierra, y hacer de ella una Estrella de la Libertad y la más brillante de nuestro sistema! Puedes amar al Creador y a tus compañeros suficientemente para ayudar en esta causa de mérito, para traer Paz y Libertad permanentes!

Tú puedes ayudar a la Humanidad. Si tú estás interesado en traer esta perfección a tu propio mundo y al de tu prójimo, entonces lee y escucha con una mente abierta y un corazón comprensivo, y *pon a prueba todo lo que vas a aprender* y, siempre recuerda, que cualquier cosa que tienda a levantar y ayudar a TODA LA HUMANIDAD, aquello que bendice toda vida, aquello que trae belleza, paz, libertad y perfección en todo, ESO ES DE DIOS! El único Dios que nos creó a todos, sin importar cuáles sean tus presentes creencias y religión.

Todos los dones que la humanidad disfruta a través de la música, arte e invenciones, fueron primero un PENSAMIENTO, una visión en la mente y corazón de algún individuo antes de que fueran llevadas a la manifestación para la bendición de la humanidad, y esto también se aplica a la visión de libertad para nuestra Tierra.

La Nueva Enseñanza ha llegado con el propósito de hacerte tener a tí (y a toda la humanidad), una comprensión más profunda de Dios y sus Mensajeros, y del Plan Divino para tí y el Planeta; y que el momento Cósmico de Oportunidad se ha abierto ante tí para demostrarte cómo puedes ayudar en este tiempo de Aportes Cósmicos.

DIOS, UN GRAN EJECUTIVO DE NEGOCIOS.

Es verdad que sólo hay un Dios; también es verdad de que como Dios es TODO —EN— TODO en toda parte de Vida, entonces Dios tiene muchos, muchos Mensajeros que lo asisten. Cada ser viviente vive, se mueve, respira y tiene su Ser en el mismo Cuerpo, Inteligencia y Amor de Dios en todo momento.

Hay aproximadamente 10 billones de personas que viven en nuestra Tierra usándola como Salón de Escuela, y cuando tú miras el número infinito de Estrellas en el Cielo, la variedad infinita existente de frutas, granos, flores, árboles, vegetales etc., todo formando parte de Dios, tú debes realizar que Dios, como un Gran Ejecutivo de Negocios, tiene que tener muchos ayudantes.

El Jefe Ejecutivo de una gran industria no hace él mismo todos los servicios de su gran organización, hasta barrer los pisos; él tiene muchos individuos entrenados y de confianza a cargo de cada departamento bajo él, que se reportan a él desde su departamento y servicio en particular; y éstos, a cambio, tienen otros debajo de ellos que hacen lo mismo, y así sucesivamente hasta el infinito, de acuerdo al tamaño de la organización.

Y así, el Gran Jefe —DIOS— tiene muchos mensajeros de diferentes grados, a cargo de cada uno de los diferentes departamentos de la vida que se reportan a sus superiores: "COMO ES ARRIBA ES ABAJO".

Todo individuo que haya vivido en la Tierra (o en cualquier otro planeta) y que se haya graduado en la Victoria de su Ascensión, como lo hizo el Maestro Jesús, que se convirtió en un Maestro Ascendido y es un verdadero Mensajero de Dios, ¡y hay miles de ellos! Hay un gran Mensajero de Dios a cargo de cada departamento de la vida; algunos trabajan con humanidad individual; otros con grupos, naciones, el Reino Elemental y la Naturaleza, los animales y cada parte de la vida; otros trabajan con la Hueste Angélica; pero cada uno es un Especialista en su campo particular de servicio.

LA GRAN HERMANDAD BLANCA.

La humanidad en masa ha olvidado las grandes Leyes Universales cósmicas que gobiernan la Tierra y su humanidad, y que hay un Plan Divino para cada quien, que cuando sea llevado a cabo, traerá Amor, Paz y Alegría a sus mundos; y ellos han olvidado que hay una gran Jerarquía Espiritual que ha cuidado y se ha esforzado en guiarlos por eones de tiempo, para prevenir que ellos se destruyesen completamente y a la Tierra. Esta Gran Jerarquía conocida como la *Gran Hermandad Blanca* vivió en la Tierra en cuerpos físicos tal como tú y yo, y llegaron a un grado tal de comprensión y aplicación de las Leyes que gobiernan la vida, que fueron capaces de "graduarse" y pasar a una esfera de servicio más adelantada. Ellos han retardado el servir en esferas donde sólo se conoce la belleza y perfección, y han permanecido "prisioneros de amor" en la Tierra para asistir a la humanidad luchadora, *cuando fueren invitados a hacerlo,* pues por Ley Cósmica, ellos no pueden intervenir en el Libre Albedrío de hasta el más insignificante hombre.

POR QUE HA LLEGADO LA NUEVA ENSEÑANZA.

Es por el propósito de establecer este "Puente" de lo humano a lo Divino que la Nueva Enseñanza para la Libertad ha llegado. Para dar iluminación divina a todos los que la deseen, y la parte que ellos deben tomar, hasta que todas las naciones, credos, razas etc., tengan por lo menos un sentimiento de *tolerancia y bondadosa hermandad,* permitiendo a cada uno la libertad para seguir sus propios deseos del corazón, y así expandir su propia luz y llevar a efecto la oración: "Venga a nos tu Reino, y hágase Tu Voluntad aquí en la Tierra como en el Cielo".

El objeto de cada religión a través de los tiempos, siempre ha sido ayudar a la sincera búsqueda individual de la Verdad para encontrar a Dios en sus propios corazones y no allá lejos, en los Cielos, sino Dios Vivo dentro de ellos, latiendo en sus corazones y dándoles Vida e Inteligencia, y una vez encontrado su Origen, permitirle el privilegio, honor y cortesía de dirigir sus vidas para que el Plan Divino de Dios pueda ser llevado a cabo a través de ellos; el Plan Divino siempre es aquello que trae bendiciones y alegría para todos.

MOISES, BUDDHA Y JESUS VIVEN TODAVIA.

En la religión buddhista, ellos hablan sobre lo que el Gran Gautama Buddha hizo hace 2.500 años; en la religión judía hablan sobre lo que hizo Moisés hace siglos; los mahometanos hablan de lo que pasó hace siglos; y hasta en la religión cristiana, la Iglesia habla de lo que hizo Jesús hace 2.000 años. Todos estos grandes hombres fueron Mensajeros de Dios, es decir, fueron HOMBRES trayendo un mensaje de Dios al hombre, y fueron reconocidos como tales. ¿Qué ha pasado con estos Grandes Hombres y muchos otros como ellos? ¿Cesarían de existir cuando Ellos pasaron de la Tierra después de todo lo que hicieron para ayudar a la humanidad? ¿Acaso cesó su Amor y Compasión para con la humanidad? *¡NADA DE ESO! ELLOS TODAVIA SON MENSAJEROS DE DIOS EN UN PLANO MAS ELEVADO* y pertenecen a esta Gran Hermandad Blanca; todavía tratan de ayudar a la humanidad en la medida que la humanidad acepte esta ayuda. Muchos de ellos son desconocidos y sin reconocimiento alguno; exceptuando a unos cuantos que los conocen. Ellos lograron su ascensión, uno por uno, tal como lo hizo el Maestro Jesús y llegaron a la categoría de otros Mensajeros de Dios que aman y sirven a la humanidad. Ellos continuarán este inmenso servicio hasta que cada individuo haya hecho lo mismo y la Tierra exprese "Paz en la Tierra y Buena Voluntad a toda Vida".

Las condiciones que existen hoy en la Tierra, son muy diferentes de lo que fueron hace 50 años. Por lo tanto, las necesidades de la humanidad ahora son diferentes a las de edades pasadas. El hombre piensa y siente diferentemente, tal como ha evolucionado de la carreta halada por bueyes, a través del caballo, el automóvil, el avión, el jet y ahora las naves espaciales; de las velas a lámparas, gas, electricidad y ahora a la Era Electrónica. Los niños pequeños ahora viven, entienden y usan cosas que hasta las mejores mentes en el pasado no comprendían.

LO QUE LOS MAESTROS ESTAN HACIENDO AHORA.

Tú no puedes vivir en el pasado o hasta en el futuro; tú sólo puedes vivir en el AHORA, y la mayor diferencia entre la NUEVA ENSEÑANZA y otras Religiones y Senderos de Verdad, es que la Nueva Enseñanza te dice lo que los Maestros Ascendidos están haciendo *AHORA MISMO* para que puedas cooperar con ellos y asistirlos si lo deseas. No es lo que ellos hicieron en el pasado, sino lo que están haciendo *AHORA* lo que la humanidad necesita saber para así combinar sus energías para la protección y bendición de la Tierra.

A través de la Nueva Enseñanza, estos Grandes Seres te han brindado la explicación de la creación y han respondido preguntas que todos han hecho alguna vez. ¿De dónde Vine? ¿Por qué estoy Aquí? ¿A dónde voy? Los Maestros Ascendidos saben estas respuestas pues Ellos vivieron una vez aquí y por la comprensión y aplicación de la misma Verdad que te están enseñando, obtuvieron su Libertad. Ellos saben qué esfuerzo autoconsciente debe ser hecho por cada individuo para obtener esa Libertad que ellos disfrutan ahora, y te están diciendo cómo hacerlo, pues está destinado a manifestarse en la Tierra una vez más, cuando ella se convierta en la ESTRELLA DE LA LIBERTAD, hecha manifestación.

Por lo tanto, en realidad "BUSCA Y ENCONTRARAS", "PREGUNTA Y TE SERA REVELADO", "TOCA Y LA PUERTA A TU LIBERTAD TE SERA ABIERTA". Entren, queridos discípulos, y estén en Paz!

PARTE II. PREGUNTAS Y RESPUESTAS.

1) *Pregunta*: Muchas personas preguntan: ¿En qué crees tú?

Respuesta: Nosotros creemos que Dios es un Dios de Amor. Un DIOS BUENO. Y que la voluntad de Dios es para toda parte de Vida en la Tierra, la felicidad y el confort. Nosotros creemos en la Ley del Bumerang, aquello que cada persona siembra en pensamiento, sentimiento, palabra y acto, lo recogerá algún día, en algún lugar, y así cada individuo es el único creador de alegría o sufrimiento en su mundo.

2) *P.*: ¿Si la Voluntad de Dios es perfección para cada uno, por qué hay tanto sufrimiento?

R.: Dios le ha regalado a cada hijo de su Corazón, LIBRE ALBEDRIO, con el privilegio de ser un Creador tal como El lo es. Cada uno está libre para experimentar con su energía de vida el pensar, sentir, y actuar como le parezca; cuando estas actividades expresen algo constructivo ("siembra constructiva") el individuo recoge cosas constructivas. Cuando la Ley del Amor y la Armonía es quebrantada y el individuo expresa discordia descuidadamente o con el propósito de hacer daño, esa imperfección pasará a través de su mundo, y él recoge sufrimiento de alguna especie.

3) *P.*: ¿Qué es la Nueva Enseñanza?

R.: Es la Instrucción dada por los Maestros Ascendidos y Seres Cósmicos en cómo purificar y armonizar los cuatro cuerpos inferiores (físico, etérico, emocional y mental) para que cada uno pueda "sembrar" sólo aquello que traiga perfección a este mundo y cómo "liberar" el CRISTO INTERIOR y así realizar *LA RAZON DE SER*.

4) *P.*: ¿Cómo se puede hacer ésto?

R.: Conociendo la INDIVIDUALIZADA PRESENCIA DE DIOS "YO SOY" que se mantiene encima y envolviendo a cada ser humano y anclada dentro de cada corazón en lo que se llama "EL CRISTO INTERIOR" y comprendiendo la Ley del Bumerang (Causa y Efecto) y aplicando el Instrumento Divino de Amor, el cual perdona y transmuta los errores del pasado (que la Biblia llama pecados) transformándolos en perfección.

5) *P.*: ¿Acaso la gente puede ser salvada por redención ajena?

R.: Es imposible para alguien "salvar" a otro. La idea de un Salvador personal y que Jesús "salvará" a aquellos que creen en El ¡no es verdad! Jesús dará toda asistencia posible a aquellos que lo amen y le pidan, pero ni El ni otra persona puede SALVARTE, tal como nadie puede curarse por tí cuando te enfermas, nadie nace por tí, nadie vive por tí, nadie muere por tí y nadie puede salvarte. CADA UNO DEBE HACER ESO POR SI MISMO.

6) *P.*:¿Puede cualquier movimiento religioso u organización verdaderamente alegar que es "La Unica" que puede salvar a la humanidad?

R.:¡CLARO QUE NO! La Tierra ha existido por eones de tiempo y millones han vivido en el Planeta. Ni un buen padre, ni una buena persona y mucho menos un DIOS BUENO le daría vida a millones sólo para dejarlos ser destruidos y "salvar" sólo a unos pocos. Un aspecto diferente de la misma Verdad es introducido aproximadamente cada 2.000 años. La Ley Mosaica por los 2.000 años que precedieron a la llegada de Cristo. Los Budistas del Oriente y los Mahometanos de Asia Menor también han introducido ciertos aspectos de la Verdad. Estamos ahora en el amanecer de un nuevo ciclo de 2.000 años donde la LIBERTAD se manifestará en cada parte de Vida.

7) *P.*: ¿Cuándo y cómo vino la Nueva Enseñanza?

R.: Las primeras publicaciones fueron en Abril de 1952 a causa de ciertos cambios cósmicos que han de tomar lugar no solamente en nuestro Planeta, sino en el sistema entero al cual pertenece la Tierra, para que la humanidad se familiarice con los varios Ascendidos Maestros y Seres Cósmicos, sus hogares y focos de luz, y la Verdad, que será la clave de conducta por los próximos 2.000 años. Los retiros, hogares y focos fueron una vez estructuras físicas en la Tierra donde los poderes de Luz y Amor de Dios fueron extraídos y radiados para bendecir y asistir a la humanidad. Cuando las estructuras físicas fueron destruídas en las edades pasadas, la réplica etérica permaneció y ha continuado derramando sus bendiciones. La humanidad puede visitar estos focos de luz en la noche mientras duermen, si ellos hacen el llamado para poder hacerlo, y estando allí serán cargados con la virtud de ese Retiro en particular y serán instruídos en la Verdad. Entonces de adentro de ellos mismos, serán capaces de reconocer y aceptar la Verdad cuando les sea presentada a ellos en forma externa y así podrán dar su asistencia.

8) *P.*: ¿Quiénes son los patrocinantes de esta actividad?

R.: Los Maestros Ascendidos y Seres Cósmicos conocidos como la Gran Hermandad Blanca (de quienes el Ascendido Maestro Jesucristo es uno de ellos), y específicamente el Maestro Ascendido El Morya, el Lord Maha Chohan (que representa el Espíritu Santo hablado en la Biblia) y el Ascendido Maestro Saint Germain. El está a cargo de la Tierra por los próximos 2.000 años y está trayendo la ERA DE LA LIBERTAD a toda vida, aunque también toda la Hueste de Luz Ascendida está asistiendo en esta labor gigantesca.

9) *P.*: ¿Si estos Grandes Seres existen, por qué permiten que se manifieste guerra y sufrimiento?

R.: Dios le dio a cada uno de sus hijos libre albedrío, y ni Dios ni sus Mensajeros (la Ascendida Hueste de Luz) jamás se entrometerán en esto; pero los Maestros Ascendidos darán toda protección y asistencia posible CUANDO SEAN INVITADOS A HACERLO. Siempre y cuando la humanidad escoja pensar y sentir aquellas causas que producen malestar, permanecerán estos malestares en la Tierra, y es por esto que por su propio libre albedrío tendrán que desear y esforzarse a expresar las cualidades constructivas de la Luz, el Amor y la Paz para que esto se manifieste en este mundo.

10) *P.*: ¿Cuál es el significado de la palabra **Puente?**

R.: Quiere decir, un PUENTE DE ENERGIA del cielo a la Tierra, el cual está siendo construido por la Gran Hueste Ascendida de Luz con las oraciones, peticiones y decretos de los estudiantes que están sirviendo conscientemente con Ellos en este tiempo. Todo aquél que cree en los Maestros Ascendidos y *LOS LLAMA,* fortalece este Puente. Hay estudiantes en América y en todo el mundo, que se reúnen en grupos y dicen *oraciones positivas* o decretos, combinando sus energías y llamando a sus propias "Presencia YO SOY" y a la Hueste Ascendida de Luz para que borren las CAUSAS detrás de todo sufrimiento y traigan la Iluminación, Purificación, Sanación y Perfección a toda Vida.

11) *P.*: ¿Cómo pueden ser contactados y conocidos estos Maestros Ascendidos y sus actividades?

R.: En cada Era, ciertos individuos que han sido entrenados a través de los Siglos para ese servicio particular, toman cuerpo, capaces de aguantar este "puente" o contacto con la Ascendida Hueste de Luz y son capaces de dar SU MENSAJE a la gente. Los "profetas" pudieron hacer esto y la historia habla de ellos. Algunos vieron a los Ascendidos Maestros cuando relampagueaban sus palabras en el momento del contacto; algunos *oyen* sus palabras y las repiten; otros reciben "incentivos" que ellos ponen en sus propias palabras, pero *sólo aquellos que son entrenados* para este servicio PUEDEN DAR UN MENSAJE CLARO EN EL QUE SE PUEDE CONFIAR. Muchas ramas de la Verdad saben de la Ascendida Hueste de Luz y se esfuerzan en servir con Ellos para asistir a la humanidad, pero la más reciente es "LA NUEVA ENSEÑANZA" que enseña las actividades actuales de la Gran Hermandad Blanca a la humanidad, capacitándolos a cooperar conscientemente con los Seres Ascendidos HOY, y no años o siglos después! La Enseñanza ha traido detallada instrucción sobre la Creación del planeta y de sus Directores; de los distintos Rayos y Departamentos de Vida; sobre los Arcángeles, los Elohims y muchas otras cosas que la gente pensaba que nunca sabrían. En el PLAN DIVINO, tanto en el Cielo como en la Tierra, todo ha sido dividido en *Siete* Departamentos o Rayos. Las actividades y Directores de cada uno de los Siete Rayos es como sigue:

PRIMER RAYO AZUL.—Representa la Voluntad Divina, Fe, Fuerza y Poder. Su Director es el Ascendido Maestro El Morya que trajo la Nueva Enseñanza. Las personas que pertenecen a este Rayo son casi siempre de tipo ejecutivo y tienen energía y habilidad ilimitada para "hacer las cosas".

SEGUNDO RAYO AMARILLO DORADO.—Representa **Sabiduría,** Iluminación, Equilibrio, Inteligencia. Estuvo hasta hace poco dirigido por el Ascendido Maestro Kuthumi quien ascendió a ocupar el cargo de Instructor Mundial junto con el Ascendido Maestro Jesús. El Ascendido Maestro Lanto está ahora sirviendo como Director de este Rayo. Este es el Rayo de los Profesores e instructores en todos los ramos.

TERCER RAYO ROSADO.—Representa el Amor Divino, **Adoración,** Belleza y fraternidad. El Ascendido Maestro Paul el Veneciano fue su Director hasta hace poco, y subió a ocupar el cargo de **Maha Chohan.** Está este Rayo dirigido ahora por la Ascendida Maestra Lady Rowena. Las personas que pertenecen a este Rayo aman toda clase de **belleza,** casi siempre son amorosos, gentiles y llenos de compasión.

CUARTO RAYO BLANCO.—Representa la Pureza, Resurrección y la Ascensión. Es su Director el Ascendido Maestro Serapis Bey. Las personas que pertenecen a él son los artistas en todas las ramas y arquitectos y poseen una gran resistencia.

QUINTO RAYO VERDE.—Representa la Verdad, la exactitud de la Ley. Está dirigido por el Ascendido Maestro Hilarión. Las personas que pertenecen a él son casi siempre científicos, doctores, **enfermeras,** curanderos.

SEXTO RAYO ORO RUBI.—Representa la Paz, Ayuda y Servicio a la Vida. El Maestro Jesús estuvo a cargo de él hasta hace poco que subió a ocupar el cargo de Instructor Mundial junto con el Maestro Kuthumi. Su Directora es ahora la Ascendida Maestra Lady Nada. Las personas que pertenecen a él usualmente son Ministros, rabinos y todos aquellos que tienen una ardiente devoción a Dios y los que ofrecen sus servicios a la humanidad sin esperar reconocimiento de parte de ella. La principal cualidad de este Rayo es Amor.

SEPTIMO RAYO VIOLETA.—Es el Rayo de la Piedad, **Transmutación** y Libertad. Su Director es el Ascendido Maestro Saint Germain, quien a la vez está a cargo de la Tierra por estos 2.000 años comenzados en 1954. Esta Llama Violeta es el instrumento que transmuta todos los errores y energía imperfecta, y su uso intenso y dinámico por la humanidad, redimirá la Tierra. Las personas que pertenecen a este Rayo tienen muchos talentos que manifiestan en la Tierra y tienen un gran amor por la Libertad en todas las ramas de expresión.

12) *P.:* ¿Cómo dan sus instrucciones los Ascendidos Maestros a los contactos?

R.: Como dijimos antes, algunos *ven,* algunos *oyen* de acuerdo a su entrenamiento previo, pero *NUNCA* se van en trance o pierden el conocimiento o control del pensamiento y cuerpo, y JAMAS hay orgullo y glorificación del ser externo por cualquier *verdadero contacto.*

13) *P.:* ¿Por qué necesitamos a los Maestros Ascendidos, por qué no podemos ir directamente a Dios?

R.: Nadie ha conseguido el dominio sobre las condiciones externas sin la asistencia de la Ascendida Hueste de Luz. Las llamadas que la gente le hace a Dios realmente son respondidas por estos Ascendidos Maestros, los cuales son los Mensajeros de Dios. Las vibraciones de las más elevadas esferas son tan finas y delicadas que pocas personas son capaces de recibirlas suficientemente claras para que se manifiesten. Cuando los Maestros Ascendidos tienen un "contacto" encarnado, probado y entrenado, que es capaz de recibir sus instrucciones, les es más fácil transmitir esa Verdad a la humanidad en masa a través de él.

14) *P.*: ¿Quiénes son los Ascendidos Maestros Saint Germain y El Morya?

R.: En Mayo de 1954 se entró al presente ciclo de 2.000 años y es la ERA DE LA LIBERTAD. Tal como el Ascendido Maestro Jesús estuvo a cargo de lo que se conoce como la Dispensa Cristiana en los pasados 2.000 años; el Ascendido Maestro Saint Germain está a cargo de estos 2.000 años presentes. El representa LIBERTAD para toda vida (humana, animal, elemental y ángeles aprisionados) y habrán tremendos cambios en la manera de pensar, sentir, vivir y en ENTENDIMIENTO ESPIRITUAL. Saint Germain trae la VERDAD INTERNA que Jesús conocía y usaba, que anteriormente se enseñaba sólo en los Retiros de los Ascendidos Maestros. Ahora está accesible para todos los que la acepten, apliquen y prueben en la vida práctica de todos los días, y ha de ser VIVIDA AHORA, cada momento de las 24 horas del día y NO después de la llamada muerte! El Gran Ascendido Maestro conocido como El Morya ha servido por mucho tiempo a la humanidad. El introdujo "La Nueva Enseñanza" para *asistir* a Saint Germain en la gigantesca labor de *liberar toda vida* de lo que la ha atado por tanto tiempo. *Toda* la Hueste Ascendida está trabajando junta en Amor y Armonía para traer esto a la manifestación.

15) *P.*: ¿Esta actividad está conectada al Espiritismo?

R.: No, no está. Mientras el Espiritismo hizo el servicio de *probar* que *hay vida* después de la llamada muerte, los individuos puestos en contacto por un "medium" alcanzan sólo a los llamados "muertos" quienes no tienen más conocimiento ni más sabiduría de cómo vivir la vida de como cuando estaban aquí. Es también muy dañino estarlos molestando pues se les retarda su progreso. *El verdadero Contacto* para los Maestros Ascendidos *es capaz de elevar su conciencia para encontrarse con la de los Seres Ascendidos.* Cuando invocas a los Maestros Ascendidos, como ya Ellos trascendieron estos planos inferiores y ahora son la plenitud y la Sabiduría de Dios, su instrucción es VERDAD, y cuando sea practicada, liberará a la humanidad. El verdadero "Contacto" tiene siempre control sobre su cuerpo y mente y los Maestros Ascendidos nunca trabajan en la obscuridad, sino siempre en una Luz Radiante. Ellos nunca agrandan ninguna personalidad humana, y logran todo a través del poder del Amor Divino. Ellos son absolutamente altruistas. No tienen absolutamente nada de egoísmo! Muchos individuos pueden ver y oir algunos de los planos internos y reciben estímulos y mensajes que prueban ser correctos, pero éstos son dados para que los ayuden a GOBERNAR SUS PROPIAS VIDAS, pero no han sido escogidos por los Ascendidos Maestros para ser un instrumento que está en capacidad de traer a la manifestación una INSTRUCCION MUNDIAL para una ERA DE TIEMPO!

16) *P.*: ¿De dónde vine, por qué estoy aquí, y a dónde voy?

R.: Tú, y cada persona de la humanidad, vienen del **Corazón de Dios**, y verdaderamente —"SOIS DIOSES"— en embrión! Tú has escogido encarnar en la Tierra con el propósito de aprender el dominio sobre toda energía y sustancia, que quiere decir, tus propios pensamientos, sentimientos, palabras y acciones. Cuando esto se consigue y has purificado y armonizado toda la vida que Dios te prestó y te has cargado con suficiente Amor Divino, te convertirás en Candidato para la Ascensión, y al final de tu encarnación, puedes convertirte en Maestro Ascendido, tal como Jesús, por siempre libre de imperfección. Esto es llamado "ir al HOGAR, CORAZON DE DIOS, de donde viniste".

(continuará en el próximo número)

LOS ENTIERROS

Significado Metafísico

Las costumbres prevalentes en los países muy desarrollados respecto al entierro de los cuerpos muertos, son en realidad resabios paganos, carentes de inteligencia y decencia.

En los Estados Unidos por ejemplo, maquillan, embellecen y visten el cadáver como si estuviera presidiendo una reunión para celebrar su propia muerte. Esto es no solamente horrible sino que constituye falta de respeto a la persona que ha dejado la Tierra.

El cuerpo humano, desocupado por su ex-dueño en el estado que llaman erróneamente "muerte", no tiene nada de sagrado. Es simplemente una colección de materia física que ya no le sirve al espíritu que la usó. La idea que expresan los deudos es la de que la persona está allí, presente en ese cadáver, atestiguando el dolor o el honor que le rinden los que han quedado en el Planeta Tierra.

No se explica por qué personas que se dicen creyentes en la inmortalidad del alma, hacen ver·lo contrario.

Como tú sabes, ese cuerpo se ha renovado él mismo varias veces durante su vida, y lo que perdura allí por unas horas, es el último cuerpo que utilizó el "muerto". Es ni más ni menos que una vestidura que él ha desechado, y es ridículo pensar en la analogía que representa enterrar ceremoniosamente cada traje, cada sobretodo, cada prenda de vestir del que se fue, simplemente porque los dejó por detrás, y luego colocarles encima sendos monumentos en su memoria.

El entierro de un cuerpo muerto se debe hacer con respeto pero no con reverencia, rápido y limpiamente. Lo más limpio y apropiado es sin duda alguna la incineración, pero aún no se ha podido adoptar ni imponer debido a la emotividad de los ignorantes.

La verdad es que la disposición de unos restos humanos es un deber hacia los vivos y no un honor hacia los muertos quienes no tienen interés alguno en el asunto. El fuego es limpio, purificador, y, por lo tanto, respetuoso.

Poco a poco en esta Era y a medida que se vayan despertando las facultades de clarovidencia y claroaudiencia superior, la humanidad irá constatando por propia experiencia que su ser querido ni se ha muerto ni se ha alejado de su lado. Que está vivo e interesado en su vida extraterrestre, aún interesado en sus familiares y dispuesto a ayudarles si le dan el chance, pero que "el darle el chance" es como sigue: realizando por medio de tratamientos, tal como se hace con los "vivos" la Paz, la Felicidad, la Libertad, la Luz, la Armonía, la Verdad, el Amor y la Comprensión, decretándolos y basándose en su Punto de Referencia, o sea, la VERDAD CRISTICA y la PRESENCIA YO SOY en él o ella; esto les hace un efecto ins-

tantáneo ya que las vibraciones les llegan y se les manifiestan de inmediato.

Esto no solamente los liberta y los asciende, sino que por la Ley del Círculo se devuelve y liberta del dolor y pena al que hace el tratamiento. Este es el "chance" que es necesario darle a todo el que parte para las regiones invisibles.

Por lo general se hace todo lo contrario. Se sumen los "deudos" en profunda desesperación y llanto, envolviéndose en ropajes negros y evitando lo que pueda distraer la mente hacia un polo positivo. Esto ata al que se fue, a una obscuridad llena de ansiedad y angustia de la cual no se puede escapar mientras su madre, su esposa o sus hijos no logran olvidar la pena, y como eso, precisamente, "olvidar la pena" es lo que se consideraría iníquo si sucediera, se forma un círculo vicioso de energía negativa que paraliza a todos los interesados; y como el que se fue no puede hacerse oír ni ver por lo que han quedado, su tortura es mayor al no poderles comunicar lo que inconscientemente le están haciendo.

La muerte del cuerpo es por la intoxicación total de todas las células. Los Elementales del físico o "ángeles. constructores" como los llaman algunos, que son los encargados de reparar la materia en cada maltrato que recibe, ya no aguantan más. "COMO ES ABAJO ES ARRIBA" y llega un momento en que el abuso y el crimen que un humano comete mental y físicamente contra su materia física la vuelve inservible y los elementales piden auxilio al Yo Superior quien se vé obligado a segar el cordón plateado, terminando así la presencia de ese ser en el Planeta Tierra.

Hay veces que las células están tan podridas ya, que el cuerpo aparenta estar muerto pero el cordón no se ha roto aún (no podemos dar una razón para esta emergencia porque no la conocemos) pero ocurren circunstancias que obligan la ruptura, como por ejemplo, el hecho favorable de que en los cementerios hay capillas con campanarios. Las vibraciones del toque de las campanas ayudan a romper los cordones que aún se sostienen atados a la materia después de enterrada. Esta es otra razón para abogar por la limpieza y la expedición y el sentido común que encierra la incineración.

Muy interesante para el estudiante de metafísicas es la Ley de Correspondencia que actúa en todos los planos y por medio de ella podemos comprender lo que signi-fican los hechos que ocurren en nuestro propio mundo o en el mundo en general. Cuando sucede una muerte con la cual tengamos algún nexo, bien sea por amistad, por cercanía, por consanguinidad, por cualquier circunstancia, se experimenta una "muerte" en sí. De algo uno se ha despojado, o algo se ha perdido en bien o en mal, según se considere la muerte de aquella persona. Por lo general "corresponde" a algún lastre que se nos quita de encima, y esto es positivo, y nos demuestra que no debemos ver la muerte como una calamidad, sino como una transición a una condición evolutiva y mejor.

La Ley de Correspondencia actúa en todos los eventos que ocurren en contorno nuestro. Por ejemplo, si hay una boda en nuestra parentela y amistades y somos invitados, en cada uno de los asistentes representa una unión de dos estados de conciencia, o de dos conocimientos, y resulta muy interesante ir buscando las pruebas en nuestros "frutos", ya que por estos frutos es que los conoceremos.

LO QUE NO PUEDAS ACEPTAR DEJALO PASAR PERO SIGUE LEYENDO...

Pequeño Método
para comprender La Biblia

Génesis 12:26

ABRAHAM

¿Cuál es la diferencia entre los términos Hebreo, Israelita y Judío?

Hebrea es la raza, Israelita su religión y Judío, derivado de Judá, porque su tierra era el Reino de Judá, en Canaán.

Con el capítulo 12 del Génesis empieza la historia de los hebreos. La familia de Abrahám pertenecía a una de las tribus semitas que emigraron a la vecindad de Ur, al sur de Mesopotamia. Sus antecesores fueron los babilonios, los asirios, los arameos y los fenicios. Los fundadores de las tres grandes religiones del mundo fueron semitas: Moisés, Jesús y Mahoma. A Abrahám se le conoce como el "Padre de los Hebreos" por haber sido el líder de un grupo que se separó de las otras tribus semitas, estableciéndose en Canaán. La Biblia se refiere a sus descendientes como hebreos, nombre que los distinguió como raza; israelitas fue su nombre religioso; y judíos fueron llamados durante el cautiverio en Babilonia por haber venido todos los prisioneros de Judá.

En la historia de Abrahám, en sus comienzos, se le llama Abram, y a su esposa Sarah se le conoce por Sarai. Sus nombres fueron cambiados más tarde por el Señor. Terah, el padre de Abram, sintió la urgencia de ir a Canaán y se mudó del sur de Babilonia para Harán. El nombre Terah significa "perezoso", el estado del hombre que vaga sin rumbo hasta que la fe se despierta en él y dirige sus pasos. ¿Has sentido tú alguna vez esta urgencia espiritual de seguir adelante pero que por haber vacilado durante algún tiempo luego desapareció? Terah murió en Harán, como "morimos" nosotros cuando no obedecemos esta divina urgencia.

Abram tenía 75 años de edad cuando oyó la voz del Señor. Esto implica que el hombre debe madurar en comprensión antes de darse cuenta de que está siendo guiado espiritualmente.

"Y Jehová había dicho a Abram: Vete de tu tierra y del lugar de tu nacimiento y de casa de tu padre, a la tierra que yo te mostraré; y haré de tí una nación grande, y te bendeciré. y engrandeceré tu nombre; y tú serás una bendición . y serán bendecidas en tí todas las familias de la tierra. (Génesis 12:1-3).

Si aspiramos ir a una nueva tierra (una mayor comprensión de la Verdad), debemos estar dispuestos a abandonar la vieja. Aun cuando deseamos tener nuevas experiencias, muchas veces nos sentimos renuentes a dejar lo que tenemos. "Escoged hoy a quien serviréis" (Josué 24:15). Muchos desean obtener las bendiciones del reino espiritual permaneciendo en la conciencia mortal. Esto es imposible: tenemos que decidirnos por una cosa u otra.

Cuando hemos logrado el estado de conciencia de Abram —cuando se acelera nuestra fe en Dios— comprendemos dos verdades espirituales. La primera es que El desea que nos movamos a una nueva tierra, simbólico de un nuevo estado de conciencia más elevado.

"Vete de tu tierra" (Gén. 12:1) es la orden que se nos da cuando ya estamos preparados para avanzar. Nos vemos obligados a abandonar muchas creencias que sólo pertenecen a la mente mortal para llegar a un estado de conciencia más elevado. La realización espiritual demanda un punto de vista enteramente nuevo en todos los órdenes: Nuestra idea de Dios, de nosotros mismos, de nuestro ambiente y nuestro destino. Según nuestra creencia anterior, Dios era un superhombre y nosotros solamente criaturas mortales hechas de carne y hueso. Nuestro ambiente nos era impuesto y nuestro destino, el cielo o el infierno. Estas creencias deben desaparecer porque siendo nuestra manera de pensar más iluminada vemos a Dios como la vida creadora y nos vemos a nosotros como sus criaturas, hechas a su imagen, y con la responsabilidad de expresar los atributos que heredamos de nuestro divino Padre.

Nuestro ambiente es un reflejo de nuestro estado de conciencia; por tanto, éste depende de nosotros. Si tenemos el poder de cambiar las condiciones de nuestra vida, podemos cambiar ésta. Nuestro destino es el cielo, no un paraíso a donde vamos después de la muerte sino una conciencia establecida en nuestra unidad con Dios. Esta llega cuando el hombre aprende a disciplinarse, y purificándose es levantado por la gracia de Dios y por su propio esfuerzo. Este es un punto de vista que nos hace sentirnos más dichosos, pero también es más difícil de adoptar, ya que la responsabilidad de crecer y desenvolverse espiritualmente depende únicamente del individuo. En esto no hay excusa posible. Estamos tan llenos de gozo con la iluminación que nos da el conocimiento de la Verdad que nos sentimos como nuevas criaturas, deseosas de llegar a la nueva tierra. Pero cuando se nos pide que soltemos los hábitos erróneos que hemos adquirido anteriormente y que son contrarios a nuestra naturaleza espiritual, y sabemos que tenemos que desechar las destructivas actitudes de la mente como son el prejuicio y la resistencia, entonces nos inclinamos a adoptar la actitud característica en Terah, de holgazanear. No obstante, si hemos oido la llamada de la fe, facultad representada por Abrahám sabemos que tenemos que seguir adelante.

La segunda realización que nos llega cuando la fe se despierta es que Dios tiene muchas bendiciones reservadas para nosotros; "Y haré de tí una nación grande, y te bendeciré, y engrandeceré tu nombre; y tú serás una bendición" (Gén. 12:2). Dios desea darnos el bien sin limitaciones. ¿No dijo Jesús, "No temáis, manada pequeña, porque al Padre le place daros el reino"? (Lucas 12:32). Nuestra carencia no se debe a la voluntad divina, sino a nuestra incapacidad para aceptar lo que el Padre tiene para nosotros. Hay la posibilidad de que se realice esta promesa al nosotros entrar en un estado más elevado de conciencia (una nueva tierra). La expresión de Su voluntad es "Yo te bendeciré". No solamente es así sino que según recibimos del Padre y damos, llegamos a ser una bendición para los demás. "Sé tú una bendición" (Gén. 12:2).

Estas dos realizaciones —que Dios quiere llevarnos hacia un estado de conciencia más elevado y que El desea bendecirnos— son fundamentales para el desarrollo espiritual.

"Y Abram tomó a Sarai, su mujer, y a Lot, hijo de su hermano, con todos los bienes que ellos habían allegado y las almas que habían adquirido en Carán; y salieron para ir a la tierra de Canaán; y llegaron a la Tierra de Canaán (Gén. 15:5).

Sarai se fue con Abram. La mujer representa la naturaleza emocional del hombre. Lot también acompañó a Abram. El nombre Lot significa "escondido o encubierto" y es la parte negativa de la fe, o sea, cuando ponemos la fe en cosas materiales. Aun cuando la fe en Dios se haya acelerado, nos queda todavía un pequeño residuo de fe en las cosas materiales. Tenemos que separar esta fe negativa, según Abram se separó más tarde de Lot.

Los sucesos acaecidos en la vida de Abram nos dan una clara visión de los esfuerzos que debemos hacer para sostener nuestra fe en Dios. Aún teniendo Abram fe suficiente en Dios para obedecerle, él falló en algunas ocasiones. La fe debe estar bien arraigada en el conocimiento del principio divino y no se llega a comprender éste en un abrir y cerrar de ojos. De manera que cuando hubo hambre en Canaán, Abram se fue para Egipto. Egipto representa la conciencia de los sentidos a la cual volvemos cuando las cosas no marchan de acuerdo con nuestros deseos. Algunas veces es difícil afrontar una situación penosa en el plano espiritual; nos parece más fácil hacerle frente de un modo material y (metafísicamente) regresamos a Egipto.

Abram abrigaba la esperanza de recibir buen trato de los egipcios, y creyendo que presentando como su hermana a su bella y hermosa mujer, ayudaría a mejorar su situación, hizo pasar a Sarai como tal; esta era una verdad a medias, pues Sarai era su media-hermana, aunque también su esposa. Con frecuencia una verdad a medias es peor que una mentira completa, y así resultó en este caso.

Sarai fue llevada a casa de Faraón, "mas Jehová hirió a Faraón con grandes plagas, a él y a su casa, por causa de Sarai, mujer de Abram"

(Gén. 12:17). Lo material (Faraón) y lo espiritual (Abram) son estados mentales incompatibles, y cuando tratamos de mezclarlos, el resultado es perjudicial. Tal vez ésta sea la razón por la que continuamos pasando por muchas pruebas a pesar de que nos hemos empeñado en vivir de acuerdo con las normas espirituales. Ya hemos caminado muy lejos para abandonar estas normas, pero a veces sentimos miedo de seguir "todo el camino" en ellas. Mezclamos lo material, o tratamos de hacerlo, y el resultado es una casa dividida. Abram se le ordenó que saliera de Egipto: la conciencia de los sentidos deseando deshacerse de lo espiritual. El hombre de Gadara, poseído de un espíritu inmundo, clamó ante Jesús: "¿Qué tengo yo que ver contigo, Jesús, hijo de Dios altísimo? ¡Te conjuro por Dios que no me atormentes!" (Marcos. 5-7).

Después que Abram regresó a Canaán, se volvió un hombre rico, lo cual es símbolo del poder creciente de la fe. El y Lot tenían tanto ganado que no podía sostenerlo la tierra, y sus pastores peleaban contínuamente por hacer valer sus derechos sobre las tierras en donde pacían sus rebaños. Aunque Abram era el líder de los hebreos y podía haber hecho uso de su autoridad, como tal, demostró su gran generosidad sugiriéndole a Lot que se separaran y dándole a escoger las tierras que él deseara para sí. Lot (la fe en las cosas materiales) escogió la sección más fértil, el valle alrededor de Sodoma y Gomorra. Y Abram se quedó con la parte montañosa del país cerca de Hebrón. Parecía realmente que a Abram le había tocado la peor parte al proceder tan generosamente, con Lot, pero el señor le dijo:

"Alza los ojos y mira desde el lugar donde estás hacia el norte, y hacia el sur, y hacia el oriente, y hacia el occidente; porque toda la tierra que ves, te la daré". (Gén. 13:14-15).

Es desde "la colina" o lugar elevado en la conciencia desde donde podemos obtener una visión más amplia de la vida y de todo lo que ella encierra, y Dios siempre nos da de acuerdo con nuestra habilidad para percibir. "Ver" o reconocer nuestro bien es el primer paso para la demostración. Cuando vemos desde lo alto, nuestra bendición es mayor de lo que esperábamos: "toda la tierra que ves, a tí te la daré".

Ninguna persona que obra egoistamente puede tener éxito duradero, y Lot pronto se vio envuelto en dificultades. Las tribus vecinas hicieron la guerra a Sodoma y Gomorra, y Lot y todos los de su casa fueron hechos prisioneros. Uno de sus siervos escapó y fue a pedir ayuda a Abram, quien reunió sus hombres y acudió a rescatar a Lot. Sus guerreros cayeron inesperadamente durante la noche sobre el enemigo y los obligaron a huir abandonándolo todo. De regreso a su hogar, Abram conoció dos Reyes que salieron a su encuentro, uno de los cuales, el Rey de Sodoma se mostró tan agradecido por haber Abram librado a su país, que le ofreció la mitad del botín de guerra. Abram rehusó y le entregó, no solamente los prisioneros sino todos los bienes que había tomado. El otro Rey Melquisedec, Rey de Salem, quien trajo pan y vino para bendecir a Abram, pues Melquisedec también rendía culto a Dios. Abram dio el diezmo de todo lo que traía a Melquisedec. "Melquisedec realmente representa la Mente Crística o "superconciencia", aquello que cuando predomina en la conciencia del hombre, hace que se establezca y sostenga una conducta recta, ajuste perfecto, paz, y perfección".

Más tarde cuando Abram tuvo aviso de que las ciudades de Sodoma y Gomorra serían destruidas por la perversidad de sus habitantes, él oró para que éstos fueran perdonados. Sin embargo, no había ni siquiera diez hombres justos en ellas y su suerte quedó sellada. Solamente Lot, su esposa y sus hijas escaparon. La esposa de Lot no se benefició de la huída "volvió la vista" (Gén. 19:26) y se convirtió en una estatua de sal.

Cuando uno se libera de una dificultad, es funesto volver la vista atrás. Jesús dijo "dejad que los muertos entierren a sus muertos" (Mateo 8:22).

Abram y Sarai no tenían hijos, y Abram los deseaba más que nada para que éste continuara la misión que Dios le había encomendado con relación a los hebreos. El Señor les había prometido un hijo, pero ellos estaban muy impacientes porque se realizara esta promesa que, a sugestión de Sarai, Abram tomó como mujer a la sierva egipcia de ésta llamada Agar. El fruto de esa unión fue Ismael; pero éste no era el hijo que Dios les había prometido. Debemos aprender a descansar en el señor y esperar pacientemente por él. Cuando tratamos de forzar nuestro bien, el resultado no nos satisface. Abram sabía esto y esperaba la palabra del Señor, la cual fue "Mi pacto es contigo, y serás Padre de una multitud de naciones. Y no serás llamado más Abram, sino que *Abrahám* será tu nombre; porque te he constituído padre de una multitud de naciones". (Gén. 17:4-5).

"El cambio de nombre denota siempre un cambio tan pronunciado en el carácter, que el nombre anterior no puede volver a aplicarse a la nueva persona... El nuevo nombre, Abrahám, "padre de una multitud", cuando nosotros lo aplicamos individualmente significa que nuestra Fe debe ser expresada trayendo la multitud de pensamientos al Reino del Espíritu y bajo la dirección del Cristo" (Misterios del Génesis 151).

Para esa época, el nombre de Sarai fue también cambiado, y el Señor dijo a Abrahám: "Tocante a Sarai, tu mujer, no la llamarás más Sarai, sino que Sarah será su nombre. Y yo la bendeciré, y de ella también te daré un hijo... y vendrá a ser *madre* de naciones; reyes de pueblos procederán de ella" (Gén. 17:15-16).

El nombre Sarai significa "amargada" o "contenciosa", mientras que Sarah significa "mujer noble".

En el simbolismo espiritual la mujer representa el alma o la parte intuitiva del hombre. Sarah es la fase más elevada del alma. En Sarai el alma contiende por su lugar apropiado en la conciencia; el individuo empieza a reconocer que sus afectos y emociones son divinos en esencia y no deben fundirse con las condiciones materiales sino con el espíritu. En Sarah ésto queda expresado plenamente (Misterios del Génesis 155).

Para la razón humana, la promesa de Dios a Abrahám y Sarah parecía imposible de cumplirse por la razón que Sarah era ya una mujer avanzada en años; pero Abrahám "creyó a Jehová, el cual se lo imputó a justicia" (Gén. 15:6). Con frecuencia nos parece que nuestra oración no será contestada. Esto sucede debido a que hacemos uso de una limitada visión y en verdad lo que Dios nos pide es que confiemos en él para guiarnos.

El hijo que nació a Abrahám y Sarah se llamó Isaac. Este nombre significa "risa", o "alegría". La cualidad gozosa (Isaac) es la criatura o el producto de la fe (Abrahám) y la intuición (Sarah). Varios años después, Abrahám tuvo una gran prueba relacionada con el hijo que Dios les había dado.

Y aconteció, después de estas cosas, que probó Dios a Abrahám, y le dijo: Abrahám. Y el respondió: Héme aquí. Y dijo: Toma a tu hijo, a Isaac, tu hijo único, a quien amas, y vete a Tierra de Moria, y ofrécele allí en holocausto sobre uno de los Montes que yo te diré (Gén. 22:1-2).

Algunas veces parece como si se nos pidiera que abandonáramos aquello que más valor tiene para nosotros. Se nos ha enseñado, "Jehová ha dado, y Jehová ha quitado; ¡sea el nombre de Jehová bendito!" (Job. 1:21). Esto es solamente creencia del hombre. Sin embargo, debemos obedecer la inspiración de lo Alto y confiar en Dios a pesar de que nos parezca un gran sacrificio de nuestra parte. La obediencia es la base de la fe. Abrahám creía que todo lo que Dios le ordenaba hacer era lo mejor, sin importarle su apariencia. Hasta que aprendemos a amar la rectitud más que a nuestros deseos personales, nuestra fe no será firme. ¿No hemos luchado con nosotros mismos y finalmente hacer lo que creíamos, no obstante parecernos difícil? Nuestra buena disposición para hacer lo que creemos que es recto, nos librará de sentirnos luego entristecidos. Tenemos que llegar al borde del desastre, sin embargo: Abrahám había amarrado a Isaac al Altar de madera y había tomado su cuchillo en la mano para matar a su hijo.

Entonces el Angel de Jehová le llamó desde los Cielos y le dijo: ¡Abrahám! ¡Abrahám! Y él respondió: Héme aquí. Y dijo: No extiendas tu mano contra el muchacho ni le hagas nada; pues ahora conozco que tú temes a Dios, y que no me has negado a tu hijo, tu hijo único. Entonces Abrahám alzando los ojos, miró, y he aquí un carnero más allá de él, enredado por las astas en un matorral, y fue Abrahám, y tomó el carnero y ofrecióle en holocausto en lugar de su hijo (Gén. 22:11-13).

El animal representa pensamientos de los sentidos, arraigados, no redimidos, y éstos son los que el Señor desea que sacrifiquemos. Abrahám fue premiado por su obediencia con la renovada promesa de Dios de que habría de engrandecerle.

DICCIONARIO METAFISICO DE LA BIBLIA

ABRAHAM: Se llamaba Abrahám de la tierra de Ur de los Caldeos. Fue el padre de la nación Hebrea. Metafísicamente representa el poder de la mente para reproducir sus ideas en expresiones sin límites. Estabilidad mental de hacer sustancia ideológica se llama FE. Cuando el Espíritu le comunicó a "Abram" que le cambiaba el nombre a "Abrahám", le dijo también que sería el "Padre de una multitud". El primer paso en el desarrollo espiritual es el despertar de la fe. Así, basados en la fe, o por obra y gracia de la fe producimos aún aquello que aparenta ser milagroso. En la vida de Abrahám vemos retratados los diferentes movimientos de su fe en los variados planos de acción humana.

HARAN: Fuerte, elevado, exaltado, montañés. Cada vez que uno cambia de casa, de ciudad o de país, significa que ha habido un cambio de conciencia a un plano más elevado. Abram y su padre se cambiaron de Babilonia (confusión) a Harán, un plano elevado y de fuerza. Cuando la Biblia menciona el "padre" y "la tierra de tu nacimiento" se refiere a un anterior estado de conciencia.

SARAH: Princesa, noble mujer. Esposa de Abrahám y madre de Isaac. Metafísicamente representa el alma, la parte emocional del hombre, es la hija de un rey y jamás se debe permitir que se mezcle con las condiciones materiales. Cuando Abrahám no tenían aún la comprensión de lo divino, se dejó arrastrar hacia abajo, a los procesos vitales del organismo, uniéndolos en su mente a su amor, sus afectos y sus emociones, y trajo plagas a la casa del Faraón. Esto quiere decir que se debe reconocer el puesto legítimo que ocupa el sexo en la economía divina, puesto que no puede nadie venir a evolucionar en el plano Tierra sino a través del sexo; pero que como éste es exclusivamente para la reproducción generativa, no se deben mezclar y confundir con facultades espirituales superiores esos procesos estrictamente animales porque se producen las plagas de Egipto en la familia humana. La sensación sexual es una faz del proceso reproductivo, y todo el que se encuentre en el plano de la generación la posee, sin duda, pero esto no lo autoriza para suponer o aceptar que esa sensación sea espiritual. Lo que han dado por llamar "Magia Sexual" es un proceso totalmente del plano astral, y como tal, es material. Para aquellos que ya desean purificarse para llevar su cuerpo al plano espiritual, hay una buena afirmación: "LA SENSACION DE LA CARNE NO PUEDE ADUEÑARSE DE MI AMOR. MI AMOR ES HIJA DE DIOS (La Llama Rosa) Y SOMOS UNO EN PUREZA Y EN DESEO, EN LA CASA DEL PADRE". Así se escapa uno a las plagas de Egipto y del reproche del Faraón: "¿Qué cosa ésta que me has hecho? ¿Por qué no me dijiste que ella es tu esposa?" El nombre de Sarai fue cambiado a Sarah (princesa). En la simbología espiritual, la mujer representa el alma o la parte intuitiva del hombre. Abrahám no dudó de la promesa que el Señor le hizo de darle un hijo, pero procedió como lo hacen todos los humanos impacientes, que en lugar de esperar que Dios manifieste Su Voluntad, deciden ayudarlo, empujando las cosas en el plano material, de manera que tuvo un hijo en la camarera de Sarah. AGAR, la empleada de Sarah representa el alma natural y Dios no reconoce como legítimo el fruto de una unión por *voluntariedad humana*.

ISMAEL: Hijo de Agar y Abrahám, representa el fruto de los pensamientos humanos manifestándose en la carne.

CANAAN: Existencia material. Realización de la nada. Mercader, traficante en materialidad, pirata, inferior, tierra baja. Canaán fue la tierra que Dios les dio a los israelitas como posesión eterna. El significado de Tierra Baja es la conciencia carnal. El cuerpo redimido es la "Tierra prometida", y cuando el hombre vuelve a descubrir este dominio perdido, todas las promesas de la Biblia serán cumplidas. (La enseñanza que llamamos "Metafísica Cristiana" es el penúltimo paso hacia esa redención). No es un sueño que el hombre pueda poseer un cuerpo inmortal. Es un hecho concreto. Para poder redimir su cuerpo, el hombre tiene que entrar mentalmente a su organismo para espiritualizarlo y enseñarle a sus células y sus órganos la Verdad salvadora. Esta es la enseñanza simbólica de Josué. (Cap. 1). También pensamos en Canaán como refiriéndonos al subconsciente. Metafísicamente es la humildad y la receptividad. Sea como fuera, la Tierra de Canaán es representativa de las fuerzas elementales del ser, en medio de las cuales el hombre está situado y a las cuales él les da carácter al través de su fe en Dios, como Espíritu Omnipresente. Para los místicos es el nombre de la sustancia invisible que rodea e interpenetra todas las formas, de las cuales ella es madre.

TERAH: Arrastrándose, quedándose atrás, tardando, lugar de espera, estación. El Padre de Abrahám. Un campamento de los israelitas en el desierto. Como se vé claramente, Terah es representativo del movimiento de conciencia anterior a aquél que se interesa por las cosas espirituales, o sea, la inactividad espiritual. (Como en la Biblia cada vez que se menciona "el padre" de una persona, se están refiriendo a un estado de conciencia anterior, más atrasado o pueril, al mencionar que Terah era el padre de Abrahám, se sabe que era el estado de conciencia de éste, antes que fuera "llamado" o invocado por Dios para encargarse del pueblo israelita). Era una etapa perezosa, guiada sólo por los sentidos, pero su Señor Espiritual lo presionó y lo despertó a la actividad espiritual, como ocurre en todos los seres humanos a fin de fines. En el caso de Abrahám el impulso de hecho le indicó "sal de tu tierra y de tu parentela y de la casa de tu padre y a la tierra que yo te mostraré"; y luego los altos ideales comienzan a poseer la mente.

La Poderosa Presencia "Yo Soy" y la Llama Violeta Transmutadora

La lámina de la "Poderosa Presencia YO SOY", el Padre mismo, Unica e Indivisible, hemos de dividirla en tres partes principales para su mejor comprensión.

1. La parte alta, que comprende los círculos concéntricos de colores y la radiación de Luz, por así decirlo, es el Cuerpo Causal o depósito de Energías de la Poderosa Presencia.

2. La figura superior representa al Yo Superior o Presencia YO SOY.

3. La parte inferior representa la forma humana o Yo Inferior.

Entre las dos figuras, aunque no ilustrado en la lámina, se encuentra el cuerpo mental superior o inteligencia selectiva y discernidora que conoce la perfección de la Presencia y la imperfección humana, o sea, la creación indeseable que el hombre ha traído a su alrededor.

El Rayo de Luz que desciende hasta la parte superior de la cabeza, para fijarse en el corazón del cuerpo carnal, es la Vida, la Luz, la Substancia, la Energía, la Inteligencia y la Actividad, mediante las cuales, el cuerpo físico tiene Vida y puede moverse. Cuando nuestra atención se dirige a la "Poderosa Presencia YO SOY", este Rayo de Luz y de Energía se empieza a intensificar y expandir. Así se inicia el proceso de arrojar del cuerpo físico todas las cualidades más densas y a medida que esta acción se intensifica, la Radiación forma un tubo de Luz alrededor del cuerpo físico, tan **INVENCIBLE, TAN IMPENETRABLE,** que deviene un **"INVENCIBLE MURO DE LUZ"** que nos envuelve, y no hay pensamiento, sentimiento o sugestión humanos que puedan penetrarlo o en manera alguna perturbarnos. Esta es hoy una de las grandes necesidades humanas.

La Llama Violeta que asciende a través y alrededor de la figura inferior, representa la Llama Violeta Consumidora, liberada por nuestra "Poderosa Presencia Yo Soy", cuando la llamamos a la acción, que consume en nosotros y en nuestro mundo toda creación discordante pasada y presente.

En el mismo momento en que sincera y firmemente ponemos la atención en nuestra "Poderosa Presencia Yo Soy", se inicia nuestra ascensión, porque prácticamente el Rayo de Luz y Energía de la misma, empieza a intensificarse y expandirse, causando la rápida expansión de la Luz en cada célula de nuestro organismo hasta que la Tierra pierde su atracción para el cuerpo. Entonces, a medida que la atención continúa dirigida a la Presencia, la parte más sutil del cuerpo carnal asciende y es absorbida por el cuerpo mental superior. De esta manera se efectúa la transformación de lo humano en Divino. Cuando la parte más sutil del cuerpo carnal es atraída dentro del Cuerpo Mental Superior y asciende al Cuerpo de Energías de la "Poderosa Presencia Yo Soy", entonces el individuo se convierte en el Ser Ascendido como lo son el Maestro Jesús y el Maestro Saint Germain y cientos de otros. Es el último y el Eterno Cuerpo de Luz del individuo que nunca cambia.

Alrededor de la figura inferior o cuerpo físico, está la acumulación de las cualidades irritables y destructivas que haya generado el individuo en el transcurso de los siglos. La gran Misericordia de la "Poderosa Presencia Yo Soy" consiste en que a pocos les es permitido ver esta acumulación discordante. Esta es la razón de que sea imperativo llamar cada día a la Presencia para que aplique la Llama Violeta Consumidora, hasta que tal acumulación esté completamente disuelta y consumida.

LA LLAMA VIOLETA CONSUMIDORA

El empleo consciente de la Llama Violeta Consumidora es imperativo. Es el único medio por el cual se puede disolver, consumir y transmutar en sus causas y efectos toda la acumulación negativa y destructiva.

Este es el medio único por el cual podemos libertarnos de la rueda de reencarnaciones. Todos en este mundo han tenido sentimientos indeseables, han pronunciado palabras negativas y han emitido pensamientos impuros, lo cual significa tanta más substancia y energía discordante vibrando dentro y alrededor del cuerpo y en el aura del individuo.

El estudiante ha de comprender que su **"PODEROSA PRESENCIA YO SOY"** es la que enfoca, proyecta y mantiene la Llama Violeta Consumidora, porque Ella es la Llama de Dios de Puro Amor Divino; pero la parte que corresponde al estudiante, es llamar a su Presencia a la acción dinámica a fin de producir la Llama y luego visualizarla. (Esto implica observar el cuadro para luego visualizar la Llama atravesando la mente, cuerpo y aura, desde sus pies hacia arriba y limpiándolos de toda imperfección).

De esta manera puede el estudiante purificarse y hacer que la Energía, la Luz y la Perfección puras de su "Poderosa Presencia Yo Soy" en toda su plenitud se derramen a través de él, sin entorpecimiento.

Los hombres no tienen la más mínima idea de lo que han creado con sus pensamientos, sentimientos y palabras en sus vidas actuales, aún pasando por alto los cientos y posiblemente miles de encarnaciones en que han vivido anteriormente.

No obstante, toda la substancia y energía que han usado eran puras y perfectas en un principio, y les fueron dadas al objeto de crear y expandir perfección en este planeta.

Con pensamientos, emociones y palabras discordantes han creado formas de substancia, dinamizadas por los sentimientos y proyectadas en la atmósfera que los rodea. La mayoría de estas formas son demasiado horribles y desagradables para describirlas con palabras. No existe ser humano que no haya hecho esto en cierta medida en todas sus vidas pasadas lo mismo que en la presente. Todos han sentido desarmonía y la han difundido en pensamiento, sentimiento y palabra en medida mucho mayor de lo que quieren reconocer.

No obstante, la Ley es la Ley. Todo ser humano usa energía y substancia, despierto y dormido. Todos crean vibraciones y forma, a cada instante, por medio de la conciencia individual. La Ley actúa en el individuo ignorante o inteligente y nadie le escapa jamás.

MEDIANTE EL DIVINO ESFUERZO CONCIENTE QUE EL PROPIO INDIVIDUO HACE PARA APLICAR ESTA LLAMA DE AMOR DIVINO, PUEDE CONSUMIR TODAS SUS CREACIONES PASADAS Y PRESENTES; PURIFICAR SU MENTE, SU CUERPO Y SU MUNDO, PARA NO TENER QUE ENFRENTARSE NUNCA CON SU DEFORMADA CREACION.

La Grande y Eterna Ley es: que cada individuo ha de purificar sus propias creaciones mediante la aplicación y el uso conciente de la Llamada Violeta Consumidora. Nadie puede hacerlo por él. Así como ha creado sus imperfecciones y limitaciones, de la misma manera ha de destruirlas y purificarlas hasta que la perfección se manifieste en todo su Ser y su mundo. Entonces, sólo entonces quedará libre.

El efecto sobre la mente, el cuerpo, Ser y mundo del individuo que aplica la Llama Violeta Consumidora, es purificar la substancia y la energía de todos sus cuerpos: mental, emocional, etérico y físico; aquieta los remolinos de la acción vibratoria del cuerpo emocional; disuelve las impurezas de la carne, consume los moldes erróneos de su cuerpo mental y borra lo negativo grabado en el etérico. **DE ESTA MANERA SE ESTABLECEN HABITOS DE PENSAR, SENTIR Y DE HABLAR CONSTRUCTIVOS.**

La Llama Violeta Consumidora es una actividad vivificadora, transformadora y elevadora del Amor Divino Puro, que emana del Corazón del Creador, "el Gran Sol Central", que es la **PODEROSA PRESENCIA "YO SOY"** del Infinito.

Como el calor derrite la cera, hasta que ésta cae por su propio peso y a medida que el fuego se intensifica, la cera se inflama y es consumida, así la Llama Violeta Consumidora derrite la substancia impura de los cuerpos físico, emocional y mental del individuo que la visualiza, circulando por él y por su aura y envolviéndolo hasta una distancia de un metro en todas direcciones.

Lo que en realidad ocurre al aplicar la Llama Violeta Consumidora, es que la acción vibratoria de la substancia en los tres cuerpos se acelera a un grado en que no puede existir discordancia ni imperfección alguna, porque tales condiciones sólo pueden existir en los grados más bajos de vibración.

En la aplicación de la Llama Violeta Consumidora, que es la actividad limpiadora, armonizadora, elevadora e iluminadora del Fuego Sagrado, el Amor Divino de la "Poderosa Presencia Yo Soy", ejercita al estudiante el Poder de los Maestros Ascendidos para poner en Divino Orden, de manera armoniosa y permanente, todo su Ser y mundo.

Lo único que necesita es poner atención constante y alerta, acompañada de la inflexible determinación de alcanzar la misma Gran Libertad que el Maestro Jesús reveló a la humanidad y que él y todos los demás Maestros Ascendidos expresan y viven hoy.

LOS ESTUDIANTES TODOS, AL APLICAR LA LLAMA VIOLETA CONSUMIDORA HACIENDOLA PASAR A TRAVES DE LOS CUERPOS INFERIORES Y AURA DE LA PERSONALIDAD, AL OBJETO DE ESTABLECER DIVINO ORDEN EN TODO, HACEN QUE LA PERFECCION DE LA PRESENCIA "YO SOY" SE EXPRESE POR MEDIO DE LA MENTE Y CUERPO, Y EN EL MUNDO DEL INDIVIDUO.

Desafiad toda sugestión negativa y perturbadora que se os ponga por delante. Desvanecedla para siempre de la conciencia de la humanidad, a fin de que puedas probar con tu propia experiencia individual que la Luz y el Amor de tu "Presencia Yo Soy" es el supremo regulador de toda condición en tu Ser y mundo.

ATREVANSE A SER LA PLENITUD DE VUESTRA "PODEROSA PRESENCIA YO SOY" EN ACCION DINAMICA, PRODUCIENDO PERFECCION EN VUESTRO SER Y MUNDO, PORQUE LA PERFECCION ES ASEQUIBLE PARA TODO SER HUMANO EN ESTA TIERRA EN CUANTO EL INDIVIDUO ESTE LO SUFICIENTEMENTE DETERMINADO A MANTENER LA ATENCION EN SU "PODEROSA PRESENCIA YO SOY".

¡Oh, si los benditos médicos y enfermeros conocieran y quisieran experimentar con la Llama Violeta Consumidora aplicándola a sus pacientes, cuánto dolor abreviarían, cuán rápidas y milagrosas resultarían sus curaciones y cómo podrían evitar de sucumbir ellos mismos por contagios e infecciones!

¡Oh, si los benditos maestros de escuela fueran capaces de comprender el trascendental impulso que darían a los niños confiados a su cuidado, mediante la aplicación de la Llama Violeta Consumidora! ¡Cuánto Fuego Sagrado, cuánto Amor Divino envolvería sus aulas para trascender más tarde al mundo en el regocijo y la alegría de los niños!

¡Oh, si los hombres de negocios, los directores de empresas y reparticiones públicas comprendieran que mediante la aplicación de la Llama Violeta Consumidora, evitarían la falta de honradez, la intriga, la discordia y a veces el crimen en sus relaciones y en sus actividades externas!

¡BENDITOS HIJOS DE LA LUZ! VISUALIZAD A LA LLAMA VIOLETA CONSUMIDORA EN Y ALREDEDOR DE VUESTRA MENTE, CUERPO, HOGAR, NEGOCIOS, PAIS Y MUNDO MUCHAS VECES HASTA QUE LLEGUEIS A SER CONCIENTES, COMO LO SOIS DE VUESTRAS MANOS Y PIES!

Llamad a la acción a vuestra "Poderosa Presencia YO SOY" a fin de que suelte el Foco y Flujo del Maestro Ascendido, en la Llama Violeta Consumidora en y a través de todo cuanto hagáis, para mantener la acción de la misma, autosostenida, en poderosa corriente de perfección, de manera que nada pueda oponerse a su Irresistible Presencia y Poder. Sentíos siempre envueltos en el Gran Pilar de la Llama Violeta Consumidora, VIENDO CIRCULAR LA LLAMA DESDE LOS PIES HACIA ARRIBA, A TRAVES DEL CUERPO HASTA LA CORONILLA Y ASCENDIENDO HASTA VUESTRA PROPIA "PODEROSA PRESENCIA YO SOY".

Haced esto con gran intensidad al menos durante quince minutos, tres veces al día. En pocas semanas o meses sentiréis tal libertad y soltura en vuestros cuerpos, tal claridad mental y tal éxito en vuestros asuntos, que ya no deseareis hacer otra cosa más que continuar esta práctica.

Si deseais la acción intensificada de la Compasión y Paz Divinas, haced el centro de vuestro Gran Pilar de Llama Violeta de un delicado tono rosado.

Sabed y confiad en que vuestro poder de visualizar, es el poder de visión de vuestra Presencia, que se emplea para formar el cuadro y llamada a la acción para mantener tal actividad siempre autosostenida. ES LA PRESENCIA LA QUE PROYECTA LA LLAMA Y LA PRESENCIA ATIENDE SIEMPRF INSTANTANEAMENTE A TODO LLAMADO.

Esto es todo lo que el estudiante necesita para ser capaz de sentir la Plenitud de su Presencia y verla **CARA A CARA**. Decid con frecuencia sintiéndolo profundamente:

"YO SOY SIEMPRE UN GIGANTESCO PILAR DE LLAMA VIOLETA CONSUMIDORA DE PURO AMOR DIVINO, QUE TRASCIENDE TODOS LOS CONCEPTOS HUMANOS Y DERRAMA CONSTANTEMENTE TODO EL TRIUNFO Y TODA LA PERFECCION DEL PADRE".

¡"PODEROSA PRESENCIA YO SOY! ASUME EL MANDO ABSOLUTO DE MI MENTE, MI CUERPO Y MI MUNDO; APLICA TU CRISTALINA LLAMA VIOLETA CONSUMIDORA EN MI Y CONSUME TODOS MIS ERRORES Y DEFECTOS PASADOS Y PRESENTES, SU CAUSA Y EFECTO Y DISUELVE TODOS MIS PROBLEMAS PARA SIEMPRE".

"¡PODEROSA PRESENCIA YO SOY! APLICA EN MI TU CRISTALINA LLAMA VIOLETA CONSUMIDORA Y CONSUME TODA INFLUENCIA CONTRARIA A LA PAZ Y AL BIENESTAR PROPIO Y DE TODOS LOS QUE ME RODEAN. ENVUELVEME EN TU CANAL DE LUZ Y ENERGIA COMO EN UNA PODEROSA MURALLA CONTRA LA CUAL CHOQUEN TODA FUERZA NEGATIVA DESTRUCTIVA Y NO BENEFICA Y VUELVAN A SU PUNTO DE ORIGEN TRANSMUTADAS EN BUENA VOLUNTAD, EN AMOR Y EN BIENESTAR HACIA TODOS LOS QUE ALCANCE EN SU ACCION".

APLICACION DE LA LAMINA.

La Lámina de la "Poderosa Presencia **YO SOY**" es un foco de perfección para la vida de cada individuo y aún para los Maestros Ascendidos.

Nadie actualmente, puede siquiera comenzar a comprender cuán importante es la lámina y el por qué de los asombrados milagros que constantemente tienen lugar para todos aquellos que sobre ella concentran cada día y a intervalos regulares, su atención.

Es Ley de la vida que cuando uno está en contacto con la forma de una cosa, está en contacto con la "Presencia" de esa cosa.

Cada imagen es un Foco de Substancia-Luz de la corriente de vida de lo que ella representa. Reflexiónese sobre esto y procúrese realizar cuán importante es para cada uno de nosotros saber que, cuando contemplamos un cuadro, en el acto, y en cada caso, estamos absorbiendo las cualidades que él contiene.

De manera que, al contemplar la lámina de la "Poderosa Presencia Yo soy", mirándola con nuestra vista física significa que las células de nuestro cerebro, nuestros nervios y la carne de nuestros cuerpos, están absorbiendo, constantemente, mientras la contemplamos, la perfección de nuestra propia "Poderosa Presencia Yo Soy".

Al contemplar diariamente la lámina de la "Poderosa Presencia Yo Soy", el Poder que fluye del corazón de la "Presencia" penetra en el corazón de quien contempla la lámina. ¿Existe acaso en todo el Universo algún Poder Curativo más Poderoso que este manantial de vida de cada uno, la "Poderosa Presencia Yo Soy", la Llama dentro de cada corazón?

Cuando contemplamos sus ojos, nuestros ojos están absorbiendo directamente la Perfección de los Ojos de Dios. Al contemplar los Rayos de Luz, la Perfección de ellos y todo su Poderoso Poder de Luz se derrama y penetra nuestros cerebros, nuestros cuerpos y nuestros mundos de sensación, es decir, la Todopoderosa acción de la Luz que realmente produce instantánea Perfección.

Cuando miramos las manos de la "Poderosa Presencia Yo Soy" en la lámina, los Rayos de Luz y los Dones de Vida se vierten directamente en nuestras manos y en las actividades de nuestros mundos.

Recuerden a menudo que la lámina de la "Poderosa Presencia Yo Soy" es un Foco externo en el mundo de la Substancia, forma y acción del Omnipotente Poder Interno que actúa en todo el Universo.

Luego, contemplar la lámina significa que uno esta atrayendo a su cuerpo y a su mundo la plena Perfección de la Vida, exactamente como se absorben las partículas de luz que se encuentran en la atmósfera que nos circunda y de las cuales, sin embargo, comprendemos tan poco.

Cada vez que les sea posible, párense frente a vuestra lámina de la "Poderosa Presencia "Yo Soy", inhalen dentro de vuestro cuerpo carnal toda la perfección de vuestro propio Cuerpo de Luz y de Energía, del cual la lámina es, para ustedes un Foco.

De esta contemplación sólo puede resultarles perfección y nada más que perfección expandiéndose constantemente. Cuanto más la contemples, tanto más recibirás de su **LUZ**.

Esto es lo que quieren significar Saint Germain y otros Maestros Ascendidos cuando dicen: "en la plenitud de la Presencia está **el Amor que necesitas,** en la Plenitud de la Presencia **están las Cosas que deseas".**

Ojalá sientan la plenitud de todo cuanto la Lámina representa y lo que puede hacer por ustedes, y absorban la Victoria de la Luz que contiene esa Poderosa Lámina.

NOTA: Respecto a la Lámina en colores de la bellísima Presencia "Yo Soy", pronto será puesta a la orden de todo el que la desee por el precio de Bs. 3,00.

CONSULTORIO

CASO M. L.

Esta amiga se ganó un premio por ser la mejor vendedora del año en la Compañía donde trabajaba. El premio fue un viaje a Aruba a todo costo y... la torta! a M. L. nunca le ha gustado viajar porque le tiene terror a un avión a causa de la muerte de un familiar en un accidente aéreo.

Gran bululú entre las amigas de M. L. ¿Cómo iba a desperdiciar la oportunidad? —exclamaban todas—, y comenzaron a hablarle metafísicas hasta por los codos para convencerla y quitarle el temor.

El último empujón se lo dieron tres de sus mejores amigas resolviendo irse también de viaje para acompañarla, pero M. L., a pesar de todo, no había logrado dominar el temor. La prueba:

A última hora, el mismo día del viaje, uno de sus hijos se cayó y se le abrió la pierna. M. L. pasó todo el día en el Puesto de Socorro. Las tres amigas tuvieron que irse al aeropuerto sin ella, esperando que pudiera alcanzar el avión antes de que saliera. Al fin llegó retardadísima, —pero llegó— después de mucho tratamiento hecho por las amigas, y cuando por fin se encontraban reunidas, se descubre que el avión había sido vendido tres veces y que no había puesto para nadie.

Regresaron a Caracas las cuatro muy defraudadas aunque la metafísica les aseguró que aquello no podría quedarse así.

En efecto, a la semana siguiente volvieron a hacer el intento ya que los boletos estaban pagados y la Compañía de Aviación aseguraba que lo pasado no volvería a suceder. Durante la semana las tres amigas le hicieron a M. L. una campaña metafísica que le quitó el temor, y salieron campantes para Maiquetía.

Cuando fueron a presentar sus boletos encuentran que las solvencias que habían sido sacadas juntas, al mismo tiempo, y por un mismo personaje estaban en regla, *menos una...* la de M. L. la cual le permitía hacer de todo ¡*menos para salir del país!* y el *"no"* estaba en tinta roja. Quince días tenían de sacadas las solvencias y nadie se había dado cuenta.

Estaba clarísimo que el subconsciente de M. L. no había recibido la orden de facilitar las cosas, sino de impedir aquello que seguramente atemorizaba aún a M. L.

Las amigas regañaron a M. L. hasta decir no más y ella misma estaba intrigada porque lo peor es que sentía el deseo de viajar con sus tres amigas, pero hasta que no pronunció "el Verbo" no se le arreglaron las cosas. Tuvo que protestar en alta voz diciéndonos: "¡Pero si yo *sí* me quiero ir!" y sólo entonces fue que el empleado a quien le había sido explicado el extraño percance ocurrido a las solvencias dijo: "Bueno señoras, vamos a hacer una cosa. Esto me puede costar mi empleo, pero voy a romper esta solvencia y las dejo irse juntas" y diciendo y haciendo las despachó a las cuatro juntas, lo cual constituye el milagro comprobatorio de esta enseñanza cuyos frutos siempre y cuando se practiquen son totalmente positivos.

Revista Metafísica

El Nuevo Pensamiento

Directora: Conny Méndez

Año 1 — No. 7 — Octubre, 1970

CARTA EDITORIAL

Queridos condiscípulos:

Ya se sabe que la mejor propaganda es "un cliente satisfecho". En cuanto a Metafísicas se refiere, es la exacta verdad, ya que sin propaganda y sin anuncios, el número de discípulos que afluye a nuestras puertas, crece en forma tan asombrosa que ya no dan abasto los recintos de las maestras para acomodarlos, todos traídos por estudiantes satisfechos. Nos vemos, pues, ante la imprescindible necesidad de pedirles a ustedes mismos que se mantengan alertas y nos comuniquen cualquier noticia referente a algún auditorio capaz de contener unas trescientas personas, y que podamos nosotros adquirir en alquiler para charlas, clases y conferencias.

Esto obligará a una reforma en nuestras normas. Se trata de que, como es sabido, la Hermandad Saint Germain jamás ha cobrado entrada a las charlas, conferencias ni clases, como tampoco ha exigido ningún precio por consultas. Semejante magnánimo regalo era posible sostenerlo por amor, mientras lo pudieran nuestras capacidades, posibilidades, fuerzas físicas y financieras; pero con el incremento del discipulado, tenemos que pedirle auxilio a ese mismo discipulado, si queremos (y si ellos quieren) que podamos continuar divulgando la enseñanza. Ahora verán.

Ya ustedes saben, por información dada en esta Revista, que lo único que puede salvar a los humanos de las catástrofes que han de sobrevenir en el Planeta —y que ya están ocurriendo— es el conocimiento del Principio de Mentalismo, que es especialidad de esta Nueva Enseñanza para la Nueva Era. Repito: es lo único que salvará a cada ser humano, bien sea que ya conozca el Principio por haberlo aprendido en vidas anteriores, o que lo aprenda ahora. Por eso es tan importante que la Enseñanza se divulgue, que cubra el Planeta, que no quede nadie ignorante de este Principio y del otro instrumento de salvación: la aplicación de la Llama Violeta, de la cual se dio la información en el número anterior de esta Revista, (o sea el número 7, septiembre, color rojo), arma suplida por la Misericordia Divina para quemar sin dolor todo karma propio y ayudar a disolver la acumulación karmática del prójimo. El cometido nuestro es, pues, atender a todo el que venga solicitando esta Enseñanza. Lo único que necesitamos es espacio en qué albergarlos mientras le damos la instrucción.

Luego, como ya dije, necesitamos un auditorio, por los momentos. Más adelante espero necesitar muchos auditorios; pero como éstos hay que pagarlos, le pido a nuestros hermanos que estén devengando clases y consultas, que aporten una ofrenda amorosa para ayudar a costear el aula alquilada, o comprada, o fabricada según llegue a acontecer. Y no se olviden que todo diezmo que se dé a favor de la divulgación de La Verdad, tiene una bendición especial que le otorga la Ley del Ritmo, y que hace que se devuelva multiplicado. Hay que advertir, que cuando se diezma con la intención de sacarle provecho únicamente, se defrauda el propósito PORQUE NO SE OBTIENE NINGUN PROVECHO.

Y para contestarle a todos aquellos que nos preguntan en qué forma podemos ayudar a la Hermandad Saint Germain, les daré esta buena noticia: las personas que tengan facilidades para hacer copias multigrafiadas, las que sepan traducir muy bien del idioma inglés, las que posean un buen recinto que pueda acomodar a treinta o cuarenta personas sentadas para recibir clases, pueden ofrecer estas bonificaciones a la Hermandad EN CALIDAD DE DIEZMO.

También queremos hacer saber a todos aquellos que viven en el interior del País, como también en el exterior, y que nos hacen preguntas y nos piden monografías, charlas, etc., que hagan su bonificación comprando una cinta cassette y graben en ellas sus preguntas y envíenlas por correo. Nosotros la contestaremos en esa misma cinta, luego grabaremos clases por diferentes maestras y devolveremos la cinta, también por el correo. Nuestra voz puede llegar así al mundo entero.

Gracias anticipadas por todas las ofrendas amorosas, pues ya yo conversé con el Cristo.

Afectísima:

CONNY MENDEZ

LECCIONES ELEMENTALES

por la Gran Hermandad Blanca

Lección No. 1

Continuación

PARTE III. APLICACION.

Ahora queridos estudiantes. antes de que pongamos en práctica todo lo expuesto, por favor, PON TU ATENCION en el área de tu corazón. ¡PIENSA! DIOS ESTA VIVO en tu corazón ¡o no podría latir! Siente tu corazón como un radiante Sol Dorado de Luz expandiéndose hasta que llena todas las partes de tu cuerpo; visualiza esa Luz entrando en tu mente, tus sentimientos, e irradiándose fuera, llenando el cuarto con Tu Amor y Buena Voluntad; déjala expandirse para que envuelva la localidad donde tu vives y luego a todo el mundo *(ahora concéntrate en: LA LAMINA "YO SOY")*.

LA SANTISIMA TRINIDAD.

La figura más elevada representa la PRESENCIA INDIVIDUALIZADA DEL TODOPODEROSO DIOS, —la Presencia Electrónica— que está sobre y alrededor de tí y de todo ser humano en la Tierra. Es Dios individualizado, EL UNO mandado por · Dios, el Padre, en el Principio, y es la Fuente de tu Vida. ES TU VERDADERO SER! La figura más baja representa la forma física que está animada por la Fuente de Luz y Energía que viene de la Gran Presencia de Dios a la parte de arriba de la cabeza a través de lo que se llama "El Cordón de Plata". y al final de esta Fuente de Vida. está anclada una réplica de la Gran Presencia de Dios. Esta PRESENCIA DE DIOS EN TU CORAZON es lo que lo hace latir; que te da Inteligencia y te permite caminar. levantar tu mano y hacer todas las actividades de la Vida. Cuando esta Presencia de Dios se retira, el cuerpo queda en la llamada "muerte". Este Dios en miniatura *en tí*. está envuelto en una bellísima Llama Triple del Amor. Sabiduría y Poder de Dios. El nombre de esta Gran Presencia de Dios es "YO SOY", (Dios hablándole a Moisés. Exodo 3:13-14). Las palabras "YO SOY" son las grandes *palabras creadoras* de vida, y lo que las acompañe, eso se manifestará en tu mundo. Ellas siempre deben ser seguidas por pensamientos. sentimientos y palabras POSITIVAS. Una afirmación como "YO SOY MI PERFECTA SALUD", forma una copa o molde de aquello que deseas, y cuando lo afirmas varias veces, estás utilizando la energía perfecta de tu Presencia calificándola de la forma que deseas y la copa se llena y viene la manifestación. Como Dios te ha dado libre albedrío, tú ESCOGES si quieres manifestar cualidades positivas o negativas en tu vida. Toda la vida (o energía) a la cual le hayas atribuido una imperfección en pensamiento, sentimiento, palabra o acción, se convierte en la presión de la creación humana (que la Biblia llama "pecados") y se queda alrededor de la forma física en tu aura hasta que es transmutada por el Fuego Sagrado. La Llama Violeta que ves encendida alrededor de la figura más baja, representa al *INSTRUMENTO DIVINO* que trae el Ascendido Maestro Saint Germain, y por medio del cual cada persona puede *Transmutar sin dolor* todos sus errores del pasado al convertir toda la energía mal usada de nuevo a su estado de original pureza. Todas las *atribuciones constructivas* que le has dado a tu vida, se convierten en parte del gran Depósito del BIEN Y PERFECCION que es depositado en el Círculo de Colores alrededor de la Gran Presencia de Dios "YO SOY", y es llamado "Cuerpo Causal". En el Cuerpo Causal están los "tesoros almacenados en el Cielo, que no se pueden oxidar, robar o decaer"! El Manto Blanco de Luz Incandescente te envolverá si tú lo invocas, y te protegerá de las imperfecciones de pensamientos y sentimientos que flotan en la atmósfera de la Tierra. Los RAYOS DE LUZ representan la Luz y el Amor de tu Gran Presencia "YO SOY" que bendicen y asisten a todo aquello para lo cual tú pides ayuda. CONTEMPLA esta Gran Presencia "YO SOY" que te envuelve, y a la pequeña parte de Ella anclada en tu corazón! *Siente* —"YO SOY" EL QUE "YO SOY"— y trata de darte cuenta de toda la perfección de Dios que espera que la utilices en tu mundo, por el Poder de Dios en tu Corazón!

DECRETOS.

DECRETO DE PROTECCION:
MANTO BLANCO DE LUZ INCANDESCENTE.

"YO SOY" (se repite 3 veces) la Victoriosa Presencia de Dios Todopoderoso que ahora me envuelve en mi Manto Blanco de Luz Incandescente que me hace y me mantiene invisible e invencible a toda creación humana ahora y simpre. (Visualízalo alrededor de tí).

DECRETO DE LA LLAMA VIOLETA.

"YO SOY" (3 veces) la Victoriosa Presencia de Dios Todopoderoso que mantiene la Llama Violeta del Amor y la Libertad encendida en todas las partes de mi ser y mundo y pido ser sellado en un Pilar de esa Llama Sagrada para que TRANSMUTE (3 veces) toda creación humana, en, a través, en contorno mío, en Pureza, Libertad y Perfección.

EL PODEROSO DECRETO DEL MAESTRO JESUS.

"YO SOY" LA RESURRECCION Y LA VIDA DE MI **PERFECTA** SALUD!

"YO SOY" LA RESURRECCION Y LA VIDA DE MI ILIMITADA ENERGIA Y FUERZA!

"YO SOY" LA RESURRECCION Y LA VIDA DE MI ILIMITADA PROVISION DE DINERO Y TODAS LAS COSAS BUENAS!

"YO SOY" LA RESURRECCION Y LA VIDA DE MI PLAN DIVINO LLEVADO A CABO!

Ahora, querido estudiante, toma un tiempito cada día para centrar la atención en la Presencia "YO SOY" en el corazón y visualízate y siéntete lleno de Luz; entonces, sinceramente, dí los decretos arriba mencionados. En la Lección Nº 2 te hablaremos de la LLAMA VIOLETA DEL AMOR Y DE LA LIBERTAD que te dará la LIBERTAD.!

BENDICION.

QUE LAS BENDICIONES DEL MAS ALTO Y VIVIENTE DIOS DE AMOR Y PAZ QUE SOBREPASA TODA COMPRENSION DE LA MENTE HUMANA SEAN CON CADA UNO DE USTEDES. QUE EL DIOS MISERICORDIA LOS PROTEJA Y GUIE EN SUS CAMINOS ESPIRITUALES HACIA LA ILUMINACION Y LIBERTAD. ASI SEA.
INVOCACION.

AMADA PRESENCIA DE DIOS "YO SOY", Fuente de todo lo que es, presente en todos los lugares, anclada en los corazones de cada uno, te amamos y te adoramos! Te reconocemos como el dueño y dador de nuestra Vida, Inteligencia y Substancia NUESTRO TODO! Séllanos en tu Poderoso Amor, Sabiduría y Poder de Victoriosa realización! Enciende tu Luz y Amor en cada uno de nosotros y prepara el camino para que podamos siempre caminar en el Sendero de Luz! Cúidanos y protégenos; guíanos y dirígenos; danos la Iluminación de la Verdad que nos hará libres! Déjanos manifestar y SER TU AMOR Divino todo el tiempo, y deja que fluya de nuestros pensamientos y sentimientos, palabras y acciones para bendecir toda Vida en todas partes.

NUESTRO LEMA:

"LO QUE NO PUEDAS ACEPTAR, DEJALO PASAR,
MAS ADELANTE LO COMPRENDERAS".

Pequeño método para comprender la Biblia

ISAAC Y REBECA

LA HISTORIA ROMANTICA DE LAS MAS HERMOSAS EN LA BIBLIA

Abraham, ya viejo y rico en la tierra de Canaán, le hizo jurar a su su siervo, a su hombre de mayor confianza, que no permitiría jamás que Isaac se casara con una cananea, y lo envió a Caldea, donde Abraham tenía hermanos, a buscar una muchacha digna de Isaac.

—¿Y si la mujer no quiere venir conmigo, me llevo a tu hijo para allá?

—Guárdate muy bien de llevar a mi hijo a la tierra de donde salí. Si la mujer no quiere venir contigo, quedarás libre de este juramento; pero de ninguna manera regresarás a mi hijo allá.

(En el proceso de evolución, cuando un individuo "regresa a la tierra de sus padres" es una pérdida de terreno, pérdida de tiempo, ha retrogradado, o desperdiciado su encarnación).

El siervo tomó diez camellos y los cargó de cuanto bueno tenía su señor. Oro, plata, joyas, trajes, sedas, mantas, servidumbre y exquisiteces, y salió para la habitación de Najor, hermano de Abraham. Al llegar a las afueras del pueblo, detuvo su caravana a orillas de la fuente a donde venían a cargar aguas las mujeres del pueblo. Hizo arrodillar a los camellos y dirigió una plegaria a Yavé, medio súplica, medio decreto, tal como hoy en día la haría un metafísico.

—"Yavé Dios (Amada Presencia Yo Soy) de mi amo Abraham, salme al encuentro y muéstrate benigno con mi señor Abraham. Voy a ponerme junto al pozo de agua mientras vienen las mujeres de la ciudad, y que la joven a quien yo le pida agua para beber, y que ella me la dé, no solo a mí sino a mis camellos, sea la que tú destines a tu siervo Isaac". Y apenas había terminado la plegaria salió con su cántara al hombro Rebeca, sobrina-nieta de Abraham, una virgen muy hermosa.

— 187 —

Cuando hubo llenado su cántara se le dirigió el siervo pidiéndole agua para beber.

—Bebe, señor mío, y también tus camellos, y llenó el abrevadero después de haberle brindado su cántaro al siervo. "El hombre la contemplaba en silencio" —dice la Biblia— "sintiendo que ella era quien cumpliría el deseo de Abraham para Isaac, su hijo.

Al terminar ella de abastecer a los camellos, el siervo sacó un arito de oro que colocó en la naríz de Rebeca, y un par de brazaletes de oro que puso en sus muñecas, al tiempo que le preguntaba: "¿de quién eres hija?"

—Soy hija de Batuel, hijo de Najor.

—¿Hay en tu casa lugar para pasar la noche?

—Hay en nuestra casa heno en abundancia y sitio para pernoctar. El siervo cayó de rodillas dando gracias a Yavé por la demostración, tal como haría un metafísico.

Rebeca corrió a su casa y refirió a su madre y a su hermano Labán todo lo que había ocurrido, y les mostró las joyas. Labán se fue al pozo y le habló al siervo, "Ven, bendito de Yavé, ¿por qué estás aquí afuera? Ya está todo preparado para tí en la casa, y el lugar para los camellos.

Se fueron todos a la casa, y dice la Biblia: "Laban desaparejó los camellos, dio a éstos paja, heno y al siervo y sus acompañantes todo para lavarse los pies y después les sirvió de comer, pero el hombre le dijo: "No comeré mientras no dija lo que tengo que decir". Respondiósele: Dí:

—Yo soy siervo de Abraham, Yavé ha bendecido largamente a mi señor, y continuó repitiendo todo lo que ya sabemos, terminando con: si queréis hacer gracia y fidelidad a mi señor, decídmelo. Si no, decídmelo también y continuaré buscando por derecha y por izquierda". Laban y su casa contestaron:

—De Yavé viene ésto. Nosotros no podemos decirte ni bien ni mal. Ahí tienes a Rebeca; tómala y vete y que sea la mujer del hijo de tu señor, como lo ha dicho Yavé. El siervo se postró en tierra ante Yavé. Luego según las costumbres patriarcales babilónicas, el siervo desplegó todo lo que había traído en presentes para Rebeca y sus familiares, la carga de diez camellos en obsequios valiosos y hubo festejos, banquete y regocijo.

Al día siguiente, el siervo, sus acompañantes, Rebeca, su hermana, su nodriza y sus doncellas partieron en caravana para Canáan.

Un día en que Isaac había salido a pasear por el campo, al atardecer, vio venir camellos y se acercó. Rebeca lo vio y preguntó al siervo, "¿quién ese ese hombre que nos sale al encuentro?" Y el siervo respondió "Es mi señor". Rebeca se había cubierto el rostro con su velo. El siervo los presentó e Isaac condujo a Rebeca a la tienda de su madre muerta, y dice la Biblia "la tomó por mujer y la amó".

DICCIONARIO METAFISICO DE LA BIBLIA

ISAAC:

Significa risa, alegría, canto y saltos. Representa lo que se siente cuando se aceptan como reales las cosas espirituales. En Metafísicas este sentir se llama "El Nuevo Nacimiento", o sea la nueva vida en Cristo, pues el hombre se regocija grandemente cuando se percata de que está expresando y manifestando como el propio Dios Padre. Este "Hombre Nuevo" surge cuando la conciencia se vuelve espiritual, nace el Verbo, del Logos, o sea de la semilla divina que se ha sembrado por afirmaciones de la Verdad. Esta conciencia es la que menciona la Biblia cuando dice: Dejad que Cristo se forme en ti.

REBECA:

Significa "atadura firme, cautivante belleza, gracia que embeleza". El impulso espiritual trae una satisfacción llena de paz y serenidad, trae armonía, fe y obediencia. En esa conciencia el alma gozosa es proveída y protegida en todo momento contra todas las inarmonías. Esto está representado por el viaje de Rebeca, protegida, abastecida con lujo, y ante el posible contacto con alguien extraño, "tomó su velo y se cubrió el rostro".

CANAAN:

Existencia material. Un mercader, un pirata. Tierra inferior.

Representa la conciencia carnal. La Tierra Prometida es el cuerpo redimido. Cuando el hombre descubre esta Tierra Prometida serán cumplidas todas las promesas de la Biblia. No es una ilusión el hecho que el hombre ha de poseer un cuerpo inmortal. Es un hecho concreto. Para redimir su cuerpo, el hombre tiene que llevar sus pensamientos espirituales a todo su organismo y enseñarle la Verdad salvadora. También se refiere Canaán al subconsciente. Canaán fue el hijo de Cam, o sea el organismo carnal y las tendencias del hombre material. Es pues, físico y no espiritual.

CALDEA: Un país asiático dividido por el Eufrates. Era parte de Babilonia. Representa el reino psíquico y significa "Mago Astrólogo", Ocultista. El reino psíquico se disfraza de espiritual y engaña al individuo haciéndole creer que tiene contacto espiritual cuando en realidad le está robando su bien.

Babilonia era la capital de Caldea. El psiquismo trae confusión y engaño. En la época del cautiverio los caldeos eran los sabios, filósofos, magos. Hoy en día el que se interna en el Astral o se fanatiza por la Astrología y el ocultismo se convierte en prisionero de engaños y falsedades. Por eso Abraham le prohibió a su siervo que se llevara a Isaac "a la tierra de donde salí".

Piscis versus Acuario

> Este artículo escrito por Carola de Goya, una de nuestras profesoras de Metafísicas, apareció publicado en ESTAMPAS de "El Universal" en fecha 13 de septiembre de 1970.

Este artículo va dirigido especialmente a los padres, abuelos, tíos, maestros, y a cuantos conviven a diario o tienen bajo su responsabilidad la formación de las nuevas generaciones.

Hoy, como nunca, se manifiesta en forma dramática la hostilidad, la incomprensión, la disparidad de pareceres o el antagonismo, dicho más exactamente, que surge entre la generación adulta o madura y las nuevas olas de juventud que alegremente arroja a nuestros pies la marea de la vida. Se habla de corrupción, de degeneración, de la decadencia que salta a la vista en los jóvenes de hoy, muchachas y muchachos. Esto visto a grosso modo parece verdad; pero nada más lejos de ella. La nueva ola juvenil que estalla rumorosa ante la escandalizada crítica que los condena y los repudia sin analizarlos y sin tratar de entenderlos, es audaz, enérgica, viene pletórica de vida e inteligencia, viene llena de amor y de generosidad a cumplir su destino que es un destino luminoso es, la Nueva Era, y como toda Era

nueva, trae un cambio, una revolución que es un paso de avance en la superación del hombre.

Siempre y a través de todas las edades la generación anterior se enfrentó a la siguiente, aferrada a costumbres que se toman como prototipo de la perfección mientras duran. Cuando quedan atrás y se archivan como algo arcaico y no adecuado para el momento de la actualidad es que se mide cuan cargosas e injustificadas eran. Nuestros abuelos no entendieron cómo sus hijos cambiaban los armoniosos compases del vals por las estridencias del fox-trot y la música sincopada. Tampoco nuestros padres aceptaron los lúbricos esquinces ni las atrevidas letras de las rumbas cubanas.

Los pacatos de 1914 criticaban la falda-funda que estrechaba el paso hasta lo inconcebible ya que llegaba a los tobillos y siendo muy estrecha sólo permitía a las damas andar a saltitos; por eso la llamaban medio-paso. ¡Los tobillos! Había que ver las contorsiones que hacían con el cuello los pícaros descendientes de Adán para pescar un "picón" que les permitiera ver, aunque sólo fuera, el comienzo de una pantorrilla femenina. Hasta en coplejas lo decían: "La falda corta, que deja ver, las pantorrillas, de la mujer". ¡Sí que ha dado vueltas el mundo desde entonces! La falda siguió subiendo y llegó a las rodillas, fue la época del Charleston, de las melenitas ¡adiós copetes y sorongos!, y la de salir las mujeres a trabajar en las oficinas: ¡Fue mi época! Recuerdo las críticas de los tradicionales: ¡éstas mujeres de ahora, con el pelo corto y haciendo números! ¡Si parecen hombres!

¡Qué dirían hoy esos abuelos ante la mini-falda, las mujeres astronautas y las señoras Ministros! ¡Qué dirían de Indira Ghandi tan femenina y tan capaz como política!

Y ahora somos nosotros los espantados ante muchachos que tienen el valor de desafiar la opinión pública dejándose crecer las melenas y las barbas al estilo mosquetero, que lucen orgullosos sus bigotes acompañándoles con camisas de colores guacamayescos o de fina seda con encajes y plisados. ¿Serán por eso menos varones? Recuerden a D'Artagnan, señores. Y las muchachas, vestidas como ellos, en pública camaradería con sus compañeros, metidas en protestas públicas, desafiando balas, sumándose al progreso del mundo y llevando tan bien llevados los coquetos pantalones.

Pues no hay que asustarse, amigos. Sepan Uds. que en el año 1954 terminó la Era de Piscis que duró 2.000 años y ya ha comenzado la Era de Acuario, estos muchachos que pertenecen a ella traen su aporte, una transformación en la vida de la humanidad que no es otra cosa que un paso adelante en la historia. Veamos las características que les diferencian de nosotros y les hacen ser como son:

En la Era de Piscis el hombre anheló tener, acumular, enriquecerse, ser propietario de algo, de todo, de cualquier cosa, el ahorro era la tónica; el hombre de Piscis quiso "TENER".

El muchacho Acuariano, más evolucionado espiritualmente no quiere "tener", ya su alma aprendió que todo eso es vano, que todo eso se pierde; su ideal no es "tener" sino "SER", algo que no se pierde nunca, es lo que se llama "ALLEGAR TESOROS EN LOS CIELOS".

Al Pisciano se le dice: aprende, estudia, para que el día de mañana ganes bastante y puedas tener tu automóvil, tu quinta, tu yate... esto y aquello otro. Este es su incentivo. Al muchacho acuariano no se le puede estimular así porque no responde, a él hay que decirle: estudia para que llegues a "ser" un gran científico como Salk, como Einstein, como Barnard, para que seas el primer hombre que ponga el pie en Júpiter. El quiere "ser" y bajo este estímulo se esforzará.

El pisciano vive para tomar, para apoderarse de todo lo que se ponga ante su ambición. Cuando da algo lo ve como si renunciara a eso que dio, para él dar equivale a sacrificar y si algo da, en su subconsciente espera algún provecho a cambio de lo que ha dado, espera gratitud, espera correspondencia; él siempre cree que su dádiva merece retribución. La tónica del acuariano es lo opuesto, él siempre quiere dar, él goza compartiendo, él no espera cobrar por su dádiva. El pisciano compra un automóvil y teme que se lo rayen, que se lo roben, que se lo choquen, no se lo presta a nadie y es muy parco en sus invitaciones a compartirlo.

El acuariano compra su carro para montar a su grupo, goza cuando van todos sus amigos disfrutándolo con él. Lo de él es de su pandilla.

El incentivo de la generación que se va es y ha sido la competencia; el de la nueva gente es la cooperación. La competencia pretende superar al compañero en deportes, estudios, negocios, arte, producción, etc. El hombre acuariano coopera por el bien común, a él no le interesa ganar personalmente sino que gane su equipo, su escuela, la ideología del grupo; él ayuda como parte de algo que persigue una meta.

La característica de la Era pasada fue destructiva, el muchacho pisciano rompe el juguete para estudiarlo, para curiosearlo, para ver qué tiene adentro. El goza en eso, analizando los elementos. El acuariano es constructivo, si Ud. le da algo roto él gozará reparándolo, le encanta un automóvil viejo, un radio o una televisión usados, para tratar de remozarlos. Ellos se acercan a los espíritus de la Naturaleza que son constructivos. La Naturaleza siempre está construyendo, creando, ellos la imitan.

La Era de Piscis se caracterizó por el contraste sexual, hembras y varones separados. Secreto sobre el sexo, que trae como consecuencia la malicia. Se hace presente la sexualidad en muchos casos la ninfomanía.

El acuariano siente la igualdad sexual, igualdad de derechos, igualdad de ropas y convivencia, camaradería entre los dos sexos, sin malicia. Concede al sexo poca importancia, no le da más lugar que el de algo biológico, todo lo encuentra natural, no toma el asunto con apasionamiento cerebral, no lo magnifica, sabe separar sexo y amor y sabe amalgamarlos cuando llega el caso. El hombre de piscis busca el conocimiento de "fuera a adentro", tiene una mente que gusta de estudiar lo externo, él nutre su saber en los textos, él traiciona su inteligencia obligándola a buscar el conocimiento comprobado por la experiencia material. El acuariano sabe que el cuerpo es la envoltura donde se aloja el Alma, mientras estudia el cuerpo, Acuario trata de estudiar su Alma. Piscis cultiva el intelecto por la deducción, Acuario lo cultiva por la inducción, él es inducido por una mente que funciona de "adentro a afuera", el todo lo sabe intuitivamente, él es fiel a su inteligencia.

En el terreno religioso el pisciano busca la ostentación, el rito, la pompa, se viste de cordero para hacerse respetable ante la sociedad, es un poco fariseo, tiene los ojos cegados y busca un Dios antropomórfico, por ello necesita la imagen material que le represente ante sus sentidos materiales lo que sólo es espiritual. El acuariano, más evolucionado, busca a Dios en su fuero interno, trata de hacer la unión con Dios dentro de sí mismo, busca al Dios individual y al mismo tiempo siente al Dios Cósmico. Es un poco a lo Teilhard de Chardin, acuariano que se anticipó a su época, naciendo prematuramente, no fue comprendido, ahora comienza a entendérsele, y se le resucita como un valor espiritual que sale a la palestra después de muerto; murió silenciado por los piscianos que se alarmaron ante la audacia del Cristo Universal.

En el terreno de la estética, el pisciano busca la belleza eligiendo lo más raro, lo más costoso, busca lo exótico, lo novedoso, la palabra "snob" es de este período histórico, algunos se hacen coleccionistas de cosa santiguas y raras, a veces verdaderos dechados de fealdad, de cosas inútiles, chatarras desechadas que entronizan como obras de arte. El acuariano busca la belleza pura, la contemplación, la pureza interna es su camino, vibra en tono muy elevado,

es un rebelde que rompe con los viejos moldes y busca más allá de sus sentidos corporales. El camino por medio del cual el pisciano busca su redención es el sufrimiento, él cree que debe sufrir para alcanzar santidad, que su deber es sufrir, que si no vive bajo el signo del sufrimiento, él está pecando. Por el contrario el acuariano sabe que Dios es alegría, que es felicidad pura y busca a Dios por un camino de POSITIVO OPTIMISMO. Su intuición le avisa que Dios lo creó para ser bellamente feliz, y procura serlo.

El pisciano busca la separatividad, cada uno tiene lo suyo, la persona, cada uno por separado es lo que interesa, desarrollan la personalidad. El acuariano busca la unidad, él es impersonal, se evade de la vanidad, desarrolla la individualidad, su meta es Inteligencia, Sabiduría, Amor. No lucha por destacarse solo. Un ejemplo de cómo se inaugura la Era de Acuario es la conquista de la Luna por "el hombre". Muchos hombres ha ntrabajado en esta empresa, perfectamente sincronizados, apenas se menciona el nombre de los que llegaron hasta allá, porque en realidad no llegaron ellos ni los que con ellos colaboraron, llegó "el hombre" representativo de toda una humanidad.

No quiere decir esto que las Eras anteriores. fueron negativas, sino que cada Era que sucede a la anterior es un paso de avance en la evolución universal. Quiero aclarar que no estoy defendiendo a los que perteneciendo a este siglo no pertenecen al Nuevo Signo, a los retrasados o rezagados, a los que entienden que al no afeitarse debe acompañar el no bañarse; a los que mal usan la libertad sexual, esta es la escoria, la hez que acompaña a todo parto. Una vez bañada y bien vestida la criatura es perefecta y bella. Así el hombre nuevo que se está gestando, el hombre feliz del año 2.002.

Debo también aclarar que estos interesantísimos conceptos no son míos, los escuché de labios de una Doctora de Medicina, durante una charla metafísica. Me reservo el nombre de esta eminente profesional por deseo expreso de la misma.

UNITY

La Escuela Unity de Cristianismo es una organización metafísica fundada en el año 1892 en Kansas City, Missouri, Estados Unidos, por Charles Fillmore y su esposa Myrtle Fillmore.

El señor Fillmore había sufrido tuberculosis de la cadera cuando era pequeño, y una de sus piernas se había quedado corta. Le faltaban más de 10 centímetros en relación con la otra. La señora Fillmore sufría de una tuberculosis avanzada. Le quedaban pocos meses de vida cuando llegó a Kansas City un conferencista metafísico a úna de cuyas charlas asistieron los esposos, y por primera vez oyeron hablar de que Dios es un padre bondadoso, amoroso, que sólo desea el bien, la salud y la felicidad de sus hijos, en lugar de ser un juez hostil, un policía y un carcelero malvado como lo pintan las religiones y sectas del planeta.

Tan elocuente fue la charla y tanto impresionó a los Fillmore, que ambos se dieron al estudio de la Biblia y otros escritos y a la meditación. Renació una nueva esperanza en la mente y corazón de Myrtle. Comprendió que de este nuevo Dios que ella estaba conociendo no podía venirle la enfermedad que padecía y aunque el diagnóstico médico era de que uno de sus pulmones estaba totalmente perdido, decidió no hacer más caso a la condición y se entregó a darle gracias al Padre por su maravillosa herencia de salud. El resultado fue que vivió tranquila y feliz por cincuenta años más después de esa experiencia.

El señor Fillmore asistió a varias conferencias metafísicas, dedicaba mucho tiempo a la oración científica, la meditación y la práctica del Silencio, y constató que la pierna que había dejado de crecer a los doce años de edad, comenzó a recuperarse y pronto dejó él a un lado su bastón y a usar un zapato corriente. Se curó también de un catarro crónico que padeció desde su niñez y de resultas, decidió abandonar el negocio de compra-venta de terrenos en que se ganaba la vida y haciendo un convenio entre el Epíritu de la Verdad y ellos dos, acordaron consagrarse por entero al servicio de practicar y divulgar la Verdad. (Presentamos una copia de ese grandioso convenio al final).

Los Fillmore empezaron a escribir artículos, fundar una revista y organizar una sociedad llamada Unity Silenciosa con el propósito de la oración en común para todo el que la solicitara.

Tal como nos ocurre a nosotros (la Hermandad Saint Germain) se les hacía imposible fijarle precio al servicio por la humanidad, y decidieron (como nosotros) aceptar ofrendas voluntarias, para poder sostener la maravillosa organización que emplea más de quinientos trabajadores, edita 7 publicaciones y libros de instrucción metafísica, muchos de los cuales están traducidos a todos los idiomas incluyendo el Braille.

Unity tiene además muchos conductos de servicio como correspondencia, clases de estudio, enseñanza por correo, radiodifusión, centros locales, conferencias públicas y privadas, además del Ministerio de Oración, que es verdaderamente asombroso.

Este responde a peticiones de oración que les llegan a todas horas del día y de la noche, por teléfono, correo y telégrafo. En el curso de un año se reciben más de seiscientas mil solicitudes de oración a todas las cuales responde, asegurando cooperación y auxilio. Este Ministerio verdaderamente circunda el orbe.

A la hora que uno llama por teléfono, sea de noche, madrugada o mediodía, responde la dulce voz de una asistente, quien recibe el mensaje, se interesa por los detalles, da un consuelo y toma nombre y datos para colocarlo en la cámara de oración donde permanece durante un mes o hasta próximo aviso. Generalmente las cosas son remediadas muchas veces *antes* de que una carta haya salido hacia Unity.

El Departamento de los 70 está encargado de difundir libros y revistas Unity gratuitamente a las cárceles, hospitales, asilos para huérfanos y ancianos, escuelas para ciegos, etc.

Unity propala programas de Radio en catorce estaciones americanas y también en Australia, Inglaterra y Nueva Zelandia.

Unity funcionó por muchos años en la ciudad de Kansas City, pero luego se ubicó en una granja que le fue donada a una veintena de kilómetros, y hoy se llama Unity Village, o sea, Aldea Unity, pueblo incorporado al Estado de Missouri.

Los edificios construídos en la aldea, para escuelas, editoriales, oficinas, moteles, restaurantes, son de una gran belleza, intercalándose entre rosales, fuentes, jardines y parques. Numerosas casitas de habitación puntean el paisaje. En ellas viven oficiales y directores de Unity.

Ultimamente ha sido reorganizada la forma de enseñanza y se está convirtiendo en una Universidad metafísica.

La gran conciencia de Prosperidad que posee todo metafísico avanzado está comprobada en el maravilloso foco que es Unity. Una visita a Unity es una experiencia que no se olvida, cuando se constata que esa obra gigantesca ha sido realizada con puras ofrendas voluntarias de discípulos y solicitantes agradecidos.

DEDICACION Y PACTO

Nosotros, Charles Fillmore y Myrtle Fillmore, marido y mujer, por la presente, nos consagramos y dedicamos nuestro tiempo, nuestro dinero, todo cuanto poseemos y esperamos poseer, al Espíritu de la Verdad, y a través de él, a la Sociedad de Unity Silenciosa.

Queda sobreentendido y convenido que dicho Espíritu de la Verdad nos dará a nosotros un equivalente de esta dedicación en paz mental, salud del cuerpo, sabiduría, comprensión, amor, vida y un abundante suministro de todo lo necesario para colmar cada necesidad sin que hagamos nosotros ninguna de estas cosas el objeto de nuestra existencia.

En presencia de la Mente Consciente de Jesucristo, en este día 7 de diciembre A. D. de 1892.

Los Cuatro Vehículos Inferiores

Por el Ascendido Maestro Hilarión.

Se ha dicho que "Dios necesita un cuerpo y que para este propósito fueron creados los cuatro cuerpos inferiores del hombre o sea, las formas físicas, emocional, mental y etérica.

El estudiante alcanza el conocimiento intelectual de que él *no es* el cuerpo físico y que hay una Presencia Divina que es su propia identidad eterna dentro del ropaje físico, pero sin embargo, comprende hasta cierto grado que el cuerpo físico es un organismo inteligente, viviente, que respira, que posee apetitos propios, y que como todo animal superior, el cuerpo físico busca la satisfacción de estos deseos por la vía de sus cinco sentidos. Los estudiantes que esto aprenden están, pues, alertas para identificarse con el Principio Superior Divino, y están aprendiendo a gobernar el traje de carne con cierto grado de éxito.

Hay pues, otras tres entidades inteligentes, vivientes, respirantes, que pertenecen a cada corriente de vida, o sean, el etérico, el emocional y el mental inferior. Tienen su propia inteligencia y sus propios apetitos.

Estos cuatro cuerpos inferiores han gobernado al hombre a través de su ser consciente durante siglos, actuando independientemente de la chispa espiritual que debería ser la Inteligencia dirigente actuando al través de todos.

Vamos a tomar como ejemplo el cuerpo mental en el cual están depositados los conocimientos y la acumulación de hechos reales y fantasiosos, principios ortodoxos e ideas concretas que pueden o no ser verdad. El cuerpo mental vive del incremento de conocimientos. Tanto más se le alimenta, tanto más crece y tanta más energía exige a la Chispa Divina. En la satisfacción de sus demandas, el cuerpo mental se vuelve un vehículo pesado, engorroso, difícil de manejar y que se convierte en un tirano. Cuando el cuerpo mental se crece demás, el verdadero maestro, o sea, la Llama Triple en el corazón es impedida de expandirse y el incremento mental se vuelve una acumulación de energía que grita y llena la conciencia ahogando la VOZ DEL SILENCIO.

El Cuerpo Mental no debe ser sino un depósito o alacena para ciertas verdades que pueda necesitar la Chispa Divina para expandir el conocimiento de la Verdad en el mundo de la forma, más o menos como hace un conferencista cuando se refiere a sus anotaciones para esclarecer sus puntos. La mayoría de los "gigantes intelectuales" están *abarrotados* contra su propio despertar espiritual.

El Cuerpo Etérico también fue creado para depósito en el cual las experiencias personales del individuo quedaran archivadas. Se diferencia del mental en que sólo archiva lo perteneciente al sujeto, mientras que el mental puede archivar ajenas también. Sin embargo, el etérico se ha convertido en una acumulación de experiencias tan obscenas que dejan al pasquín más pornográfico en la categoría de lo "inocente".

El Etérico vive sacando la energía consciente del centro cardíaco, para repasar y volver a vivir estos excesos corruptos del pasado. Cuando la atención está firmemente anclada en el sentimiento de estos viejos fiascos, el cuerpo etérico puede que perpetúe y repita las actuaciones que lo hacen vibrar de gozo a medida que la energía vital lo aniega, y en lugar de ser un archivo de los poderes divinos que han cursado en la corriente de vida, se convierte en "la calavera en el desván". Es sumamente peligroso porque vive como un vampiro chupando la energía divina de la Presencia.

Y ahora el Cuerpo Emocional. Este es el premiado. El ochenta por ciento de la energía humana que es energía divina, está enfrascado dentro de los pútridos confines del cuerpo emocional.

El mundo emocional le fue dado al hombre por su identidad divina para que la energía fluyera al mundo físico y elevara transmutando en amor, armonía, paz, etc. las fuerzas de los elementos; pero en vez de eso, se ha convertido en una tremenda acumulación de pasión y emotividad. Este Cuerpo extrae constantemente de la fuente flamante de Vida del corazón, toneladas de energía divina, usándola para satisfacer su legión de apetitos insaciables. El cuerpo emocional sólo se siente feliz cuando está en constante estado de flujo. Vive de la excitación que puede ser generada de innumerables formas. Permítanme darles unos cuantos ejemplos: La Posesividad, una tremenda forma sentimental que extrae la energía divina para ahogar el objeto de sus afectos; la Chismografía, que es de las más insidiosas porque, lanzando un veneno, impulsa las ruedas de la emoción en alguna corriente de vida y pronto se ha formado una conflagración interior; la Crítica, la Condenación y el Juicio Ligero están muy relacionados. La crítica silenciosa de ver faltas, defectos y discrepancias en otros y no mencionarlos perturba el propio cuerpo emocional, genera causas de discordia que provocan reacciones y perturbaciones físicas en uno mismo; pero la crítica hablada pone a los cuerpos emocionales de terceros en acción vibratoria análoga y sus efectos son sin límites.

Las emociones verdaderamente malignas están muy en evidencia, tales como los celos, el odio, la ira y la malicia, y ya no atacan tanto a las aspirantes corrientes de vida. La Concupiscencia es considerada hermana de las mencionadas emociones malignas, pero hasta que no se haya logrado el glorioso cuerpo de Luz Eterna, la concupiscencia es muy evidente aún en los más avanzados discípulos, a pesar de todo lo que se pueda alegar para contrariarlo.

Esta no es sino una exposición superficial, pero basta para hacer ver que la persona corriente no está consciente de estas entidades vivientes, vampiras de la Vida de Dios en ella. Tampoco está consciente de que la existencia de estas entidades vivientes negativas en el universo es una causa constante del hábito en el individuo. A no ser por la gracia y la constante intercesión de los iluminados mensajeros de Dios, el universo se destruiría en muy corto tiempo.

Nosotros los que vivimos en los Reinos de la Perfección estamos siempre para servir y ayudar a la humanidad de esta Tierra, y nuestra gratitud es sin límites hacia los discípulos dedicados que voluntariamente utilizan la energía que fluye a través de ellos para la purificación de la Tierra y sus evoluciones.

El Padre=Madre Dios creó los cuatro cuerpos inferiores para que expresasen el Plan Divino, y cuando el individuo le entregue su propio gobierno al Ser Divino, a su Amada Presencia YO SOY, encontrará que esta incesante batalla y ajetreo cesa y que la conciencia individual se convierte en una expresión de la Voluntad de Dios, en lugar de ser una arena en la cual se debaten los cuatro vehículos, cada uno buscando atrapar la atención y la energía del individuo.

Invoquen la pureza para los cuatro vehículos inferiores propios y de toda la humanidad.

Que ningún discípulo se crea más santo que el otro pues no sabe lo que tiene acumulado en sus vehículos inferiores.

DEL NACIMIENTO

La existencia se compone de Ciclos. Los Ciclos se suceden y todo lleva la estampa de sus Ciclos anteriores, los cuales se pueden distinguir; es decir, puede distinguirlos aquél que "tiene ojos para ver", como dijo el Maestro Jesús.

Por ejemplo, el ser humano ¿cómo comienza? Por ser un gusanillo. Un espermatozoide enclavado en suelo húmedo. Va creciendo y echando paticas y una cola. Pasan los días y el gusanito va tomando aspecto de reptil (renacuajo, iguana), luego aspecto de mono. El rabo se absorbe, las patas delanteras toman aspecto de manos. Es decir, que el ser humano representa toda la gama, todos los escalones de su evolución anterior. Esto es muy sabido, y está expuesto en la Genética, la Patología y la Partenogénesis. Pero hay mucho más.

El dicho popular "la historia se repite" es exacto, sólo que cada repetición existe en un plano más elevado, o sea, que la vida, siendo un espiral; cada suceso al repetirse, ocurre en una vuelta más arriba del espiral.

Esta cronología del feto es la prueba más cercana que tenemos de la evolución del hombre, desde la célula, la larva y su vida en el agua, hasta el momento en que surgió del agua.

Cuando el niño nace, está recorriendo aún su pre-historia de cuando salió al aire, y fue despertando su cerebro a los sonidos, la vista, los movimientos, etc., punto por punto podemos seguir la evolución animal en el bebé. Cuando se arrastra, cuando gatea en "cuatro patas", cuando por fin tantea ponerse en pie, y cuando al fin es ser humano que habla de corrido, pues el mono dicen que posee un cerebro equivalente al de un humano de tres años. A los siete años termina el recorrido primitivo. A los 49 años llega a la madurez y ya ha recorrido siete veces siete años, ya se supone que ha logrado lo que vino a buscar en su presente encarnación.

En el próximo ciclo de siete años, o sea entre los 49 y 56 años debe lograr su máxima labor; su máximo desarrollo intelectual; su maestría, pues.

La cuenta esotérica se lleva de la manera siguiente. El número 9 representa el Yo Superior que no actúa en la Tierra sino en su propio plano elevadísimo. Por eso es que el número 9 siempre se desaparece en toda operación de aritmética. Por ejemplo, pongamos una suma: $4+3+2+4=13$. Si la decimos en voz alta: "Cuatro y tres son siete, más dos son nueve y cuatro suman trece". Al llegar a la suma "nueve" podemos desaparecerlo o callarlo porque el número que sigue es el total. La prueba es que el "trece", suma "tres y uno" dan cuatro. O sea que la suma total no ha tomado en cuenta el número nueve para nada. No lo vé siquiera. Como si no existiera. Otro ejemplo. El año 1895 sumado dá 5 ¿Por qué? Porque el uno y el ocho dan nueve (desaparece). El próximo nueve también desaparece, y queda sólo el 5. Compruébalo sumando $1+8+9+5=23$. Suma el resultado $2+3=5$.

Haz una última prueba. Suma el año 1970. Uno y nueve son diez, y siete son diecisiete. Siete y uno igual a ocho. Quítale el 9 al 1970. Suma lo que queda. Igual a 8.

Por lo tanto el año 49 en el hombre queda en 4 al desaparecer el 9. El 4 es el número redondo, del equilibrio, de la plenitud. Se supone que el hombre llegó a la plenitud de sus poderes en la Tierra. A su máxima expresión, en bien o en mal. Si es un individuo constructivo, el número significa servicio, paciencia, respetabilidad, dignidad, responsabilidad. Si es negativo será de mente cerrada, reprimido, dogmático, severo, pesado, centavero, minucioso exagerado. Si es destructivo, será vulgar, odioso, violento, celoso, resistente, inhumano, cruel.

Los próximos siete años lo llevan a la edad de 56 años. $5+6=11$. El número Maestro. O sea la Maestría en cualquiera de los tres aspectos: Constructivo, Negativo y Destructivo. Fíjate que en la edad de 49 al desaparecer el nueve, el hombre sólo ganó un año por encima de la edad mental del mono. O sea, que en cronología espiritual (¡NO en términos terrenos!) el hombre después de los siete ciclos secundarios de su vida, tiene un año espiritual. Es pues un niño espiritual de un año.

En cada reencarnación el hombre, aunque repite de nuevo sus ciclos anteriores, adelanta en su evolución, cancelando deudas pasadas, cobrando bienes no gozados, y cuando le llega el momento de comprender lo espiritual-invisible, es que su mente superior comienza a moverse, tal como hizo la mente inferior cuando el hombre se graduó del nivel mono.

Hay un orden meticuloso y perfecto en los asuntos del Cosmos. Se dice que no se mueve una hoja sin que lo disponga el Padre.

CONSULTORIO

CASO E. E.

Constantemente nos vienen casos cortados por la misma tijera como el que hoy presentamos. Es algo muy corriente y que va aumentando cada día, el número de "enfermos" en el mundo. Primero expondremos los síntomas.

El joven E. E. nos fue enviado por su médico, un conocido siquiatra. El médico le había hecho todo lo que la medicina conoce para curar esos casos, y el joven, lejos de mejorar, estaba peor cada día.

Se le habían aplicado curas de sueño, choques eléctricos, toda clase de calmantes, inyectados y por la vía bucal, rectal, hipnosis y psicoanálisis.

El pobre joven no dormía de noche caminando la habitación y desbaratándose en crisis de llanto. Oía voces que le hablaban y que los familiares (instruidos por los profesionales de la psicoterapia), llamaban "alucinaciones". Sufría taquicardias, no comía porque todo le caía mal, le dolían varios órganos del cuerpo y vivía en un constante estado que alternaba entre desasosiego y terror. Estos síntomas los fui extrayendo a fuerza de preguntas, y al poco rato de conversar con él ya el caso estaba totalmente claro en mi mente.

Primeramente ya estaba establecido que el joven tenía lo que se llama en ciencias ocultas "mediumnidad", comprobado por el hecho de que oía voces. Este es el eje de toda la "enfermedad", pero como naturalmente la medicina física es principalmente materialista, desconoce y tira al cesto el síntoma clave de todo el asunto.

El cuerpo astral cuando la persona tiene mediumnidad, no está tramado o interpenetrado al cuerpo físico, sino que está flojo y a ratos separado. En ese vacío se colocan espíritus del plano astral por varias razones, dos de las cuales nos ocupan. La primera, que hay espíritus inconformes de estar "muertos" y que quieren sentirse en la Tierra y vivir en forma parasitaria a costas de la víctima, a menudo induciéndolo a beber, a fumar y a usar drogas para satisfacer así los gustos que tuvieron cuando vivían en la tierra y que en ese otro plano no se pueden satisfacer. La segunda razón, es el deseo de guiar y proteger a un ser querido que esté encarnado. Aunque la intención sea buena, el espíritu no se da cuenta de que le está imponiendo a "su protegido" doble carga de defectos, o sea, los propios del protegido además de los del protector, que incluyen sus conceptos errados, sus malas costumbres, males y dolencias que cargó durante su pasada vida.

Estos protectores los constituyen casi siempre abuelitas, esposos, madres, o bien, viejas ayas de la víctima. Como en el otro plano no hay gran cosa que llene el vacío que aquí se llama "tiempo" y no existe variedad de experiencias para evolucionar, uno de los medios de adelanto más a la mano, es el de constituirse en ángel guardián de otro, pero como ya dijimos, el supuesto guardián le añade todos sus propios "pecados" a su protegido La víctima comienza a manifestar estas nuevas enfermedades, malestares e inconvenientes y a consultar médicos y psiquiatras quienes, con toda su gran práctica y erudicción, no están al cabo de saber nada de esto que estamos contando. Esta es la explicación de los males y dolencias físicas a veces tan contradictorias, como también las crisis de tristeza, terror y de angustia que sufren estos pacientes.

La curación es fácil y rápida, y consiste únicamente en lo siguiente: Recomendarle al paciente que formule tres veces diarias el siguiente decreto "CIERRO LA PUERTA ASTRAL. CIERRO MI AURA Y EL AURA DE MI CASA". Hacerle comprender al paciente que nadie más que él tiene derecho a vivir dentro de su cuerpo o hacer uso de él. Toda otra intervención es considerada en el Reino Espiritual, tal como en la Tierra (Como es Arriba en Abajo y viceversa) una usurpación, un allanamiento de morada, un abuso, y como tal, es castigado; por lo tanto, arriba como abajo, el ser humano puede defenderse reclamando su derecho, con la ventaja de que en el espíritu las llamadas y reclamaciones son intantaneamente atendidas y obedecidas. De aquí se desprende pues, que el cierre de la puerta astral y el aura son una barrera invencible para todo el que intente abusar de uno en el plano Astral.

La segunda parte del Tratamiento es muy recomendable: Se debe perdonar al instruso, hablarle en términos instructivos, en otras palabras, decirle la verdad de lo que ocurre cuando él se entremzcla en los vehículos de un ser humano encarnado, y por último, envolverlo en la Llama Violeta para ayudarlo a deshacerse de sus formas mentales negativas, que molestan tanto más en el Plano Astral que en el terreno.

El joven E. E., reaccionó al momento. Se le hizo el exorcismo que está incluido en las afirmaciones del libro tercero de la serie "Metafísica al Alcance de todos", y al separarse de él, la entidad que lo estaba molestando, desaparecieron todas las manifestaciones ajenas. Le venían de una tía que en vida fue su madrina, quien se dedicó a guiarlo y protegerlo, pero ignoraba que la mayoría de los sufrimientos de hu ahijado eran proyecciones de ella misma.

Vino a pedir ayuda porque deseaba hacerse monja y no la querían aceptar ni de postulanta en el convento, y lo que ella aspiraba era hacerse contemplativa.

—¡Convento! —exclamé. ¿En esta Era? Tú me quieres hacer creer que tú deseas "meterte a monja"?

—¿Y por qué no? —me preguntó.

—Por dos grandes razones —le contesté. La primera es que los conventos se están quedando en la Era pasada, típicamente piscianos y que pronto se cerrarán, caducos, obsoletos, arcaicos.

Se está terminando todo el movimiento enclaustrado por orden del propio Avatar de la nueva Era.

Segundo, tú, joven, bonita, moderna, no creo que te interese encerrarte dentro de cuatro paredes a pasar esta encarnación meditando. Hay demasiado que hacer por la humanidad.

—Pero yo soy viuda, no tengo hijos, no tengo interés en la vida ni otro aliciente que el de refugiarme en la paz de un convento.

—¡Niña! exclamé, cualquiera diría que te alimentas de novelitas rosas de la era victoriana. Vamos a ver. . .

Me puse a examinar muy de cerca las razones que me había

dado y encontré que sicológicamente le tenía miedo a su soledad. No la habían acostumbrado a la idea de trabajar y le atormentaba la sola posibilidad de tener que salir a la calle a cumplir un horario en el rebullicio del mundo de los negocios.

—Pero ¿por qué crees que todos los trabajos sean de ese ambiente? Si a ti no te atrae ese tipo de cosa y más bien te es repulsivo, quiere decir *que tu sitio* es otro. Vamos a hacer un tratamiento.

Escribe: "Yo deseo encontrar mi lugar en la vida. Si el convento es para mí, la Superiora me tiene que aceptar porque lo que es mío por derecho de conciencia nadie me puede separar de él. Y si ese plano no es el que me corresponde, mi sitio propio, mi ocupación, mi condición, aquéllo para lo cual nací, me está esperando. Lo rodeo de amor y lleno de amor el vacío que lo espera para que "se atraigan rápidamente". Y cada vez que te venga a la mente el convento, el trabajo o tu vida futura dirás: Ya está arreglado.

Le recomendé que releyera la invocación todas las noches antes de dormir, y que me llamara para contarme el feliz resultado en cuanto se manifestara.

No habían pasado muchos días cuando me llamó C. R. para contarme que por circunstancias muy extrañas, que las hubiera creído casuales si yo no le hubiese dicho que no existían las casualidades, sino que todo obedecía a las leyes inmutables, había sido visitada por un amigo de su difunto esposo y que para su gran sorpresa, se habían entendido maravillosamente; que él le había confesado que se sentía atraído hacia ella en vida del esposo y que por eso no la había vuelto a ver. En fin, que para no hacerme el cuento largo, estaba maravillada porque él era todo lo que ella había aspirado inconscientemente y que ahora se estaba dando cuenta etc. etc.... que estaba flotando en una nube rosa... Bueno, caso cerrado...

Tópico del día:

EL MEDIO ORIENTE

En el conflicto que se desarrolla en esa región bíblica, las **Grandes Profesías** anuncian que es ese, precisamente, el nudo gordiano en que **se** basa el Apocalipsis, o "Desastre Mayor" que ha de hacer **desaparecer** las tres cuartas partes de la humanidad; pero nosotros los **Metafísicos** tenemos buenas y "últimas" noticias que es nuestro deber comunicar **cuanto** antes y procurar divulgación extensa.

Hasta ahora todo venía preparándose y aproximándose paulatinamente con diluvios, terremotos, huracanes, incendios, inundaciones, **además de** las bíblicas "guerras y rumores de guerras". En el orden **natural de las** cosas, pues, al estallar el conflicto en Medio Oriente se cerraba **nuestra** civilización con violenta explosión, ya que un ciclo tiene que **clausurar** en el mismo sitio en que comenzó, y es en tierras bíblicas donde **comen**zamos y terminamos. Pero... los Maestros de la Sabiduría y las **Grandes** Entidades Cósmicas que jamás duermen en el empeño de **salvaguardar** a sus pequeños hermanitos contra su propia destrucción, saben lo **que** hacen y lanzaron al mundo la Nueva Enseñanza que llaman **Ellos Mismos** "de la Nueva Era"; la Enseñanza Metafísica y la de la **maravillosa Llama** Violeta Transmutadora y Liberadora.

La Enseñanza Metafísica la lanzaron en el Siglo pasado, **hace menos** de cien años; pero la Enseñanza de la Llama Violeta no la **dieron sino** en el año 1954, en el preciso momento que convenía, ya que **es tan** potente. La conciencia nueva de los estudiantes de Metafísica **ha logrado** el cambio sensacional que ya vamos a comentar.

Como base, al existir en un pueblo aunque no sea sino **un solo** estudiante de Metafísica, la alta frecuencia de sus vibraciones **mentales** comienza a influir en sus familiares, su ambiente, en todo el **círculo de** sus amistades, y a dominar la baja frecuencia que lo rodea. **Cada** estudiante que él va formando produce el mismo cambio en su **propio** sector. El Nuevo Pensamiento es eminentemente contagioso **por eso, y** porque todo el que llega a saberlo y captarlo comienza **inmediatamente** a catequizar y convencer a otros con pruebas sorprendentes. **En un tiempo** asombrosamente corto se ven los efectos en todo un país, y lo grande es que es logrado por un pequeñísimo grupo de Nuevos Pensadores. Esto se debe a que el pensamiento positivo tiene cuatro unidades mientras que el negativo sólo tiene tres, de las siete unidades que requiere toda manifestación. Siempre gana el positivo cuando se sabe emplear. El "Yo quiero" y el "Yo no quiero" son todopoderosos cuando se usan en positivo. Fíjate bien:

El cambio asombroso comenzó a verse aquí cuando explotó la bomba que le quemó las manos al ex-Presidente Betancourt. Recordarás que se estaba introduciendo el comunismo, el fidelismo, el terrorismo no dejaba vivir tranquilo y fue seguido por las guerrillas. Al grupo chiquitín de estudiantes de Metafísica (eran apenas treinta) les fue comunicada la forma de ponerle cese a todo ese movimiento de un solo tirón. La forma es de una simplicidad abecedaria. Consiste en *declarar* firmemente y con toda fe el *concepto* siguiente:

VENEZUELA ES MI CASA. ES MIA Y YO NO QUIERO EN MI CASA NI DESORDENES NI LIMITACIONES DE NUESTRA LIBERTAD. CIERRO LA PUERTA A TODO LO QUE VENGA CON INTENCIONES DE CAMBIAR NUESTRA ESTRUCTURA CONSTITUCIONAL.

No tienes por qué creerme. Compruébalo mirando lo que ocurre en contorno tuyo. Un muy destacado militante comunista ha tenido que confesar que por más que se hace, el comunismo *no cuaja* en Venezuela. Los fidelistas se van con el rabo entre las piernas. El terrorismo causa risa y las guerrillas se descubren antes de estallar. Siempre que se respete el libre albedrío, siempre que lo que se decrete esté de acuerdo con la libertad de ese albedrío individual; siempre que no se expresen sino PRINCIPIOS que no contradigan el Bien de TODOS, es imposible dominar, desvirtuar ni ponerle freno a la vibración de alta frecuencia. Por eso el Bien y el Amor son Todopoderosos.

Ahora fíjate bien en lo que está ocurriendo en el Medio Oriente: Ya comenzó la cosa a vacilar. No saben aún si lo que quieren es guerra o paz. Mientras vacilan, los obreros del Bien y del Amor decretan Principios absolutos en vibraciones positivas. ¿Cuál de los polos crees tú que va a ganar? ¿Por cuál votas tú? Estamos haciendo lo mismo por Chile, por Rusia, por Asia... ¿Quieres ayudar? Habla y piensa en cada noticia que leas, en cada comentario que oigas:

YO UNO MI DESEO Y MI VOLUNTAD AL DE LA PRESENCIA UNIVERSAL "YO SOY", Y EN SU NOMBRE DECRETO QUE SE BORRE TODO CENTRO Y NUCLEO DE INARMONIA Y QUE SE CUMPLA EL PLAN DIVINO.

Apréndelo de memoria. Hazlo y verás transformarse la Historia. Verás abrirse las puertas a la Nueva Era de Oro, Ciclo de Saint Germain. No me creas. Compruébalo tú mismo, ya que dice el Maestro:

"UNO CON DIOS ES LA MAYORIA"

LO QUE NO PUEDAS ACEPTAR DEJALO PASAR
PERO SIGUE LEYENDO...

Revista Metafísica
El Nuevo Pensamiento

Directora: Conny Méndez

Año 1 — No. 8 — Noviembre, 1970

El Templo del Bienestar

Isla de Ceylán, India

Jerarca: Amado Paúl, El Maha Chohan.
Color de la Llama: Rosa y Oro.
El Retiro del mes de los Maestros Ascendidos:
Desde Julio 15 hasta Agosto 14, 1972.

Hacia el extremo sur de la India, se extiende una bella isla en medio de la cual se encuentra el TEMPLO DEL BIENESTAR, del Maha Chohan. En este sereno Foco, donde los Chelas y Maestros mismos aprenden el control y dominio de las energías cósmicas para poder convertirse en confortadores impersonales de la Vida, es donde el Amado Maha Chohan concentra la Cualidad Cósmica de Bienestar, Confort y Paz para toda Vida —no sólo para la vida humana que evoluciona en la Tierra, sino para la vida de la naturaleza—, las fuerzas de los Elementos, el Reino Angélico y los animales.

Este gran Retiro Cósmico funciona pues, en medio de lo que aparenta ser una ordinaria plantación de té.

Aquí, el Maha Chohan y los Siete Directores de los Rayos se reúnen a menudo para discutir la mejor forma, o medio, de ayudar y beneficiar a la raza humana. Mirando hacia afuera, por encima de las azules aguas donde el Océano Indico y la Bahía de Bengala se encuentran; el Templo del Bienestar no es solamente un Santuario Espiritual, sino un lugar físico de descanso y de tregua para los pocos privilegiados que son invitados a entrar en sus sagrados portales.

La gran Sala del Concilio sostiene en su interior el actual Foco de la Llama del Bienestar. ¿Qué es lo que esto quiere decir, exactamente? Quiere decir, en esencia, que a través de muchas edades el Señor Maha Chohan y sus predecesores en Grecia llegaron a estar interesados en esta Virtud y Cualidad de Bienestar y Consuelo.

Bienestar o Confort quiere decir, dar bienestar, confortar, animar, alentar, Ellos desearon magnetizar esta Cualidad y Virtud de Confort que reside en la acción vibratoria del Reino del Cielo, y hacer un Centro de Radiación de esta Llama confortadora, en la India. Así como la radiación del Sol físico calienta, alumbra y sostiene nuestro

Planeta Tierra y nuestro Universo; asimismo, estos particulares Focos Espirituales forman Centros de Radiación definida, de específicas cualidades divinas las cuales son necesarias para el despertar espiritual y desarrollo de la Naturaleza Divina del hombre.

Nuestro señor Maha Chohan tiene la gran responsabilidad de llevar y dar alivio y bienestar a TODA VIDA, en CADA PLANO. Para ayudarlo a El a cumplir y llenar esta obligación, los Siete Chohans sirven, sin pensar en sí mismos, desarrollando y madurando la séptima porción de evolución que les toca envolver y proteger. (Los 7 Rayos gobiernan la Tierra al mismo tiempo.)

A menudo, en medio de la Cámara del Concilio del Amado Maha Chohan, los Planes son discutidos (conversados) en completa unidad y Paz, y la cooperación de los Chohans es comprometida hacia un Servicio particular, el cual será de beneficio impersonal para la realización completa del Esquema o Plan Evolucionario. Muy a menudo, el Chohan (Maestro) individualmente acude a la Sabiduría y Entendimiento del Maha Chohan para acelerar su propio Servicio Particular. El nunca ha fallado al dar tal Asistencia, no solamente con toda generosidad, deseo y gracia, sino también, con tremendo interés puesto en los Proyectos de lo que El llama "Sus Muchachos".

Para las masas, las cuales componen la mayoría de los miembros de la Raza Humana, el Reino Elemental, incluyendo pájaros y cuadrúpedos, quienes no tienen palabras para expresar igualmente sus aspiraciones o deseos, el Maha Chohan ES UNA PRESENCIA CONFORTADORA.

Para los "pocos" que desean ayudarlo a El en su Servicio, El ofrece el entrenamiento, disciplina y el propio auto-control para que se puedan convertir en una Presencia Confortadora (consoladora) para otros. Así pues, él prepara individuos para que sean conductores de Su Naturaleza, la cual es la expresión del Espíritu Santo para la humanidad y para todas las evoluciones que la acompañan en, a través y alrededor del Planeta Tierra en este tiempo. Estos "pocos" son usualmente recomendados por el Chohan del Rayo al cual ellos pertenecen, o también ellos pueden aplicar personalmente a través de sus propios Cristos, para tal Entrenamiento en el Templo o Retiro del Bienestar o Confort.

Los aplicantes entonces, tienen la oportunidad de recibir una atención individual de éste Gran Señor. De la dirección e instrucción dada a ellos y debido a la proximidad de sus Almas al Maha Chohan, gradualmente desarrollan una naturaleza así como la de El. Así pues, ellos verdaderamente se convierten en el Espíritu Santo en persona, actuando como una "Avanzada" de su Divina Presencia en el medio-ambiente en los cuales viven.

¿Desean honestamente Uds. ser tales Presencias Confortadoras de TODA VIDA, fuera de todos los intereses y atracciones personales? Si es así, ¡ENTREN EN EL TEMPLO DEL BIENESTAR! Párense delante de su Jerarca y estén deseosos de obrar de acuerdo con sus Direcciones. Entonces, verifiquen el efecto de su tarea o esfuerzo en el mundo de aquéllos que los rodean. Uds. no requerirán otra medida sino la de vuestra propia influencia, sobre la Vida que los rodea, para determinar cuánto Uds. han realizado, alcanzado y llevado a cabo en tales aspiraciones y consecuente servicio en Su Nombre.

Todos los individuos que desean alivio de cualquier clase, mental, emocional, o físico, son invitados y bienvenidos a asistir a este Concilio de 30 días, en sus vehículos etéricos, y a la vez son asistidos por los Angeles Suministradores que responden a todo Llamado, Invocación u Oración. Sólo aquéllos que desean dar Alivio y convertirse a través del Servicio Devocional y aplicación individual en *Presencias Confortadoras, Y NO OTROS*, son los aceptados por este Gran Señor, *a través de Cuyo Cuerpo pasa toda la Energía que sostiene y anima las Evoluciones en y arriba de la Tierra*. Esto es un gran honor y también es "una gran responsabilidad, aceptar una sola Onza de Su Energía sin precio". Por esta razón, la humanidad de la Tierra a quien le es concedido el privilegio de convertirse en Sus Huéspedes en el Cielo de estos 30 días, harán bien en esforzarse a través de la cooperación de su Ser Crístico, para convertirse en Centros Radiadores de Bienestar y Paz para todos, en sus hogares, medio-ambientes, centros espirituales y el mundo en general.

"LA LLAMA DEL BIENESTAR"

¡Maha Chohan, expande tu Consoladora Llama a través de mí, hoy!

¡Permite que toda Vida que yo contacte sienta su Presencia aquí, —yo lo pido—!

Permite que el Puro Amor de Dios surja de mí, vaya adelante y levante, cure y bendiga!

Permite que toda Vida que yo use siempre, sea cargada con humildad, me haga y mantenga feliz, en la luz y en la sombra.

Ayúdame a "seguir sosteniéndome" hasta que las deudas kármicas estén pagadas!

¡Oh, permíteme levantar mi mano y así remover las causas del dolor!

¡Y permite a mi propia Presencia restaurar la Fe en Dios otra vez!

Hazme y manténme honesto, triunfador y completamente sincero en Dios.

Así, cualquiera que yo encuentre pueda sentir al Querubín de Dios que vive aquí.

¡Oh, permíteme el Honor y la Confianza del Maestro en mí!

¡Permíteme expresar la Llama Consoladora del Amado Maha Chohan!

"UNA CONCIENCIA INDIVIDUAL"

Por SAINT GERMAIN

Las manifestaciones físicas que parecen tan reales y tangibles a un individuo que funciona en el plano de la tercera dimensión, no son sino la externalización de pensamientos y sentimientos proyectados por la conciencia particular de esa Corriente de Vida.

Nosotros no podemos dejar de recalcar poderosamente la importancia de vuestra Contemplación y cuidadoso estudio y meditación de esta Verdad, ya que lo que el individuo abriga dentro de su conciencia, TIENE QUE MANIFESTARSE EN SU EXPERIENCIA, por la inexorable Ley de su propio Ser. Si Uds. cogen un recipiente de cristal transparente y ponen un objeto dentro de él, la naturaleza de ese cristal es tal, que el objeto es contemplado a través de él, quedando revelado a la mirada de quien escoge contemplarlo.

Por ejemplo, una hipoteca, un gravamen, no es sino un interno sentimiento de limitación, de necesidad o de falta de algo, lo cual se manifiesta en el mundo físico como inseguridad. No hay ninguna circunstancia externa, por muy sólida que parezca, que sea real y duradera, excepto aquella en la que la conciencia, internamente continúa alimentando, aceptando y reconociendo como real y duradera.

Esto ha sido comprobado positivamente, ya que cuando un individuo pasa a través del cambio llamado "muerte", todas sus deudas y obligaciones son canceladas en cuanto a él le conciernen, y la preocupación y el sentimiento de responsabilidad no le acompañan más, ya que su conciencia ha sido mudada forzosamente, o de otro modo, a otra Esfera de Actividad, y los records etéricos aún encontrándose en desorden en el mundo físico, no forman ya más parte de su Corriente de Vida.

La gente continúa luchando, forcejeando, bregando con lo externo, sosteniendo los conceptos humanos, pensamientos y sentimientos con respecto a sus formas humanas, sus situaciones, condiciones y obligaciones familiares, y entonces se preguntan por qué esas condiciones aún permanecen en sus mundos. Cuando el Chela comienza a entender la flexibilidad de conciencia y el tremendo Poder del Fuego Sagrado que se precipitará a través de la conciencia individual, transmutando o disolviendo la acumulación de siglos; cuando tal individuo, *conscientemente invita y atrae la Conciencia Cósmica a su propio mundo,* sus condiciones, actuaciones, eventos, apariencia física y su vida entera, sufrirán tan completa metamorfosis, que será la prueba para el mundo exterior de que tal individuo ha percibido, comprendido y aplicado la VERDAD COSMICA para re-orientar y corregir las experiencias de su Vida.

Cambiar la conciencia humana (o carnal) no es asunto de un momento, ya que los hábitos de siglos han ganado un tremendo momentum o impulso, y la misma hospitalidad del humano ha invitado a toda clase de pensamientos y sentimientos a entrar en los confines de su propia conciencia.

Cuando el Amado Jesús sacó a los Mercaderes del Tempo, El dio un poderoso ejemplo de la actitud positiva que el Chela debe tomar en el proceso de limpieza de pensamientos y sentimientos y poder sacarlos de cualquier clase de diversiones o pasatiempos imperfectos.

USEN, USEN, USEN, LA PODEROSA PRESION DE LA LLAMA VIOLETA TRANSMUTADORA, LA LLAMA DE LA PURIFICACION Y TODAS LAS ACTIVIDADES DEL FUEGO SAGRADO... Abran las puertas y ventanas de vuestras Almas y permitan que de allí sean sacados y lavados todos los conceptos imperfectos que están arraigados dentro de Uds. y que luego se manifiestan en vuestros mundos.

EL CONTROL DE LOS CUATRO CUERPOS INFERIORES

Por el Amado Lord Divino

Una vez cada año, el Amado Lord Divino celebra la presentación de la Ley Espiritual dada por su Gurú, Lord Gautama; relatando a los receptivos Chelas El Principio de Vida o "CAMINO DEL MEDIO" del Señor Buddha. Esta Ceremonia se lleva a cabo en el mes de Julio de cada año y es conocida como el "ASALA FESTIVAL". Nosotros presentamos para la Ceremonia individual y colectiva, fragmentos de los más recientes Comentarios del Amado Lord Divino quien intensificará su Radiación en el Asala Festival. ¡PARTICIPEN!

Thomas Printz

Como ha explicado el Amado Saint Germain recientemente, y en varias ocasiones, los 4 Cuerpos Inferiores físico, etérico, mental y emoconal, están cercanamente relacionados (inter-relacionados) unos a otros, tal cual como los alpinistas, que para ascender un paso se atan unos a otros por consideración a la Seguridad. Cada uno depende de la pisada segura del de arriba, así como de su capacidad y entrenamiento para poder alcanzar el ápice de la montaña. Un resbalón del pie de cualquiera de ellos, causado por nerviosismo, falta de equilibrio emocional o quizá por algún "accidente" del cuerpo físico, es capaz de darle un plumazo al grupo entero y mandarlos dentro del precipicio, borrándolos, temporalmente al menos, del aparente mundo de las formas físicas. ¡ESTO ES EXACTAMENTE LO QUE PASA CON LOS 4 CUERPOS INFERIORES!

Si por hábito, vuestros sentimientos (cuerpo emocional) son dejados que exploten a voluntad y manden afuera resentimientos y rebelión con poca tentativa o no de vuestra parte para controlarlos, ese cuerpo emocional inmediatamente se lanza hacia abajo arrastrando a los otros 3 vehículos a las más bajas vibraciones del Plano Astral. Entonces Uds., agarran un dolor de cabeza y se les nubla la mente; Uds. obtienen otra cicatriz en el cuerpo etérico y finalmente tienen alguna repercusión física en el cuerpo de carne.

Si al Cuerpo Mental se le deja morar sobre pensamientos de impureza, obscenidad o sobre las imperfecciones de otras Corrientes de Vida, sean una realidad o una fantasía, eventualmente envuelve al cuerpo emocional, entonces este cuerpo va hacia allí a ver qué es lo que está pasando y una nueva "fiesta" comienza. Así nuevamente, el grupo entero de cuerpos se lanza dentro de las vibraciones más bajas de los planos físico y astral.

Si al Cuerpo Etérico se le deja voltearse continuamente hacia las injusticias del pasado (en esta sola vida la mayoría ha sufrido al menos más de una denominada injusticia) todos esos desagrados son vivificados de nuevo, y muchas veces, haciendo que se repitan en vuestra presente experiencia. Uds. saben que el Cuerpo Etérico es un "maestro" en "agarrar" su tan esperada oportunidad para expresarse él mismo mientras Uds. están de "vacaciones" o cuando no están ocupados haciendo algo más en ese momento. Entonces es ahí cuando el Cuerpo Etérico se vuelve activo y las conmovedoras energías dentro de él, dice: "tú recuerdas esto y aquéllo?". Finalmente, la mente y los sentimientos se unen a él y de nuevo Uds. tienen el desliz hacia las vibraciones más bajas. Entonces, hay una sola cosa que hacer, y este mismo procedimiento ha sido usado siglo tras siglo por todas las Corrientes de Vida sinceras que desean llegar a ser "Maestros" de sus mundos; y esto es, CAMBIAR LA ACCION VIBRATORIA DE ESOS CUERPOS, LEVANTANDOLOS (tal cual como la velocidad que impulsa al avión a levantarse en el aire) INCREMENTANDO SUS VIBRACIONES AL PUNTO DONDE LA ARMONIA, PUREZA, FELICIDAD, PAZ Y TODO LO PERFECTO, ES TODO LO QUE EXISTE!

¡CONTROL DE DIOS IMPERATIVO PARA TODO!

¡ESTA ES UNA LEY IMPERSONAL! No tiene nada que hacer con individuos en particular o cualquier Corriente de Vida en especial, evolucionando en este Planeta. ¡ES SOLAMENTE UNA LEY! Mientras Uds. permiten que la vibración de cualquiera de los cuerpos se vuelva discordante, Uds. inmediatamente se hunden dentro de las inmundicias de pensamientos y sentimientos de la Raza. Uds. no solamente tienen que generar (por medio de la Aplicación y el Uso del Fuego Violeta, así como otras Aplicaciones que ya Uds. conocen) suficiente "vapor" para levantarse y salirse del hábito otra vez, sino que mientras Uds. están "bajos", han abierto sus mundos a todas las energías destructivas que forman esa efluvia la cual entonces los envuelve llegando a formar parte de vuestros mundos.

Amados, ¡ESTA ES LA LEY DE LOS RETIROS! ESTA ES LA LEY Y CIENCIA DE LA MAESTRIA, la cual es enseñada por cada Ser que ha obtenido el derecho de ser llamado "GURU" (Maestro) y quienes aceptan iniciados y Chelas para desarrollarlos. La humanidad, y los chelas también, están siempre buscando un camino fácil que los saque de las dificultades; por alguien que pague sus deudas; por alguien que los haga libres. Yo les aseguro, que no hay nadie sino vuestra propia Conciencia quien pueda eventualmente controlar la Energía que ha sido depositada en Uds. por Dios. *Nadie* puede controlar por Uds. esa Energía, ¡TIENEN QUE HACERLO UDS. MISMOS! Verdad es, que los Maestros, Angeles, Querubines y Serafines pueden, y lo hacen, dar asistencia a Uds. para tranquilizar los remolinos de la energía calificada destructivamente que los acosan; y a menudo Ellos vierten aceite en las perturbadas aguas, mucho más a menudo de lo que Uds. pueden concebir en vuestras mentes externas.

Verdad es, que el Maestro Jesús, ¡El Amado Príncipe de la Paz! cuando es invocado por un Alma atormentada y en problemas, envía su Radiación en respuesta a la llamada que le fue hecha, y algunas veces, si el individuo que ha hecho la llamada es bastante sensitivo, siente la radiación y acepta SU PAZ pero esto es temporal! Pues hasta que el propio individuo no se levanta en la dignidad de su propia Presencia y realiza que EL, POR EL MISMO, DEBE ESCOGER, TOMAR Y USAR LA VIDA DESDE EL CORAZON DEL DIOS DEL UNIVERSO, *¡él no puede ser Maestro él mismo sobre esa Vida!* El mundo a su alrededor y sus propios cuerpos inferiores son un record de lo que él ha hecho con tal Vida.

¡SILENCIO! ¡MUY IMPORTANTE!

Cuando tal persona escoge hacerse Maestro de sus Energías, con dignidad, compostura y preferiblemente, EN SILENCIO, ¡EL PUEDE TRIUNFAR!, ¡si lo desea! Uds. saben que hay falta de bondad en este mundo de formas. Si Uds. le cuentan a otros lo que desean alcanzar, disipan las energías las cuales deberían ser usadas para lograr vuestro propósito, por lo tanto, mejor es guardar silencio hasta que el objetivo esté totalmente logrado, evitando así fallar y que se rían de Uds. En el silencio y dignidad de vuestra LLAMA CRISTICA, determinen que estos vehículos que Uds. usan, van sólo a servir al Propósito para el cual fueron creados: ¡EXPANDER LAS VIRTUDES DE DIOS! Ustedes pueden escoger, desarrollar y radiar una o más Virtudes Divinas de las cuales el mundo está tan necesitado ahora. Pudiéramos gastar casi una tarde entera enumerando las Virtudes que este doliente planeta Tierra tanto necesita —PAZ— sin duda alguna. Permitirán Uds. que vuestro mundo emocional sea un conductor desde vuestra Presencia y el Reino de los Maestros Ascendidos, para llevar una ininterrumpida PAZ a las Almas de los hombres que están atormentados con dolor y agonía?, ¿a las naciones que están llenas de inquietud y desasociego?, ¿a un Reino Elemental despojado y torturado por la ignorancia, desinterés, incredulidad e impurezas generadas por la humanidad? ¿O tiene que ser vuestro cuerpo emocional el juguete de cualquier palabra cruel o descortés de otros, lo que lo mandaría inmediatamente dentro de la angustia?

¿QUIEN ES DUEÑO DE VUESTRO MUNDO?

¿Pertenece tu Cuerpo Emocional a Dios o pertenece a los transeúntes que encuentras en los caminos de la vida, quienes agarran tu mundo y lo ponen fuera de la Autoridad de tu Presencia, robándote la Paz, TU PAZ DIVINA? Si esto es así, por el momento al menos, esa discordia corta el circuito de tus energías, impidiéndole a la Deidad y a todo Ser Divino derramar Paz dentro de tu mundo y a través de tu mundo, al mundo de los demás.

¿Pertenece tu Cuerpo Mental a Dios? ¿Está alerta y receptivo a la dirección Divina de tu Presencia YO SOY o está ocupado acumulando chismes y murmuraciones oídas por la radio, leídas en los periódicos o habladas a través de los bondadosos (?) labios de tus amigos y asociados? ¿Es también tu Cuerpo Mental el objeto de juego de los transeúntes que encuentras en los caminos de la Vida?

¿Pertenece tu Cuerpo Etérico a Dios? ¿Es el dinamo que tenía que ser desde el principio... en el cual está grabada cada magnífica experiencia que tú habías tenido con Dios "ANTES DE QUE ESTE MUNDO EXISTIERA"? ¿Desde la primera vez que tu Llama Triple se individualizó y por primera vez sentiste que eras un SER y dijiste: "YO SOY"? ¿Desde la primera mirada que diste a las caras de tus PADRES-DIOSES del Sistema Solar al cual perteneces, quienes te crearon a ti? ¿Cuándo viste la brillante luz de los Arcángeles y no había velos sobre tus ojos? ¿Cuándo tú oías la música de las Esferas en forma tan natural? ¿Y cuándo veías los bellos Templos de Luz en los Reinos Interiores? ¿Es esa la felicidad de tu Cuerpo Etérico? ¿Es eso lo que surge durante tus períodos de descanso y permite que recuerdes la perfección de Dios? ¿O es tu Cuerpo Etérico igual a la Caja de Pandora, conteniendo las memorias de insignificantes ofensas, quejas, resentimientos o errores de otros?

¿Pertenece tu Cuerpo Físico a Dios? ¿Está lleno de Vida y alerta como debería ser, listo para entrar en las ocupaciones de los Maestros?

¿HACES UN INVENTARIO PERSONAL DIARIAMENTE?

Hoy, yo les pido que hagan un Inventario de Uds. mismos. ustedes ahora son Chelas que deben moverse hacia adelante bajo su Propia Fuerza. Estos vehículos (cuerpos) que deben estar bajo vuestro control, tienen que mantenerlos para el uso de DIOS ¡SI ES QUE UDS. EN VERDAD SON LO QUE PROFESAN! ¡NO PUEDEN SERVIR A DOS MAESTROS! Uds. están sirviendo a Dios cuando vuestros cuerpos son conductores de Su Gracia; Uds. están sirviendo a Mammon cuando vuestros cuerpos están relacionados a las deslumbradoras mareas de las emociones humanas!

¡Piénsenlo amados! Uds. dicen "todo lo que yo soy, o tenga, o espero tener es tuyo". ¡ESO ES UNA GRAN DECLARACION! ¿Pero lo están confirmando en vuestra vida diaria?

Mis amados, piensen en las Declaraciones que hacen y han estado haciendo por un sin número de años. Piensen acerca de ello profundamente, porque ellas afectarán el Karma que Uds. descargan encima de ustedes.

Te corresponde a ti crear la Gloria de tu Cuerpo Causal a través de tus 4 vehículos inferiores, y hacer del Espíritu Santo de Dios tu propia Aura, en vez de dejar que tus 4 vehículos inferiores, desajustados, formen relámpagos y choques de discordias entre sí. Cuando ellos se encuentran así, están creando disonancias muy evidentes para otros, causando tu personal angustia. Ha llegado el momento de alinear esos 4 vehículos inferiores: físico, etérico, mental y emocional, y una vez alineados los eleven y consagren a Dios y a Su Servicio.

Extractos de la Instrucción dada por el Amado Maestro El Morya:

¡La institución de un Ciclo no es el trabajo de un momento! La bajada del gran Patrón y Plan Divinos que llegará a ser el ritual del "Nuevo Día", requieren la paciencia, la colaboración, la tolerancia y el entusiasmo *sostenido* de cada Chela que ha sido escogido como Puntal en las bases que sostienen el edificio espiritual. En tal edificio las masas encontrará Paz, Iluminación, Estímulo a sus esfuerzos y tareas personales, y finalmente, LIBERACION Y VICTORIA EN SUS JORNADAS INDIVIDUALES EN EL MUNDO DE LA FORMA.

Nosotros hemos escogido cuidadosamente cada "Pilar" del "Nuevo Templo" los cuales secundarán con gracia los Servicios de nuestro Amado Saint Germain. A cada uno le ha sido delegado Poderes y Entidades que ellos desconocen, quienes trabajan constantemente para purificarles, levantarles y fortalecerles la conciencia a la más alta capacidad posible para que puedan rendir el Servicio!; ¡para elevarlos al mayor grado de receptividad mental y emocional! Entonces viene el gran esfuerzo de dirigir y sostener la parte de visión dentro de esa Conciencia, con suficiente claridad e ímpetu para lograr que las renuentes energías del yo externo se levanten en entusiasmo y haga visible exteriormente con prontitud todo lo que se le ha estado enseñando.

Cómo prolongar la utilidad de vuestro cuerpo

Por el Maha Chohan

Cuando la batería de vuestro automóvil se descarga, es conectada a un aparato provisto para recargarla. La batería de vuestros cuerpos físico, etérico, mental y emocional, se agota igualmente por el constante uso que se le da, y al igual que la batería del carro que se descarga, asimismo la acción vibratoria de vuestros cuerpos va disminuyendo hasta que finalmente cesa todo movimiento.

Cuando vuestros cuerpos llegan a ese estado, inmediatamente ustedes se convierten en víctimas o presas de las vibraciones invisibles que se mueven en la misma rata vibratoria a través del plano físico. Estas vibraciones causan varias angustias en los cuerpos mental y físico, la desintegración y, finalmente lo que se conoce como "muerte".

Entonces la gente dice: "la resistencia se ha ido", lo cual es verdad, ya que la cantidad de Luz asignada a los 4 cuerpos para esa encarnación ha sido gastada por excesos cometidos a través de estos 4 vehículos inferiores.

A menos que tal individuo sepa cómo recargar sus 4 vehículos, extrayendo constantemente Luz desde el Corazón de Dios (exactamente como se recarga la Batería de un carro) tal individuo finalmente se desliza dentro de la experiencia natural de desintegración y pasa a través del cambio.

En los primeros días de la Biblia, hombres y mujeres vivieron más de 700 años en un solo cuerpo. Por lo tanto, es esencial que ustedes EXTRAIGAN LUZ DE VUESTRA PRESENCIA YO SOY, ya que éste es el alimento para los cuerpos inferiores y sólo por lo cual puede la acción vibratoria ser acelerada.

¿Cómo extraer Luz? Uds. la descargan por la Ley Magnética de Atracción. Vuestra Atención es un embudo y va donde tú la diriges. Por allí comienza inmediatamente a fluir la Substancia sobre la cual has puesto tu atención, siendo descargada en su mundo. A través de este "embudo" fluye también la conciencia de los Maestros Ascendidos y ¡LA LUZ DE DIOS QUE NUNCA FALLA! y por allí mismo viene también la acumulación humana en la cual has fijado el Rayo de tu Atención.

Para intensificar o para aumentar la atención vibratoria de tus 4 vehículos inferiores, es necesario poner la atención sobre tu Presencia de Dios "YO SOY" o cualquiera de la Ascendida Hueste de Luz. Mientras mantienes tu atención allí, serás cargado, naturalmente, con esa Substancia de Luz, tan mecánicamente como se carga la batería de tu carro.

Cuando te sea posible hacer esto, tiéndete sobre tu cama y visualiza la Luz derramándose dentro de tus 4 vehículos inferiores por 5 minutos tres veces al día; esto acelerará enormemente la acción vibratoria de ellos.

Mientras más atención fijes en la LUZ, MAS LUZ VERTIRAS DENTRO DE TUS CUERPOS Y ELLOS VIBRARAN MAS RAPIDAMENTE. Esto hará que te mantengas en armonía mucho más fácilmente, porque cuando tú vibras después de cierta rata, NO MAS INARMONIAS PUEDEN REGISTRARSE EN TU MUNDO. Se termina el esfuerzo de mantener el control de sí mismo, ya que la acción vibratoria humana cesa cuando Uds. vibran rápidamente en pensamientos y sentimientos.

RAYOS DE ILUMINACION ESPIRITUAL
DONES DEL ESPIRITU SANTO

AMADO EOLO:

Yo Soy el Representante Espiritual del Espíritu Santo para el Planeta Tierra y sus Reinos Angélicos, Humano y Elemental, evolucionado en Ella y su atmósfera. Hay un Representante similar de esta Presencia Augusta envolviendo cada Planeta de nuestro Sistema que acuna vidas. Los Dones del Espíritu Santo son múltiples y el que esté interesado en desarrollar la Naturaleza Divina y ser impregnado con este Santo Espíritu, se hace Sabio a medida que va progresando a lo largo de las Siete Líneas de Desarrollo necesarias para convertirse en un balanceado, ¡Dios - Libre individual en la Tierra y en el Cielo! Los Siete Chohans quienes representan la CONCIENCIA COMPLETAMENTE DESARROLLADA DE UNO DE ESTOS DONES, asistirán todos los que deseen llegar a la madurez de esa misma Naturaleza, a través de la Invocación, Contemplación y proximidad de sus Rayos Individuales.

EL MAHA CHOHAN:

DON: TOLERANCIA E INDULGENCIA.

"Conténgase al hablar, hermano, y más importante aún, conténgase de juzgar, dejando que vuestras preciosas energías se agiten en condenaciones silenciosas o de otra índole, por cosas que contemplas pero que no son sino apariencias, y no las causas que mueven las acciones o actividades de vuestros compañeros, y más importante aún, las causas que motivan las Actividades de la Gran Hermandad Blanca, cuyos caminos son extraños para la mayoría de los hombres que se encuentran aún con poca evolución". ¡LA PACIENCIA ES MAESTRIA"! La inmadurez lanza hacia adelante con prontitud la expresión, sea ésta correcta o no. La madurez lleva paciencia y se mueve en la Túnica de la Sabiduría. Absténgase de decir el cortante reproche, de repetir el chisme falto de bondad; absténgase de las acciones apresuradas, estimuladas por justas indignaciones o intereses egoístas. Recuerde que el "yo humano" *tiene el descaro de actuar antes de que su Presencia de Dios le haya hablado.* Entonces, dignamente, permite a Dios que late tu corazón hacer las cosas correctas. Este Don del Espíritu Santo es el que hace al "HOMBRE TOLERANTE" sobre el cual pueden ser construidas las Bases de la Fraternidad Mundial, en belleza y con la certeza de que se mantendrá parado contra los vientos, las adversidades, las arenas movedizas de la condenación, los cataclismos y tormentas de las acusaciones, y las falsas apariencias que son las causantes de que el hombre NO HAYA ECHADO ANCLAS EN "LA SABIDURIA DE ACTUAR SINO DESPUES DE HABER COMULGADO CON SU DIOS".

EL MORYA:

DON: OBEDIENCIA ILUMINADA, HUMILDAD ESPIRITUAL, RESPETO POR DIOS Y SUS REPRESENTANTES.

Al representar el muy positivo Rayo del Poder, la humanidad no entiende que la humildad espiritual, la sumisión del deseo personal y el absoluto sometimiento del Ego, son los requisitos para aquellos que aplican para llegar a ser exponentes del "Deseo de Dios" hacia los hombres. ¡EL QUE POSEE EL DERECHO DE MANDAR ES PORQUE PRIMERO HA APRENDIDO A OBEDECER! El Chela, realmente ansioso de CONOCER EL DESEO DE DIOS tiene que estar deseoso de poner a un lado todas las opiniones pre-concebidas; guardarse a sí mismo contra las incitaciones conscientes, y más sutiles aún, las inconscientes, de su más baja naturaleza; y la casi imperceptible inclinación de revestir los deseos del ego, haciéndolos aparecer como si fueran las glamorosas y virtuosas vestiduras del "Deseo de Dios", aliviando así el remordimiento de conciencia. Pedir sinceramente por el "Deseo de Dios"; insitir sobre la iluminación concerniente a Su Propósito de Designio, y vivir en estado de receptiva

Gracia, ES CONVERTIRSE EN UNO DE LOS POCOS QUE REAL-MENTE ESTAN OCUPADOS EN *LAS LABORES DEL PADRE*.

KUTHUMI:

DON: SABIDURIA, ENTENDIMIENTO, INSPIRACION. "AUN CON TODAS TUS GANANCIAS OBTEN ENTENDIMENTO".

Esta es una Declaración que es aún un exacto Cartel en el Camino de la Maestría. Falta de Entendimiento es lo que causa la mitad de las diferencias que se levantan en medio de la gente de la Tierra. El anhelo de Entender antes de dar el brinco hacia las conclusiones ilógicas e injustas, es la MARCA de un gran hombre. La mayoría de la gente de la Tierra desea ser comprendida, pero son pocos los que desean esforzarse para entender a los demás. Una hermandad mundial de cualquier causa —espiritual o secular— solamente puede ser desarrollada cuando Nosotros encontramos hombres y mujeres cuyos corazones han sido tocados por el Espíritu Santo con el Don de Comprender y Entender. El que anhela Entender, abre la puerta de su Conciencia a la Verdad, y se convierte en un magneto a través del cual la Iluminación y la Comprensión pueden fluir. Aquéllos cuyas mentes conscientes y sentimientos rechazan todo con lo cual no están de acuerdo sin antes tratar de comprenderlo, pierden muchas oportunidades de servir, amigos y bendiciones. En la más grandes y completa progresión espiritual, tales individuos a menudo pierden la Llave para la Ascensión de su propia Corriente de Vida, que había sido tramitada pero luego rechazada por las conscientes o inconscientes intolerancias fanatismo o egoísmos. Uno de los más repetidos lamentos que salen a través de los pasillos del Karma es el completo remordimiento de... "¡Si yo solamente hubiera comprendido!".

SERAPIS BEY:

DON: FORTALEZA. CONSTANCIA, RESISTENCIA ESPIRITUAL

"Resistencia hasta llegar al final del camino llevando la Corona de Laurel de la Victoria, el Manto sin Costura de la Inmortalidad, y lo mejor de todo, la Conciencia Feliz de completa satisfacción del Juramento a la Vida en un *Valioso Servicio*". La pericia en cualquier tipo de Servicio, en cualquier ruta de la propia expresión, es determinada por la constancia y la consagración del esfuerzo hacia el logro de la meta fijada por la mente y el corazón. Los muchos que se revolotean como el Colibrí, de flor en flor, se divierten con las pasajeras gratificaciones de los placeres; pero los pocos, quienes ponen sus almas rumbo hacia la Maestría, tienen que desarrollar y expresar ese Don de Nuestro Amado Espíritu Santo: Fortaleza... Constancia... Resistencia Espiritual. A estos pocos es a los que nosotros buscamos para la ardua tarea de hacer una base espiritual que sostendrá la estructura de la futura evolución de la humanidad, en seguridad y progreso hacia el completamiento del Plan Divino.

HILARION:

DON: SERVICIO CONSAGRADO A DIOS Y AL HOMBRE

Aquéllos quienes se elevan por encima de la conciencia infantil de creer ser los recipientes de los Dones de Dios; o sea, el beneficiario inconsciente de la protección y opulencia del Reino de la Naturaleza, son los pocos que se unen al Amado Jesús en su Declaración: "AQUI DONDE SOLO EL PADRE HA TRABAJADO AHORA EL PADRE Y YO TRABAJAREMOS". Un padre se llena de alegría cuando el niño de su corazón llega al punto de madurez y anhela jubilosamente participar en el desarrollo de los intereses, ocupaciones y esfuerzos de ese padre. Cuanto más pues, ¡el Dios de Toda Vida!, deleitado cuando los niños de Su Corazón levantan sus cabezas de los goces personales de los sentidos y preguntan: "¿Qué puedo hacer yo, Padre, para ayudarte?". Estos son los que llegan a ser impregnados con el Don del Espíritu Santo de "CONSAGRACION A LA VIDA HACIA UN PROPOSITO, UNA CAUSA O UN DESARROLLO ESPIRITUAL". Se habla de la vocación que profesan y verdaderamente ellos han sido visitados por el Espíritu Santo; no por casualidad, por supuesto, sino porque ellos voluntariamente preguntaron: "¿QUE PUEDO HACER?" ¡Y la consagración de sus energías es la respuesta para esa humilde, sincera y bella pregunta!

JESUS:

DON: PIEDAD, REVERENCIA, GRACIA.

"El hombre que es impregnado con el Espíritu Santo, es fácilmente reconocible de las masas debido a su reverencia natural por todas las cosas santas y su respeto por las creencias, fe, devociones y estado de conciencia de sus compañeros aun cuando su propia luz puede recordarle que tal ortodoxia no es necesariamente la plenitud de la verdad. La ausencia de desdén, orgullo y soberbia espiritual es lo que distingue a tal hombre de aquellos que proceden haciendo "cruzadas" de una u otra clase, empeñándose en promulgar sus conceptos individuales con la espada cruel de la intolerancia, en vez de iluminar a las almas a través del Amor, la humildad, la reverencia sin ostentación a Dios que no necesita de alardes exteriores y evita ofender la sensibilidad del compañero, son los Dones del Espíritu Santo canalizados a través del Sexto Rayo, radiados en Amor y Gracia a través de tales individuos.

SAINT GERMAIN:

DON: DIGNIDAD ESPIRITUAL, ECUANIMIDAD, PORTE Y BALANCE.

"El hombre bendecido con el Don del Espíritu Santo a través del Séptimo Rayo es el que realiza su Divina Herencia como un Heredero Real de la Naturaleza Divina del Padre y cada pensamiento, sentimiento y palabra hablada se convierten en una Ceremonia Rítmica, ya que este precioso Don de Vida extraído, calificado y descargado para ensanchar los Bordes del Reino de Dios. Tal individuo se convierte en el Representante de lo MAS ALTO, esparciendo en grandeza su propia Vida calificada y la verdad es, que donde quiera que vaya es un VIVIENTE SOL DE DIOS expandiendo Vida, Salud, Opulencia y Perfección".

Los Chelas están atravesando un tremendo proceso de refinamiento, y en muchos casos, esto origina que las imperfecciones que estaban aparentemente dormidas o superadas vuelvan a activarse tomando el primer puesto en el mundo del estudiante, pero una vez que se conoce esto, llega el momento de poner en acción el Fuego Purificador, dejando que el mismo Cristo con toda su completa autoridad tome el mando del yo y el mundo, dando como resultado que sea el verdadero YO quien se exprese haciendo los más receptivos canales a través de los cuales la LUZ pueda fluir para Iluminar y Bendecir a los habitantes de esta Tierra. Tu constante y continua cooperación con el Cristo mismo dará por resultado la pulitura final de la JOYA que es tu Corriente de Vida, para un futuro no muy lejano.

Uds. están en el proceso de restauración de vuestros vehículos, así que cuando el vestido exterior o físico es consignado al Elemento Fuego en el proceso de cremación, los otros tres vehículos pueden ser absorbidos en el Estado Puro del Cristo y completamente liberados, se confunden, convirtiéndose en UNO con la Presencia YO SOY.

Mirando por arriba las magníficas Joyas que representan vuestras Corrientes de Vida, todo lo que adicionalmente les puedo decir, es que el Creador en todo su Glorioso Arte, ha proyectado las más exquisitas Joyas, que van más allá de toda comprensión humana, y Uds. un día brillarán desde varios puntos del Cuerpo del Eterno, para expander los Bordes de su Reino en siempre creciente Perfección.

SANAT KUMARA

LA DESCARGA DE MUSICA ARMONIOSA

Por El Morya

La música puede hacer por el Alma lo que ninguna otra actividad, que atraiga a los sentidos, puede lograr. Cuando las hermosas vibraciones de un órgano tocado por alguien que es la encarnación del Amor y Compasión, la LUZ fluye hacia los éteres, oleada tras oleada, de gloriosos sonidos, bañando a cada persona de este Planeta haciéndolos sentir la comodidad, paz y descanso que es el resultado de esa emanación.

Uds. deberían compararlo con el siempre creciente volumen de ondas, formadas por la caída de agua de algún manantial, dentro del pozo formado por él. Asimismo, de acuerdo al volumen e intensidad del sentimiento puesto en la ejecución musical, el mundo es impregnado con esos sonidos armoniosos.

En un mundo, donde se están vaciando constantemente las discordias, y las discordantes cadencias del hombre, el sonido queda obligado a permanecer en la atmósfera de la Tierra cuando debería bombardear y penetrar la desamparada gente de su superficie, ya que es evidente la falta de sonidos armoniosos grandemente necesitados allí.

Cada hombre que está generando y emanando la Energía de Vida a cada momento, puede ser un glorioso manantial a través del cual, la música celestial puede fluir con tales delicados tonos, no audibles y discernibles a los sentidos físicos del hombre, pero absorbidos ávidamente por los hambrientos sentimientos anhelosos de paz, comodidad y descanso.

Si Uds. pudieran pensar de los cuerpos de la humanidad como formas desvalidas, desnudas y desamparadas, expuestas a cada vibración que pasa; golpeados y rotos por las propias energías cristalizadas de sus mundos, Uds. pudieran vislumbrar tal vez rápidamente, LA NECESIDAD DE FORMAR CENTROS DE PAZ, SALUD, para calmarlos, tal cual como se unge a la arruinada carne con aceites aromáticos. Yo he visto a los Angeles y Querubines pararse delante del órgano, y así cada Lazo de Sonido a medida que van surgiendo (un tanto parecido a lo que pasa en la Danza de Mayo) ondeando un bello manto de color, diferenciándose no obstante, en que ESTO ES UNA REALIDAD VIVA Y LATENTE. Luego esta actividad sigue vibrando y por sí misma se congrega alrededor de la figura del Angel hasta que ellos se van hacia adelante transportando el bellísimo manto hasta realizar la labor ordenada por Sus Maestros. Algunas veces el sonido se queda vagando por ahí, sin ningún Gran Ser que lo dirija, entonces es cogido por el viento y llevado a cualquier parte.

Yo he visto los cuerpos de la gente de la Tierra bañados en esos armoniosos sonidos, y la Paz que ellos han conocido y sentido en esos cortos momentos. Me hacen desear que hubiesen MILES DE MUSICOS ENCARNADOS OFRECIENDOSE CONSCIENTEMENTE A ASISTIRNOS EN ESTE SERVICIO.

EL MORYA

Decid con frecuencia sintiéndolo profundamente:

"Yo soy siempre un gigantesco pilar de Llama Violeta Consumidora, de Puro Amor Divino, que transciende todos los conceptos humanos y derrama constantemente todo el triunfo y toda la perfección del Padre."

"¡Poderosa Presencia Yo Soy! Asume el mando absoluto de mi mente, mi cuerpo y mi mundo; aplica tu CRISTALINA LLAMA VIOLETA CONSUMIDORA en mí y consume todos mis errores y defectos pasados y presentes, su causa y efecto y disuelve todos mis problemas para siempre."

"¡Poderosa Presencia Yo Soy! Aplica en mí tu CRISTALINA LLAMA VIOLETA CONSUMIDORA y consume toda influencia contraria a la paz y al bienestar propio y de todos los que me rodean. Envuélveme en tu Canal de Luz y Energía como en una poderosa muralla contra la cual choquen toda fuerza negativa destructiva y no benéfica y vuelvan a su punto de origen transmutadas en Buena Voluntad, en Amor y en bienestar hacia todos los que alcance en su acción."

Gracias, Padre

PAGINA POETICA

SE TU COMO EL AGUA

Sé tú como el agua
que todo lo limpia,
que todo lo lava.
Sé tú como el agua
que pone su albura
y arrastra la mancha.
Sé tú como el agua
que cuando se enturbia
el limo decanta
y sube a la nube
más pura, más blanca.
Sé tú como el agua
que vuelve a lo bajo
de ázoe cargada
fecundando el vientre
de la tierra parda.
Sé tú como el agua
que al yermo y al barro
les da verde planta
y a la primavera

en flores se cuaja.
Sé tú como el agua,
refresca el ambiente,
a todos encanta,
sé tú siempre buena,
sé tú siempre santa.
Y si un día osada
la negra calumnia
tu cristal empaña
y de infecto lodo
te sientes manchada,
¡sé tú como el agua!
¡elévate pura!
¡del cieno levanta!
baja cristalina,
prodígate diáfana,
repartiendo bienes,
lo mismo que el agua.

CAROLA DE GOYA

ALMA

En la cumbre más alta,
rozando casi el cielo,
es que te quiero, alma!

Remota de la tierra,
más allá de las nubes,
perdida entre los astros!

Como una flor inmensa,
rebasando el espacio,
te quiero única, sola!

SIEGA

Ahora ya estoy segando
las espigas
de mis sueños más altos!

Las espigas
que dejan la tierra,
que buscan el cielo...

Haré un haz con ellas,
tan grande,
que apenas cabrá dentro del
[mundo.

Sobre ese haz de espigas
tan altas,
podré ver a Dios!

LUIS ELADIO GUEVARA

SALVACION DEL PLANETA

Los cataclismos que vienen anunciando pueden muy bien ocurrir, pero no es ni necesario ni forzoso que ocurran. Habiendo quienes saben como evitarlos (y ya habemos muchos trabajando) no tienen por qué ocurrir.

A nosotros, los estudiantes de Cristianismo Dinámico, no nos puede ocurrir nada negativo —como ya lo comprobamos en el pasado sismo— ni un rasguño en nuestras casas ni en nuestras personas ni seres amados (aunque éstos no sepan trabajar como nosotros). Nuestro estado de conciencia nos salva; pero a nuestros hermanos, los humanos que no conocen las leyes que gobiernan la Creación, sí puede ocurrirles todos los horrores predichos. No saben lo que hacen y es nuestro deber difundir la enseñanza para intentar salvar a la mayoría, ya que están poniendo en peligro al planeta entero mientras continúen en la ignorancia más completa.

No es la voluntad de Dios que nos ocurra nada desagradable, pero si los humanos continúan perpetrando errores que acarreen lo desagradable, El, por respeto a nuestro libre albedrío, no puede hacer nada en contra. NO ES QUE LE SEA IMPOSIBLE IMPEDIR, entiéndanme. Para Dios no hay imposibles; pero mientras perdure un deseo nuestro, nada ni nadie en la Creación se opone; y el deseo de la mayoría *parece* ser el continuar cometiendo los errores que producen los cataclismos. El ha creado dioses a su imagen y semejanza, esos dioses somos nosotros sus hijos y nadie más que nosotros puede iniciar la salvación de nuestro propio planeta. Ahora verás.

La ley de Vibración (y la Vibración es una de las Leyes mencionadas y que gobiernan la Creación) obliga que cada pensamiento y cada palabra ocasiona un sonido en el aire, tal como una nota golpeada en un piano. Al golpear la nota Do, por ejemplo, no solamente vibra ese sonido sino que también vibran por simpatía las notas Sol y Mi en octavas más altas, que se llaman "harmónicas".

Ahora, el golpe que se le dio a la nota Do repercute siete veces, o sea, que ocasiona veintiuna vibraciones junto con las de sus harmónicas, y éstas también levantan sus respectivas siete vibraciones, y cada una de estas siete más, etc.

Como acorde armónico esto es bellísimo, ya que forma el acorde mayor Do, Mi, Sol; y toda la Creación está siempre vibrando, formando melodías celestiales... pero no así nuestro planeta Tierra. Cada vez que alguien irrumpe en ira, contra un ser humano, un animal o una situación o lo que sea que provoque la cólera, se forma en el aire una figura espantosa, estridente, discordante y de forma igual. Figuras de odio, crueldad y violencia que van levantando en multiplicación por siete, y todo el que en ese momento se encuentre en simpatía, o sea, en ánimo descompuesto, va vibrando en repercusión y aumentándose con las suyas propias hasta que se llega al crimen.

Como tú ves, no sabemos a cuántos hemos llevado al crimen con alguna vibración nuestra.

Si la figura muere pronto porque nos pasa el mal humor, no sería tan grave el daño, Pero es el caso que el individuo terreno se complace en recordar, comentar y repetir lo que le ha molestado; por venganza hiere a la primera oportunidad, y la figura se va agigantando, fijando y formándose lo que llaman un egregor, una entidad con vida, que no se vuelve a apartar del que la creó, y a cada oportunidad lo tienta, lo "puya" pues, ya que esa fue la naturaleza que le dio su dueño.

Esas figuras son feas, de colores pantanosos que oscurecen la atmósfera. El planeta vive hirviendo en nubarrones de malestar y maldad.

Sólo hemos descrito los egregores de cólera. ¿Qué serán los producidos por otras creaciones negativas como la malevolencia, la crítica, el engaño, la trampa, la mala intención, el dolor y todo lo que vibra en todo momento en el mundo social, el de los negocios, la política, en la calle, en los colegios, en los barrios pobres y los ricos?

Hay egregores gigantescos, de miles de años como las guerras, que no desaparecen porque son las "posesiones" de miles de seres. Estas son las que mencionó Jesús, y es a lo que se refiere la Bienaventuranza "Bienaventurados los pobres en el espíritu porque de ellos es el reino de los cielos".

Todo eso resulta en karmas individuales, colectivos, nacionales, que hay que pagar. Sin la Misericordia Divina los humanos no podríamos ser salvados nunca, ya que ensuciamos más energía de la que podemos limpiar; pero se acerca una cosa, una situación planetaria que no nos permite retardar más la salvación de nuestro planeta. Si no se difunde esta enseñanza, los altos dirigentes cósmicos no podrán nada por los que se nieguen a corregir sus pensamientos y palabras y aprovechar el maravilloso remedio que la Sabiduría y Misericordia Divina ha proveído.

La etapa de evolución en que estamos se llama la Aspiración. Una de las Leyes de la Creación dice que Como es Abajo es Arriba, y Como es Arriba es Abajo. La respiración nuestra no es cosa peculiar del ser humano, ni de los animales o peces. Todo respira a su manera y en el estilo de su propio plano. Hace millones de millones de eones que el Sol respiró hacia afuera a los planetas que lo rodean. El sopló hacia afuera y ahora le ha llegado la hora de respirar hacia adentro. Por lo tanto, Mercurio entrará hacia el Sol y se colocará en lo que llaman el aura, o la corona. Venus irá a colocarse en el sitio que ocupaba Mercurio y la Tierra en el sitio que ha ocupado Venus.

Esto es lo que se llama "una Iniciación", o un paso que se da, y nadie está exento de sus pasos evolutorios. Como es Arriba es Abajo y viceversa.

Ahora bien, los Maestros Ascendidos explican todo esto en términos de gran altura, difíciles de comprender, humanamente hablando. Pero cada uno de nosotros tiene su misión y la mía es la de ponerlo en "palabras de a centavo". Lo explico de la siguiente manera: Cuando vas en automóvil y te están esperando redoblas la marcha. Aceleras, en otras palabras, tu motor hace más revoluciones por minuto o por segundo, girando más rápidamente. Pero si tú llevas una carga muy pesada tu motor no puede acelerar. Es posible que hasta se detenga, ¿no es así? Bien, pues los demás planetas del sistema están ya listos para corregir sus órbitas y están esperando por la Tierra que tiene 5.000 años de atraso en su evolución. Su carga se hace más pesada cada minuto. Todos los planetas circundantes tratan de hacer lo que se pueda enviando sus naves espaciales para ver si se pueden acercar, pero los terrenos los reciben a tiros. Nuestras vibraciones son tan lentas que no dejan subir. Es como

un avión que no se puede elevar porque no tiene la fuerza apropiada. Tampoco es posible en el orden cósmico que la Tierra se quede estacionada donde está. Tiene que progresar porque si no, lo que hace es detener a los que le siguen en el espacio.

Si la Tierra se destruye, los atrasados van a tener a planetas de ínfima evolución, y esto equivale a que unos niños de buenas familias quedaran huérfanos de pronto, y que por falta de caridad y socorro tuvieran que ir a vivir en condiciones infrahumanas en la selva o en el hampa, pero es más bien como animales.

Esto no lo desea Dios, ni nuestros hermanos mayores (los Maestros Ascendidos) ni nosotros los hermanos menores.

La ayuda a nuestra Tierra no puede ser dada por huestes cósmicas, ni angélicas, ni Maestros ni Elohims por más poder que tengan. Es precisamente por la altísima frecuencia vibratoria de estos seres ya perfeccionados, que no pueden descender tan bajo para ayudarnos, pues no se mezcla una alta vibración con una lenta. Son necesarios escalones entre unas y otras; lo que en términos de electricidad terrena se conoce como "transformadores" en escala ascendente o descendente. Estos transformadores son personas ya muy evolucionadas, purificadas, adelantadas mentalmente y al través de las cuales los Maestros y huestes cósmicas pueden transmitir los fluidos y vibraciones. Además, la llamada tiene que venir de la octava en donde estén ocurriendo los siniestros.

"Llamada" se le dice a los planos de luz, a las oraciones, peticiones, súplicas o tratamientos espirituales. Si alguien en la Tierra eleva su mente, su corazón y su voz en oración, es como golpear la nota de que hablamos anteriormente. Esta repercute en dos octavas más altas y los ayudantes acuden de inmediato. Ellos mismos dicen que "La llamada obliga la respuesta", o sea, que ninguna oración puede quedar sin contestación, y es sólo la falta de fe del que llama; la ignorancia —porque la oración es un arte y una ciencia que es lo que se nos enseña en el estudio de Metafísica— lo que hace parecer tan a menudo que no se nos ha atendido.

Ahora bien. El Director de esta Nueva Era en que hemos entrado es el Maestro Ascendido Saint Germain, Director del Rayo Violeta. Hay siete Rayos de colores, cada uno representativo de varios atributos de la Divinidad, y no solamente representativos, sino que la luz de cada uno de esos colores, aún la debilísima luz fabricada aquí en la Tierra, si contiene algún color, tiene propiedades especiales que actúan sobre aquello que iluminan. Los Siete Rayos, brevemente, son como sigue: Rayo Azul zafiro, Voluntad de Dios, Fe, Poder, Felicidad. Rayo Amarillo, Sabiduría Iluminación. Rayo Rosa, Amor Divino, Belleza, Opulencia.

Rayo Blanco, Ascensión, Resurrección, Rayo Verde, Verdad, Curación, Música, Concentración, Consagración, Rayo Rubí y Oro (no se le llama color naranja) la Gracia, Paz, Providencia. De este Rayo fue Director el Maestro Jesús durante toda la Era que pasó, la era de Piscis. Rayo Violeta, Misericordia, Perdón, Transmutación.

El tono violeta es mezcla de dos colores, el azul y el rosado. Voluntad Divina que es el Bien, y Amor Divino, total Misericordia, perdón y restitución.

Estos colores se aprenden a aplicar para lograr los dones maravillosos que Dios tiene para sus hijos. Por eso decimos en Metafísica que Dios todo lo ha dado ya; que sólo hay que aprender a pedir y a dar gracias por anticipado. "Aprender a aplicar" significa pensar y llamar.

Llamamos a las huestes de la Llama Violeta y les pedimos que envuelvan en esa luz al caso que requiere socorro. Ellos no pueden dejar de acudir al llamado, como ya se dijo. Ellos llevan la energía mal usada al Sol. Este la purifica, y el que la usó mal o erradamente tiene una nueva oportunidad para calificarla en bien.

Con cada latido del corazón le entran toneladas de energía a cada ser humano. Este la "califica" de acuerdo con cada pensamiento y sentimiento, o sea, que todo lo que pensamos, sentimos, hablamos y actuamos se va grabando y formando como dije al comienzo de este mensaje. De allí que no podemos cambiar la naturaleza que le hemos infundido a nuestras creaciones, a menos que actuemos muy rápidamente, antes de que tenga tiempo de cristalizarse en forma de un egregor. Ocurre como con los soldados en la guerra, que al enemigo le es más fácil liquidar a un destacamento antes de que éste haya tenido tiempo de atrincherarse. Pidiéndole perdón al Padre por el mal uso de Su energía es una de las formas de borrar el mal creado por nosotros. Pero si se está creando algo bello como una poesía, una música, produciendo algo artístico, o útil, constructivo en fin, estos forman figuras bellas que se colocan en nuestro cuerpo causal para toda la eternidad.

Saint Germain enseña a invocar, llamar, pedir la ayuda de la Llama Violeta en todo lo que se nos presente cada día, y que sea negativo o destructivo. Enseña a pensar y decir muchas veces al día, o cada vez que cometamos un error. "Yo Soy la Ley del Perdón y la Llama Trasmutadora de todos los errores que yo haya cometido" e inmediatamente "Yo Soy la Llama Trasmutadora de todos los errores de toda la humanidad", porque no debemos pedir cosas para nosotros únicamente, y además es nuestro planeta entero que necesita salvación.

Nuestros errores no son solamente contra los seres humanos sino también contra los animales, elementales, cosas, circunstancias, organizaciones, países, etc.

Cinco minutos al día dedicados a envolver mentalmente en luz violeta a todo el planeta, todo ser viviente en él, toda cosa, circunstancia, país, etc. Haciendo la llamada en esos términos y diciendo:

"Angeles de la Llama Violeta (3 veces) Vengan (3 veces) enciendan la Llama Violeta y envuelvan a... y manténganlo encendido hasta que esté manifestando la perfección", usándolo para toda noticia alarmante, toda enfermedad, todo acontecimiento negativo y todo error nuestro o de otro, evitará los cataclismos anunciados, desviará la atracción del asteroide, limpiará la atmósfera, la Tierra emitirá luz en lugar de obscuridad, y podrá colocarse en el sitio que le corresponde, o sea, que habremos salvado a nuestro planeta y a nuestros hermanos.

ESTE DECALOGO FUE ESCRITO POR UN JOVEN, QUE SI BIEN NO ESTU-
DIABA METAFISICA EN LOS LIBROS, ERA METAFISICO POR DERECHO DE
CONCIENCIA. UN MES DESPUES PASO AL OTRO PLANO MEDIANTE LA
CAUSA APARENTE DE UN ACCIDENTE AUTOMOVILISTICO. ESTE PAPEL
FUE ENCONTRADO EN UNA DE SUS GAVETAS. SU ESPIRITU OMNISCIENTE
"SABIA" Y GUIADO POR EL, ESTE MUCHACHO DEJO ESTE MENSAJE
GUIADOR PARA LOS QUE AUN PERMANECEMOS EN ESTE PLANO. BUENO
NOS SERA PRACTICARLO.

SOLO POR HOY

(Decálogo de: Francisco Antonio Zea Pérez.)

1º ...Seré feliz. Expulsaré de mi espíritu todo pensamiento triste. Me sentiré más alegre que nunca. No me lamentaré de nada. Hoy agradeceré a DIOS la alegría y la felicidad que me regala.

2º ...Trataré de ajustarme a la vida. Aceptaré el mundo como es y procuraré encajar en él. Si sucede algo que me desagrada no me lamentaré ni me mortificaré, agradeceré que haya sucedido porque se puso a prueba mi voluntad de ser feliz. Hoy seré dueño de mis nervios, de mis sentimientos, de mis impulsos. Para triunfar tengo que tener dominio de mí mismo.

3º ...Trabajaré alegremente, con energía, ánimo y pasión. Haré de mi trabajo una diversión. Comprobaré que soy capaz de trabajar con alegría. Comprobaré mis pequeños triunfos. No pensaré en los fracasos.

4º ...Seré agradable. No criticaré a nadie. Si comienzo a criticar a una persona cambiaré la crítica en elogios. Toda persona tiene sus defectos y sus virtudes. Concentraré mi atención en sus virtudes y olvidaré sus defectos. Hoy evitaré las discusiones y conversaciones desagradables.

5º ...Voy a eliminar dos plagas: la prisa y la indecisión. Hoy viviré con calma y paciencia porque la prisa es enemiga de una vida feliz y triunfaré. No permitiré que la prisa me acose ni que la impaciencia me abrume. Hoy tendré confianza en mí mismo. Le haré frente a todos los problemas con decisión y voluntad y no dejaré ninguno para mañana.

6º ...No tendré miedo, actuaré valientemente. El futuro me pertenece. Hoy tendré confianza en que DIOS ayuda a los que luchan y trabajan.

7º ...No envidiaré a los que tienen más dinero, más belleza o más salud que yo. Contaré mis bienes y no mis males. Compararé mi vida con otros que sufren más.

8º ...Trataré de resolver los problemas de hoy. El futuro se resuelve a sí mismo. El destino pertenece a los que luchan. Hoy tendré un programa que realizar; si algo me queda por hacer, no desesperaré, lo haré mañana.

9º ...No pensaré en el pasado. No guardaré rencor a nadie. Practicaré la ley del perdón. Asumiré mis responsabilidades y no echaré la culpa a nadie por mis problemas. Hoy comprobaré que DIOS me ama y me premia con AMOR.

10º ...Haré una buena acción a alguien. ¿ A quién? Buscaré a alguien para hacerlo sin que lo descubran y, al llegar la noche, comprobaré que DIOS me ha premiado con un día lleno de felicidad. ...y de mañana haré un día como hoy...

En contestación a ti ¡"Pájaro de mal agüero"!

Mensaje de Conny Méndez

A mis oídos ha llegado, que varios grupos están regando la especie de que va a estallar la catástrofe planetaria que ha de eliminar a grandes sectores de nuestro país... Este tipo de noticia jamás ofrece un remedio o una salvaguardia. Sólo lanza el terror, y ¡allá el que pueda salvarse contra la horrible incógnita!

Vengo a darme el gusto de calmar tus temores, hermano o hermana, afectados por esta COBARDE Y DESTRUCTIVA noticia. NO HAY TAL COSA, a menos que *tú* quieras que ello te ocurra a ti, y, no solamente, sino que acarrearás una tremenda responsabilidad hacia todo aquel a quien le refieras la inicua noticia.

Oye bien. Existe una inmensa Catedral, Fortaleza o Muro, invisible a los ojos físicos, pero tan sólida e incólume a los ojos etéricos como lo son tu casa, tu techo y tus paredes. Así como éstos son hechos para protegerte contra las inclemencias del clima y los elementos, del frío y el desagrado de la lluvia como el achicharrar del sol, ¿no es así? Pues esta Catedral Cósmica —como la llaman los Seres Protectores Planetarios— ha sido construida por encima y alrededor de toda la raza humana, por aquellos Amados Seres que dedican Sus Servicios en Bien de la humanidad, contra las inmisericordes fuerzas síquicas y astrales que no tienen otro empeño que destruir toda idea progresiva.

Esta noticia nos fue dada por el Santo Eolo, Representante Cósmico del Maha Chohan. Se trata de un muro guardián que se hizo necesario cuando las caóticas condiciones presentes de perturbación en el sentir y pensar humanos comenzaron a hacer presión y amenazaron con derrumbe total a todos los pobres hermanos ignorantes de la Ley del FUEGO AZUL PROTECTOR.

Oye bien para que te tranquilices completamente y sepas cómo proteger a tus seres amados y a todo el mundo, eternamente y contra todo riesgo: Esta Catedral Cósmica, indisoluble e inquebrantable, está compuesta por la poderosísima energía que le imponen, primeramente los Señores Solares, los Avatares, las Presencias Radiantes de todas las Huestes Cósmicas y Ascendidas, y, en segundo lugar, de la fuerza que expiden y añaden todos los deseos de Bien, impersonales, de los hombres y mujeres del planeta. Por ejemplo, si tu alma expresa una protesta contra esa condición que te quieren imponer los "Pájaros de Mal Agüero", clarovidentes que interpretan lo que ven en el Astral, y que sólo ocurre en sus propias corrientes de vidas. Si tu amor y tu voluntad desea proteger a tus seres queridos, a tus prójimos indefensos e ignorantes, esa fuerza de tu deseo es un potente dinamo con que tú refuerzas la inmensa Catedral Cósmica que ya existe. Pero si tú, por incauto e inocente, tiemblas de pánico y vuelas a repetir la horrible noticia y a infectar con tu terror, abres una brecha en *tu parte* del muro y te encontrarás que por ese boquete se colarán las fuerzas negras que sólo intentan destrozarte.

Nosotros te rogamos que no le prestes oídos a esos Pájaros de Mal Agüero. Te queremos salvar y proteger contra lo que ellos despojan sobre ti, y la forma de lograrlo ya tú la conoces, pero lo repetimos para aquellos que aún la ignoran: A la primera palabra de alarma que tú oigas o que tú leas, di "NO ACEPTO, NO QUIERO ESO NI PARA TI NI PARA MI, Y POR LO TANTO NO OCURRIRA PORQUE UNO CON DIOS ES LA MAYORIA. DIOS NO LO QUIERE PORQUE DIOS ES EL BIEN Y EL AMOR.

Con esa declaración te suscribes a la Protección Cósmica dentro y detrás del Mundo Azul de la Catedral Cósmica. Nada te puede ocurrir. No me creas. Compruébalo tú mismo. A que nada te sucederá ni a ti, ni a los tuyos, ni siquiera al "Pájaro", porque lo habrás protegido con tu declaración. ¿O es que tú puedes creer que una fuerza tan inmensa y poderosa como la de las Huestes Cósmicas, Angélicas y Avatares, y el Bien y el Amor de nuestros padres, hermanos, seres queridos, amigos, compañeros de aquí y de "allá", están achantados esperando que la Tierra se abra para tragarte, pobre hermanito indefenso, sólo porque eres de carne y hueso? ¿Y tú crees que el Universo entero está inmóvil mirándote sufrir? Usa tu sentido común, ¡por Dios! ¿Qué harías tú si supieras lo que "ellos" saben? Pues ponte de parte de los que saben, y no de parte de los ignorantes. Ayúdalos a ellos —los ignorantes— incluyéndolos en tu declaración, no lo olvides. El no es malo. Sólo está asustado y obedece al impulso general humano de quitarse su terror vaciándotelo encima a ti. ¡No te lo cojas! Pero no se lo devuelvas. Quítaselo pero sin aceptarlo tú, y ¡punto final!

DIEZMOS

Por *LOWELL FILLMORE*

Recuerda que "uno da, y se enriquece; otro guarda lo que debiera haber dado, y se empobrece". (Moffat.)

Rico en espíritu es el hombre que tiene suficiente fe para compartir su hacienda con otros, más aquel cuya fe es suficiente para compartir su hacienda con Dios, descubre la fuente de todas las riquezas.

La persona que diezma comparte su hacienda con Dios. El diezmo está basado en una ley espiritual, la ley de dar y recibir. Jesús la expresó en esta forma: "De gracia recibísteis, dad de gracia". Si diezmas, aprenderás a reciprocar la generosidad de Dios para contigo. Al establecer este hábito trabajas en sociedad con Dios, y El te enseñará a manejar tus asuntos con discreción y de acuerdo con Sus leyes.

Los bienes que posees de Dios provienen. La substancia de Sus riquezas nos rodea, mas si fijamos nuestra atención en el estrecho límite de nuestros deseos personales, nuestros ojos se ciegan a la gran abundancia de Sus ricas bendiciones constantemente al alcance de nuestras manos. Contemplemos las pocas cosas que consideramos como propiedad nuestra, olvidando que en realidad no nos pertenecen sino que nos han sido prestadas por nuestro Padre amante para nuestro provecho y para que las compartamos con otros. Pudiéramos tener mucho más, para nuestro uso y para compartir con otros, practicando nuestra fe y agradecimiento .

El diezmo es símbolo de que reconocemos a Dios como origen de toda prosperidad. Cuando consagramos a Dios la décima parte de todo lo que ganamos le dejamos saber que hemos recibido Sus bendiciones. Al consagrarle la décima parte de nuestra hacienda ensanchamos el cauce por el cual recibimos de Su munificencia. Cuando confiamos en que Dios toma parte activa en nuestros intereses, llueven las bendiciones y nuestra prosperidad aumenta. Cuando Dios ocupa primer lugar en todo lo que hacemos, hay orden y bienestar en nuestra vida.

"Primero cubriré todos mis gastos, y luego, de lo que quede, si algo queda, daré a Dios Su diezmo". El que calcula en esta forma carece de fe en el amor de Dios, y generalmente gasta la mayor parte de lo que gana, dejando muy poco para servir a Dios. Pero si tenemos bastante fe para separar de nuestros ingresos la porción que pertenece a Dios antes de gastar nada en nosotros, la substancia espiritual que nos rodea se aviva y aumenta lo suficiente para cubrir todo lo que necesitamos. Los nueve décimos restantes nos rendirán más que nos hubieran rendido los diez décimos sin la ayuda de Dios. Estos nueve décimos nos traerán más gozo, substancia, y satisfacción, que hubiéramos podido obtener con el todo.

Tarde o temprano llegamos a la conclusión de que no alcanzaremos verdadera prosperidad luchando por obtener posesiones materiales solamente. La verdadera prosperidad, si ha de valer la pena, debe incluir valores espirituales. Todas las riquezas de Dios fueron primeramente creadas en Espíritu. Estas creaciones espirituales son la esencia de la verdadera riqueza.

Cuando con los ojos de nuestra fe reconocemos que el Espíritu de Dios es la realidad fundamental que hace posible las cosas que llamamos riquezas, dotamos a estas cosas con un valor imponderable que no tienen cuando se consideran simplemente como físicas. Dios les da un valor adicional de buena voluntad. El dinero que ha sido bendecido alcanzará para su dueño más cosas de provecho que el dinero que no tiene el valor espiritual adicional de una bendición. Nuestro dinero aumenta en valor y nuestra prosperidad crece cuando, por el diezmo, contamos con la ayuda de Dios en el lado económico de nuestra vida.

Muchas personas dan fe de la eficacia del diezmo cuando se practica este hábito en un espíritu de gratitud hacia Dios por Su generosidad para con nosotros.

Si aún antes de recibirla, damos gracias a Dios por una cosa material que deseamos, estamos expresando nuestra gratitud por algo que Dios nos ha dado ya en espíritu, pero que por nuestra falta de fe en Su substancia no hemos podido recibir todavía en lo visible. Dios nos ha dado ya en espíritu y en verdad todo lo que podamos posiblemente usar y gozar, pero antes de que lo poseamos en el mundo visible tenemos que avivar nuestra capacidad espiritual para usarlo correcta y generosamente.

Dios da el aumento, y cumpliendo con el diezmo, abrimos nuestro corazón a una mejor comprensión y uso de Su substancia.

Cualquiera puede probar la eficacia de la ley del diezmo, separando fielmente la décima parte de todo lo que gane y dándolo a una iglesia o sociedad cuyo fin sea fomentar el trabajo de Dios aquí en la tierra.

ALGUNOS TITULOS EDITADOS POR BIENES LACONICA C.A.

CONNY MENDEZ

COLECCION METAFISICA:

Originales:
Metafísica al Alcance de Todos
Te Regalo Lo Que Se Te Antoje
El Maravilloso Número 7
¿Quién es y Quién Fue el Conde de Saint Germain?
¿Qué es la Metafísica?
Piensa Lo Bueno y Se Te Dará
Metafísica 4 en 1 (Vol. II)
El Librito Azul
Un Tesoro Más Para Ti
La Voz del "Yo Soy"

Traducciones:
El Libro de Oro de St. Germain
Misterios Develados
Los Secretos de Enoch (por Luisa Adrianza)
La Mágica Presencia
Numerología

Cassettes:
Serie de conferencias y libros

AUTOBIOGRAFIA/HUMOR/CARICATURA:
La Chispa de Conny Méndez

MUSICA:
Colección de L.P. y cassettes
de su repertorio musical

OTROS AUTORES PUBLICADOS EN ESTA EDITORIAL

Rubén Cedeño - Colección Metafísica
Sally Barbosa - Colección Metafísica
Carmen Santiago - Colección Metafísica
Beatriz Tobar - Los Grupos en La Nueva Era
Felas du Richard S.I. - Colección Sabiduría
Fred Senior Sucre - Colección Literatura
Muñeca Géigel - El Arte de Ser Feliz
Roland Matthies - Colección Sabiduría
Juan Carlos García - Serie Metafísica
Víctor Mercader - Colección Sabiduría
Alvaro Pérez Capiello - Colección Literatura

Revista Metafísica

El Nuevo Pensamiento

Directora: Conny Méndez

Año 1 — No. 9 — Diciembre, 1970

LIBERTAD

Esta clase va a sorprender mucho a todas. Para algunas será de gran alivio y eso les indicará que están preparadas para ponerla en práctica. Para aquellas personas que la encuentren extraña, fría o no la quieran aceptar, ya saben ellas que no están preparadas, aún y en ese caso les aconsejo que continúen actuando como hasta ahora. Ya les llegará el momento de comprenderla, aceptarla y ponerla en práctica.

La Ley que expongo aquí es parte de la *LEY DE CORRESPONDENCIA*, o sea: "COMO ES ARRIBA ES ABAJO", "COMO ES ABAJO ES ARRIBA".

Vamos a ver. El Presidente de una gran Compañía, como el Presidente de una República, o un Rey, ya no hacen ninguna de las tareas que tenían que hacer cuando no eran *NADIE* (como se dice vulgarmente). El Jefe de la Compañía, ni barre las oficinas, ni corre mandados, ni archiva papeles, ni dirige sobres, ni echa cartas al correo. Sobra quien haga esos oficios, sobre todo sobra quien NECESITE de esos trabajitos para ganarse la existencia.

Los Jefes tienen otras preocupaciones y otros deberes muy superiores, que no pueden ejecutar los subalternos. Los Jefes ya conocen todos los pasos inferiores, los han hecho y superado y por eso es que no tienen necesidad de ocuparse de esos detalles. Pero oigan bien: NO ES QUE NO DEBAN HACERLOS PORQUE LES ESTE PROHIBIDO; pueden hacerlos cuando les venga en gana. Ahora, no deben hacerlo para no quitarles esa fuente de trabajo a otras personas.

El Jefe puede dirigirle una carta personal a un amigo para felicitarlo por su cumpleaños, como no... pero si en ese momento tiene en su mesa un trabajo que puede elevar el standard de vida de todos sus empleados o, vamos a suponer, que es algo que puede asegurar a sus trabajadores contra todo peligro, pues es cajonero que el señor Jefe se aplique a este trabajo y deje a su secretaria la carta para el amigo, ya que para eso la tiene.

El Presidente de la República y el Rey de una Nación están en idéntica situación, pues serían tildados de locos, o por lo menos tontos, si levantaran al telefonista de su tablero y se pusieran ellos a atender las miles de llamadas por minuto. Y ¿qué dirían Uds. si vieran a un mandatario recurriendo a sus amistades para que lo ayuden a atender el teléfono?

Ahora bien, ustedes, nosotros, llamémosnos Estudiantes de la Verdad, estamos en la posición del Presidente de la Compañía con respecto a los trabajos que tenemos que hacer en el mundo, por nuestros hermanos humanos, o sea nuestra misión en la Tierra.

Primeramente, ya nosotros superamos las tareas que había que aprender como seres terrenos, ya que hemos atravesado todo eso en nuestras numerosas encarnaciones ya vencidas. Si aún quedan deudas karmáticas, o las vamos pagando poco a poco en esta vida, o las transmutamos con la Luz Violeta y al través de nuestro Cristo Interior, como ya ustedes saben.

Segundo: la mente humana llega a poder absorber lo metafísico cuando ya no le queda nada físico que absorber, y todo ese saber físico que el ser ha absorbido a través de los siglos, lo va depurando y condensando en sus períodos desencarnados. Yo creo que ustedes han leído todo eso. Hay centenares de libros escritos. Si no lo saben, cómprense la Doctrina Secreta de la Blavatsky. Es Teosofía.

Tenemos todo ese saber físico digerido y en el subconsciente. Ahora hemos entrado a un nuevo plano mental-espiritual, y así como nuestras lecciones son otras, nuestras tareas también son otras. La Sabiduría Divina no desperdicia nada. En la economía espiritual nosotros tenemos un oficio distinto al que teníamos cuando éramos seres enteramente terrenos. Al final les explicaré lo de las octavas. Por ahora les diré que somos iniciados en un plano muy alto por encima de nuestros hermanos terrenos, y que se nos aprovecha. Porque nuestra única tarea, nuestra conducta y nuestra misión, es CONOCER LA VERDAD en todo momento. Ahora verán.

Somos "UNGIDOS". En la Biblia se dice: "NO TOQUEIS A MIS UNGIDOS". El UNGIDO, (si está consciente, si no, es iniciado) es aquél que ya vive en un plano espiritual; que conoce las Leyes de la Creación y actúa conscientemente aplicando la Ley del Mentalismo, porque ya él trata de pensar positivamente; conoce y aplica la negación y la afirmación con lo cual está ayudando a limpiarse de karmas restantes; que está resolviendo ya sus problemas humanos, y los ajenos, por medio del tratamiento mental-espiritual y enseñándoselo a otros; que conoce la importancia del perdón y del amor; que ya piensa a menudo en su Cristo Interior y en el del vecino; y finalmente, que ha absorbido ya, o que se graduó en el conocimiento de las luces. Todo esto es "CONOCER LA VERDAD Y APLICARLA".

Al saber ya aplicar las luces y sus colores, está colocado en un plano tan alto, que no lo pueden comprender los que viven sujetos a las leyes terrenas; porque, como dice el Dr. Fox, el Iniciado y el Ungido están libertados de toda Ley terrena y únicamente están sujetos a las Leyes espirituales superiores.

Ustedes no lo sabrán, pero no están obligadas a obedecer ninguna Ley Terrenal, si no quieren. Ustedes pueden estacionarse allí mismo en donde lo prohiba el anuncio de tránsito y no hay fiscal que las pueda castigar. Lo primero que sucede es que no aparece ningún fiscal. Y si aparece por allí alguno, actuará como si tu carro fuera invisible.

Ahora, *QUE NINGUN METAFISICO SE APROVECHA DE ESTA CONDICION PORQUE ES EL PRIMERO EN RESPETAR LA LEY DEL PLANO EN QUE ESTA DE VISITA,* y nosotros estamos ya sólo de visita en la Tierra hasta que nos llegue el momento de desencarnar, porque hemos cumplido nuestra misión. Es la primera señal de LIBERTAD que tenemos derecho a gozar en este plano en que vivimos, aunque por nuestra misma condición no la aprovechamos.

Ustedes mismas no se dan cuenta de la altura del plano en que están viviendo. Es un plano en donde el común mortal no puede respirar. Es el plano en el que con un pensamiento se hace un milagro; con una oración se transforma una situación, se rompe una cadena, se logra un empleo para un desempleado, una casa para que viva un sintecho, se le da la salud a un enfermo y la vida a un moribundo. Es el plano de todas las posibilidades y donde no existe el imposible. Sólo con un pensamiento; con una oración; con un deseo amoroso y puro; con ver la verdad que desenmascara la mentira; con saludar el Cristo Interior del prójimo.

Semejantes trabajos no los pueden hacer los empleados de abajo. Las capacidades de los empleados de abajo no alcanzan sino para desempeñar sus humildes tareas; ganar sus humildes salarios y tratan de ganar su pequeño cielo cumpliendo con la ley terrena de dar limosnas, comprar billetes para una rifa de caridad, jugar en canastas benéficas, asistir a costureros para los pobres, y reunir ropas, comida, dinero, para los damnificados. Todo material y externo. Pero el UNGIDO no está obligado a nada de esto.

Y así como el Presidente de la Compañía hace mal quitándole su fuente de trabajo al telefonista, el Iniciado, el Ungido, hace mal apropiándose las tareas de los pobres empleados de abajo, pues esto equivale a poseer una mesa repleta de manjares de banquete, y voltearse a quitarle los caramelos al hijito de la portera.

¿Por qué creen Uds. que el terremoto respetó a mis discípulas, que les pasó por encima y no solamente no las tocó, sino que no las asustó casi? Por la misma ley que hace que el fiscal no pueda castigarlas. Porque son Ungidas y la Ley dice: "no toquéis a mis **Ungidos**". Porque mientras más alta la conciencia espiritual y más adelantado el discípulo, más resguardado y protegido está contra males, cataclismos, sustos, afanes, menos preocupaciones y ninguna ocupación a favor de damnificados (los cuales están cumpliendo sus karmas y pagándolos por medio de cataclismos).

Es una oportunidad inmejorable para decirles que si ustedes, o algunos de ustedes, todavía se encuentran "en penas", como dice la Biblia, es que no están cumpliendo muy bien la Ley. Tienen que esforzarse un poquito más, cuidar más el pensamiento, el perdón, el amor, y sobre todo meditar mucho esto de que viven en un plano superior. Yo diría que ustedes están trabajando abajo en lugar de trabajar arriba, donde les corresponde; porque hay una regla que no falla, y es que aquél que se está ocupando de lo que no debe, se le resta su paz y no puede trabajar en lo que debe.

Por ejemplo, te piden ayuda, favores, exigencias, y tú crees que porque eres metafísico estás más obligado que nadie a responder, y te lanzas a trabajar y a luchar en pro de aquello que te han exigido. Nada de eso: Hay que aprender a decir que no. Más que nunca hay que pedir luz y esperar que nos la den. Hay que tener calma y no precipitarse a agitar el cuerpo en las tareas de los empleados de abajo. Si tú tienes el privilegio de entrar sin anunciarte en la habitación secreta del Altísimo, y basta con tu pensamiento, tu oración y tu tratamiento espiritual para que se solucione aquel problema en armonía para todo el mundo, bajo la gracia y de manera perfecta ¿qué tienes tú que salir corriendo, sirviéndole de chofer a todo el mundo para recoger ropas, comida, dinero, para salvar vidas y desenterrar muertos, sí para todo eso hay quien lo haga? *UNICAMENTE EN EL PLANO SUPERIOR NO HAY SINO UNOS CUANTOS ESCOGIDOS...* ¡y tú eres uno de éstos!

Pero todo esto te resta tu paz y no puedes trabajar en lo que se espera de ti; se necesita la tranquilidad de tu cuerpo, la calma de tu circulación, la alegría de tu alma. Se necesita tu sonrisa placentera. Tu paz... esa paz que tanto trabajo, meditación, oración y estudio te ha costado. Que es tu merecido por derecho de conciencia.

¿Tú me quieres decir que yo debo ver todas estas necesidades sin mover un dedo? Me preguntas escandalizado. Precisamente, es sin mover el dedo, pero moviendo tu mente y tu espíritu. Y no te lo voy a volver a enseñar porque ya me fastidia repetírtelo. Ya tu sabes muy bien qué es lo que debes hacer.

Ahora, si nada de esto te satisface; si no me crees; si tu conciencia maternal te pide que salgas a cargar el mundo sobre tus hombros, por Dios, ve y cárgalo; pero no te quejes después si tus hijos se portan peor que nunca, si parece que lo hicieran a propósito en estos terribles momentos, si se te va la cocinera, se revientan los tubos de agua, se acatarra tu mamá y a tu papá lo amenaza un infarto, etc. etc. Es que te devolviste a donde tú vivías hace unos añitos. Preferiste el mundo, el plano terreno, el diablo, y con el poder que ahora has desarrollado le inyectaste energía a ese pasado que se estaba durmiendo suavemente.

¡Pero, carga el mundo en tus hombros como Atlas! sólo que pregúntate primero cuál es el motivo detrás de tu actuación. ¿Es para que digan: qué buena y generosa es? o para que piensen: ¡mira, como ni siquiera se molesta! Y te pido que recuerdes que el Presidente de la República despliega más sabiduría que tú. Su actuación se limita a hablarle a la Nación, a reunirse con sus Ministros y a dar órdenes. ¡No se le ve correteando la ciudad en busca de potes de leche condensada! Ese no es su cometido, como tampoco es el tuyo.

Así como tú no haces sino contemplar admirada el trabajo de una colonia de hormigas arrastrando el ala de una mosca, y no se te ocurre ayudarlas con tu dedo porque sabes que las desorganizas y las desmoralizas, asimismo, si te metes en lo que no te incumbe, desorganizas, desmoralizas, el orden de los factores en el planeta, y le restas un obrero a la grandísima obra de los Maestros, pues tú eres ya como un gran faro en el mar cuyo único oficio es iluminar el camino a miles de barcas en la noche. Tú eres como el gran reflector en un barrio, que hace ridículas las velitas de sebo de antaño. Eres parte del chorrerón de energía pránica que reparte salud y bienestar por oleadas de vibraciones, sin necesidad de ir de puerta en puerta distribuyendo potes de leche condensada.

Oye. Que no es egoísmo conservarte al margen observando las hormigas. Fíjate que los Maestros de la Sabiduría no se vienen a entremezclar con los humanos para hacerles el bien. Mientras más altos, más alejados del detalle. Pero es más grande su campo de radiación. Ya estamos sirviendo a Dios, a la Vida y a los Maestros. Ya estamos en octavas intermedias, y voy a explicarles lo de las octavas:

Los Maestros dicen que si la oración no viene de la octava en donde está ocurriendo la necesidad, ellos no pueden aportar el menor alivio.

Vean mentalmente un piano. El piano tiene siete octavas. Nuestro número cabalístico: SIETE. Digamos que. la Tierra vibra en las tonalidades de las notas más oscuras del piano, o sea en los tonos más bajos de todos. Supongamos que alguien toca una melodía en esos tonos. ¿No les parece que sería feísimo y ridículo que alguien acompañara esa melodía en el sector estridente del piano? ¿Sería risible, verdad? Eso no es armonía. Bueno, pues eso es lo que se llama acudir

a la misma octava en que ocurre la necesidad, o sea que el acompaña-
miento a una melodía, como la contestación a una oración, tienen que
ocurrir en la misma octava, o por lo menos en la misma vecindad
vibratoria.

Digamos que los Maestros, los seres de Luz, Dios en una palabra,
están en las octavas altas del piano, nosotros en las octavas más bajas.
Las vibraciones de las notas bajas son muy lentas y las de las notas
muy altas son de alta frecuencia, o rapidísimas. No se acompañan armoniosamente. No se llena el vacío, no se satisface la armonía. No se
ha contestado la oración. Hay que buscar lo que llaman en electricidad
"un transformador", o algo que acople aquellas dos fuerzas. Ese transformador, ese acoplador, ese mediador ¿en dónde está? En el centro
del piano. Y ese centro somos nosotros. En otras palabras, nosotros
vemos la necesidad con los ojos del cuerpo, y acoplando la mente al
plano espiritual, formamos un puente por donde pasa la energía de
los altos planos para corregir la falla de abajo.

¿Ven ustedes la indispensabilidad del mediador? Pero si el mediador se coloca en el lugar de las vibraciones bajas, lo único que hace
es aumentar la gravedad y restar mediación. Da su apoyo a lo grave
y feo que está ocurriendo abajo y le quita posibilidad de pasar a la
corriente superior.

Por eso fue que yo los puse a todos a hacer el tratamiento de la
LUZ VIOLETA, todos al mismo tiempo. Allí tienen Uds. un puente
maravilloso para que los Maestros lo utilicen y vieron cómo no siguió
el terremoto, sino que el equilibrio se restableció por medio de mini-
sismos que no dañaron a nadie.

Ahora, si todas son fieles a sus tareas mentales-espirituales de las
luces, estaremos ayudando real y efectivamente a los Maestros, los
seres de luz y las fuerzas superiores a pasar esta Era que es de transición, para que pueda entrar lo positivo, el Cielo a la Tierra, sin los
cataclismos que ocurrirían si no hubiera una octava mediadora actuante.

Por supuesto que los Maestros deben estar muertos de risa por la
forma en que estoy explicando todo esto, pues estoy formando una
ensalada que debe ser muy curiosa para ellos. Pero eso no importa. Lo
que importa es que ustedes comprendan bien la situación, la necesidad
espiritual del momento, las tareas que se esperan de nosotros, y que
vayan viendo que ustedes sí están en su cielo de paz, de alegría, de dicha,
de tranquilidad, etc... y que si en sus hogares se está manifestando algo
distinto es porque ustedes no quieren aceptar las condiciones del plano
superior sino que se lo pasan metiéndose en los planos inferiores.

Esto lo hacen no solamente prestándose a circular entre los damnificados y los cataclismados, sino que por conversar y repetir constantemente el suceso negativo que ya pasó y al que no hay que actua-

lizar "hablando de eso" y dándole energía para que se repita, sino que, por el contrario, hay que acabarlo, y no volver a sacudir el polvo. El trabajo nuestro es sepultar lo pasado y hacer bueno el presente preparando así un devenir cada vez más positivo.

Les voy a dar un secreto. Es las palabras "NO QUIERO". Cada vez que Uds. se encuentren en medio de un grupo que no hace sino revivir y volver a masticar todo el proceso, ustedes piensen con gran calma pero con firmeza: "NO QUIERO" que se mencione más este asunto, como también significa: "NO QUIERO que nadie más sufra. El Padre no quiere que ningún hijo sufra, pues yo tampoco lo quiero y uno con Dios, es la mayoría". Como somos octava intermedia, se hace nuestra voluntad. Y dejen la cuestión karmática en manos del Padre, de los Maestros y de los Señores del Tribunal Karmático, porque no nos incumbe otra cosa que alinearnos con la Voluntad del Padre en la Luz Azul. Amén.

Regreso a las barbas y melenas

por CONNY MENDEZ

(Este artículo fue publicado en El Universal en octubre de 1968. Si lo que en él se dice era verdad entonces, obsérvese que también lo es hoy. Y es que la VERDAD lo es en todo lugar y en todo tiempo.)

Después de todo, que bueno es que la generación de "pavos y pavas" no se deje afectar por la refunfuñadera de los viejos.

Es a esta generación de "viejos" que me dirijo, para ayudarla a comprender los tan drásticos cambios que se están viendo; para traer armonía entre ambas generaciones; para hacerles la vida más soportable y ver si dejan de hacerse la guerra mutua.

Por supuesto que es muy sabido lo de que la generación "pava" siempre representa un problema para los mayores, y sobre todo que éstos siempre alegan "Nosotros no fuimos así...". La Verdad es que sí fuimos así. No peores, pero para nuestros viejos fuimos tan locos como éstos. Y tiene que ser así: Si no

lo fuera, la Tierra no evolucionaría y estaríamos viviendo en cavernas.

Cada nueva ola amenaza, rompe, se explaya, y borra toda huella de la anterior. ¿Por qué hemos de obstaculizar una ley tan natural? No es inteligente provocarse un infarto simplemente porque los muchachos insistan en seguir sus modas.

En 1913, hace cincuenta y cinco años las pavitas causaron una indignación revolucionaria por haberse atrevido a segar la ancentral cabellera "hasta la rodilla" y andar a la usanza de los hombres, ¡con la nuca afeitada! Hoy los vituperios son porque los hombres se cansaron de la nuca rapada y la máquina de afeitar; porque han descubierto los encantos de adornar la forma humana; porque quieren imitar al

Ascendido Maestro Jesucristo en lo de su melena y su barba y a los exquisitos reyes de Francia en sus brocados y encajes.

Pretender impedir los cambios cuando la evolución depende precisamente de las variedades, es inútil y absurdo. Tanto como pretender negar la Verdad, y la Verdad es que los cambios que vemos son el cumplimiento de profecías que tenemos y hemos tenido, desde tiempo inmemorial, y notoriamente por boca del Ascendido Maestro y en el Apocalipsis.

La más directa de estas profecías es la que dice: "He aquí que haré todas las cosas nuevas". No unas cosas, o "ciertas" cosas sino *TODAS LAS COSAS.*

Cada Era tiene una duración aproximada de dos mil años. Veinte siglos. Este es el tiempo que requiere que la humanidad aprenda una serie de ideas. Hacia el final de la Era, o sea ya en el último siglo, comienza a anunciarse la próxima Era, o próxima lección, por señales inequívocas. El Signo de Piscis comenzó en lo que hoy se le dice "El Año Uno". Marcó la Era Cristiana, la cual terminó el día primero de mayo de 1954, con la entrada de la Era de Acuario. Este Signo tiene por símbolo un hombre cargando un jarro de agua al hombro. Es el Aguador, y a sus pies luce dos líneas ondulantes que signifi can Nuevas Corrientes.

La primera de estas corrientes anunciadas ocurrió cuando fue descubierta la electricidad, a fines del siglo pasado.

Durante cada Era la gente repite inconcientemente el signo vigente en muchas cosas. Por ejemplo, los discípulos de Jesús designábanse, como también al Maestro, con un dibujo de un pez. El Maestro les dijo "Haré de vosotros pescadores de hombres". Andando la Era, los maestros de la nueva enseñanza (para aquella Era) eran magnos sacerdotes y cargaban, en lugar de una gorra, una mitra en forma de pez con la boca abierta, Los arquitectos copiaban el Signo en la forma gótica de las puertas y ventanas.

El Maestro Jesús enseñó a sus discípulos: Sicología, Metafísica, Astrología, Cosmología y Cosmografía. Entre sus predicciones dijo: "Mi reino no es de este mundo sino del mundo venidero". La gente interpreta esto como significando una vida de ultratumba, cuando en realidad se refiere a la próxima Era por venir, pues cuando los discípulos le preguntaron de inmediato, "¿Y cuándo ha de venir ese mundo?" El contestó: "Cuando veáis salir al hombre con el cántaro de agua". "¿Y dentro de cuántos años?", preguntaron, y El les dijo: "Mil y más". Todo se está cumpliendo en orden riguroso. No hemos llegado a los dos mil cuando ya la Nueva Era se instaló. Tiene catorce años de edad como los pavitos más alborotados.

Todo se ajusta siempre a la Era vigente. En Signo de Piscis, o Los Peces, los viajes eran por mar, a flor de agua. Hacia el final el barco se sumergió como para tomar impulso. Se volvió submarino, luego brotó alas y se volvió avión. El hombre dominó el mar. Aunque se llama Acuario, es un signo aéreo. El agua la carga como agente dócil, para regar y limpiar. Piscis fue una Era negativa, de obscuridad, triste. Los novelones eran interminables, lacrimosos, pesados como el mar. ("El Derecho de Nacer" es típico pisciano) todo melodramático e innecesariamente complicado. Compárese con nuestra Era de luz y rapidez, de energía nueva, vida nueva, estudios nuevos, nuevas ideas, nuevos remedios, nuevas costumbres. "He aquí que haré todas las cosas nuevas".

La Nueva Era libertó a la mujer, al niño, a los claustros. Si las monjas quisieran podrían andar trajeadas como mujeres que son, y no con las mojigangas medioevales que ocultan su género, tan típicas de todo lo pisciano. Ya la Misa, la más antigua de las instituciones piscianas, está volviendo la cara. El sacerdote da el frente a la concurrencia, reza en el idioma local, adopta las horas que se ajusten a lo práctico. El Prisionero de Roma rompe la tradición y se lanza al mundo porque todo lo pisciano lucha para evitar la desintegración, pero no podrá ir en contra de las leyes universales. Lo primero que traiciona es el subconciente, y la propia iglesia puso la norma al reunir los dos nombres, Pedro y Pablo, en una misma celebración, a fines de julio, ¡como si ya no quedaran días suficientes en el año! Los grandes acontecimientos lanzan su sombra hacia adelante, el último Papa se llamará Pedro, el penúltimo Pablo, y ya Paulo VI sabe que sus años están marcados, sus días contados.

Pero bueno, ¿y qué tiene que ver todo esto con la melena y la minifalda? Pues que estamos a fines del año escolar cósmico. Que hay una Ley que dice "Como es Abajo es Arriba, como es Arriba es Abajo", y que así como en la Tierra las escuelas se preparan para los exámenes de fin de año, la clausura de la Era y la entrada de la nueva, preparan la nueva lección que ha de aprender la humanidad. En todos los departamento de la vida se está revisando el pasado. No hay nada nuevo bajo el sol y todo lo encontrarás en algún momento histórico. Cada vez que nos mudamos de domicilio abrimos los escaparates, se pasa revista a todo, para seleccionar lo que aún sirve, lo que ha de tirarse al cesto. Lo que no ha dado resultados se descarta, lo positivo se conserva, la Nueva Era se adopta así.

Los pavos y las pavas están pues, retozando felices con todo lo que surge. Se disfrazan con los atuendos de papá y mamá. Asimismo gozan y experimentan la Ciencia, la Electrónica, la Medicina, arriesgando hasta las vidas porque el lema de Acuario es "Osar" y de nada sirve ponerse iracundo. Al que regaña lo colocan en un rincón como coroto que estorba. Mucho más interesante y divertido es amoldarse, formar parte de la Era de Acuario y despojarse de las señales piscianas, ya caducas.

Y no hay que preocuparse por la juventud. Génesis dice: "De todos los frutos del Paraíso podéis comer, excepto del fruto del árbol de la Ciencia del Bien y del Mal". El Bien es el uso. El Mal es el abuso. El abuso trae su propio castigo. ¿Cómo quieres que los pavos aprendan a bien usar sin abusar? Pues, ¡osando ensayar!

A la pobre generación pisciana, por la misma pesadez del Signo marino, no le fue jamás permitido "osar", y por este error, el balance que dejó es el diván del siquiatra, la úlcera estomacal, el infarto y las aberraciones sexuales.

Somos dueños de un pasado, responsables del presente en el que se va proyectando el porvenir.

("En Armonía con el Infinito" — Ernesto Zelarrayán).

Aclaratoria urgente

De CONNY MÉNDEZ

Para todo HERMANO DE SAINT GERMAIN:

Les hago saber que mis primeros pasos, después de haber sido iniciada por el Dr. Emmet Fox, fueron dados en la "UNITY SCHOOL OF CHRISTIANITY", en LEE'S, SUMMIT. MISSOURI, U.S.A. allá por el año de 1940, cuyos estudios cumplí hasta el año 1963, cuando tuve la *visita presencial* de CHARLES FILLMORE, FUNDADOR DE UNITY (después de muchos años de desencarnado).

"Papá Charlie", como entonces, cariñosamente, lo llamábamos, vino expresamente a rogarle a su pequeña discípula Conny Méndez, que se dirigiera a Lowell Fillmore (hijo del difunto, y MAXIMO DIRECTOR DE UNITY PARA ESE MOMENTO) y le relatara lo siguiente: "que lamentablemente él, CHARLES FILLMORE, había dejado órdenes estrictas de no internarse a estudiar el Plano de los MAESTROS y que ahora, encontrándose *él mismo* en ese Plano, se daba cuenta de su error y me pedía a mí, encarecidamente, que lo ayudara a subsanarlo.

Yo le respondí: De manera que tú, "Papá Charlie", ¿me autorizas para que yo estudie todo lo referente a los MAESTROS DE SABIDURIA?

Me dijo: "Yo, no solamente te autorizo y te pido que lo enseñes a tu Escuela, sino que hagas lo que puedas para convencer a mi AMADA UNITY."

De inmediato me fui a "UNITY" y comuniqué lo ocurrido a LOWELL y a su esposa, con quienes me unía una buena amistad, pero él no me dejó llegar al fin, interrumpiéndome el relato para decir:

—"Nosotros tenemos una orden escrita por mi padre de no meternos en esos Planos", y punto... Allí terminó la entrevista.

Yo ingresé en el BRIDGE TO FREEDOM (Puente de la Liberación). Estudié todos los libros de la "ACTIVIDAD YO SOY", para cumplir con lo ofrecido a CHARLES FILLMORE, y ahora termino de cumplir, haciendo público lo que precede.

Quiero dejar asentado que MI OPINION SOBRE "UNITY" Y SUS ENSEÑANZAS NO PUEDE SER MEJOR, hasta donde esa Escuela se permite llegar, siendo sus límites los TRES PRINCIPIOS HERMETICOS: MENTALISMO, POLARIDAD, y CAUSA Y EFECTO, sin darle a éstos ningún reconocimiento de su origen, por supuesto. UNITY enseña únicamente sus efectos como cosa natural.

Como allí se detiene, en sus enseñanzas no figura que en el Cosmos ocurren cambios trascendentales que nos atañen a los seres humanos y a nuestro Planeta. No hacen mención alguna de la marcha de las Eras con sus cambios magnéticos, sus transferencias naturales de polaridad (Positivas y Negativas), no exponen lo referente al Gobierno Espiritual ni a los cambios de cargos y oficios. Creen que el Amado y Ascendido Maestro Jesús continúa "per secula seculorum" en el punto en que se encontraba cuando fue ascendido. En "UNITY" no se habla de la evolución que atañe tanto al mundo y a los Planos Espirituales como a las especies animales, insectos, gallinas, vegetales... Es imperativo que la HERMANDAD SAINT GERMAIN EN PLENO se percate de todo lo anterior porque si no, aquellos de nuestros discípulos que ingresen a estudiar con UNITY, se estacionarán en su avance, ya que lo que van a estudiar allí lo han recibido en nuestro primer ciclo de estudios.

Repito que la enseñanza de UNITY es excelente, hasta donde ella llega, porque está limitada, de modo que no es el fin de todas las cosas. Es apenas el comienzo de la preparación para la NUEVA ERA: "ERA DE ORO DEL AMADO ASCENDIDO MAESTRO SAINT GERMAIN", quien fue, como todos sabemos, en una anterior encarnación, San José, Padre Putativo del Maestro Jesús y por lo tanto tienen que estar ellos dos de acuerdo, en la marcha espiritual de la humanidad.

De la visita presencial del MAESTRO CHARLES FILLMORE, tengo testigos.

En la Luz y en la Verdad.

CONNY MENDEZ.

IMPORTANTISIMO

A ti, pobre incauto, que te dejas desplumar sin saber que "CON LA VERDAD NO SE COMERCIA": Toma nota de que la "HERMANDAD SAINT GERMAIN" **no cobra nada** por sus cursos, ni por las consultas que se le hacen, ni por tratamientos espirituales de curación. Nuestra Organización se sostiene con el producto de la venta de sus libros y con las contribuciones **voluntarias** de las personas que tienen gusto en ayudarla. Si alguien, diciéndose METAFISICO, te cobra, NI ES METAFISICO ni pertenece a nuestra HERMANDAD, porque repetimos:

CON LA VERDAD NO SE COMERCIA.

Cómo visualizar y precipitar

Por: El Amado Maestro
Ascendido SAINT GERMAIN

La verdadera visualización, es el atributo y poder de la Visión de Dios, actuando en la mente del hombre. Cuando uno visualiza conscientemente en su mente un deseo que quiere plasmar, está usando uno de los medios más poderosos para traerlo a la manifestación, a la experiencia visible y tangible. Existe mucha confusión e incertidumbre en la mente de los muchos, respecto a lo que ocurre textualmente cuando uno visualiza o forma un cuadro mental de algo que uno desea. No existe forma alguna en el Universo que no haya sido mantenida conscientemente a manera de un retrato en mente de alguien, ya que todo el pensamiento contiene un retrato de la idea contenida en él. Aún el pensamiento abstracto contiene un cuadro, y por lo menos una imagen que constituye el concepto mental de la idea.

TE VOY A DAR UN EJERCICIO POR MEDIO DEL CUAL SE PUEDE DESARROLLAR: Controlar conscientemente y dirigir las propias actividades visualizantes para obtener resultados definidos. Doy varios pasos en el proceso, que cada estudiante puede usar en cualquier momento. Esta práctica cuando es aplicada, trae resultados tangibles, visibles.

EL PRIMER PASO ES EL DE DETERMINAR LO QUE SE DESEA MANIFESTAR: Por supuesto, que esto sea algo honorable, constructivo, digno del tiempo y esfuerzo. *Asegúrate* del motivo que te impele a traer semejante creación al exterior. Debes ser honesto contigo y con el resto del mundo. No simplemente el de gratificar un capricho de los apetitos sexuales. Recuerda que existe una gran diferencia entre el uso, el deseo, el apetito o capricho. *EL USO IMPLICA EL CUMPLIMIENTO DE LA GRAN LEY UNIVERSAL DE SERVICIO.* El deseo es la Actividad Expansiva de Dios, a través de la cual se mantiene la constante manifestación. Es la Perfección engrandeciéndose. El apetito es simplemente el hábito establecido por la gratificación constante de la naturaleza sensoria, y no es sino la energía enfocada y calificada por las sugerencias que vienen de las actividades exteriores de la vida.

Asegúrate muy bien que no tienes por dentro, disimuladamente, alguna sensación de que te agradaría "beneficiarte a expensa de otro". Un verdadero estudiante y únicamente el verdadero estudiante sacará provecho del siguiente entrenamiento. Toma las riendas y resuelve disciplinar y controlar conscientemente a su ser inferior. El escoge lo que ha de permanecer, o salir de su mundo, a través del proceso de visualizar en su mente, diseñar y traer a la manifestación un plan determinado de vida.

EL SEGUNDO PASO ES EL DE DECLARAR EL PLAN EN PALABRAS, tan claras y concisas como sea posible.
Escríbelo.

En esta forma estarás grabando un registro de tu deseo en el mundo exterior, visible, y tangible.

EL TERCER PASO ES EL DE CERRAR LOS OJOS Y VER DENTRO DE TU MENTE UNA IMAGEN MENTAL DE TU DESEO, en su perfecta condición de actividad terminada.

Contempla el hecho de que tu habilidad de crear y ver un cuadro dentro de tu propia conciencia es el atributo Divino de la Vista actuando en ti. La actividad de Ver y el de poder Crear son atributos de tu SER DIVINO, el cual tú no conoces y sientes en ti, en todo momento. La Vida y Poder de Dios están actuando dentro de tu conciencia para impulsar hacia afuera, al mundo exterior, el cuadro que tú estás viendo y sintiendo dentro de ti.

Sigue RECORDANDOLE a tu intelecto que la habilidad de visualizar es un atributo de Dios, o sea, el Atributo de la vista. El poder de sentir, experimentar y asociar con el cuadro perfeccionado es el poder de Dios. La sustancia que es usada en el mundo exterior para formar tu cuadro y tu plan, es la sustancia de Dios. *Luego tú sabes* que Dios es el HACEDOR, la acción y el hecho de toda forma y acción constructiva que jamás haya sido lanzada al mundo de la manifestación. Cuando tú usas así todos los procesos constructivos, es imposible que tu plan o proyecto no salga al mundo visible.

RELEE tu plan o tu deseo tantas veces como te sea posible durante el día, y siempre justamente antes de dormirte, *porque al dormir inmediatamente después de contemplar el deseo dentro de tu conciencia, una impresión completa permanece en tu conciencia interna* humana y sin ser molestada, durante algunas horas, permitiendo que se grabe profundamente en la actividad exterior, y dejando que se acumule y genere la fuerza que le ha de impulsar a la experiencia *exterior de vida*. De esta manera, puedes llevarte todo el deseo o cuadro a tu conciencia para que entre al GRAN SILENCIO del sueño. Allí será cargada con el más grande Poder y Actividad de Dios, los cuales están siempre del Corazón del Gran Silencio.

POR NINGUNA CIRCUNSTANCIA DEBES COMENTAR TU DESEO O TU VISUALIZACION CON PERSONA ALGUNA.

Esto es imperativo e importante.

No lo converses contigo mismo, ni en voz alta, ni en susurro, ya que tú debes comprender que cuanto mayor sea la cantidad de energía generada y acumulada por tu visualización, tu sentimiento y la realidad de tu cuadro, tanto más rápidamente saldrá a tu experiencia exterior.

Miles de deseos, ambiciones e ideales hubieran sido manifestados si los individuos no los hubiesen discutido con familiares y amigos. Cuando tú decides demostrar una experiencia por la vía de la visualización conscientemente dirigida, tú te conviertes en Ley —Dios—. La Ley del Uno, para Quien no hay oposición. Tú tienes que formular tu propia decisión y apoyar tu propio DECRETO con toda fuerza. Esto significa *que no debes vacilar*. Para esto, debes saber y sentir que es Dios quien está deseando, sintiendo, manifestando, controlando todo lo que se refiere a ello. Esto es la Ley del Uno. Dios y únicamente Dios. Hasta que esto no sea comprendido plenamente, jamás podrás obtener las manifestaciones, ya que el minuto en que entra el elemento humano, lo estarás sacando de la mano de Dios y, por supuesto, no puedes expresarte ya que lo neutralizas con las cualidades humanas de tiempo, espacio, lugar y mil condiciones imaginarias no reconocidas por Dios.

Nadie podrá conocer a Dios, mientras considere una fuerza opuesta a El, ya que el momento en que reconozcas que dos fuerzas pueden actuar al mismo tiempo, estarás neutralizando la actividad. Cuando se manifiesta una neutralización, no se tiene nada. No se manifiesta nada. Cuando se reconoce a Dios —EL UNO— se obtiene la perfección manifestando instantáneamente, ya que no hay nada que se oponga y lo neutralice. NO HAY ELEMENTO TIEMPO. Así es que SE ESTABLECE LA MANIFESTACION o mejor dicho: Así es como se establece (como lo expresa la Biblia) pues no hay nada que se oponga a lo DECRETADO POR DIOS.

No podrán jamás mejorar las condiciones de aquel que desea la perfección, mientras siga reconociendo un poder contrario al de Dios, o que hay algo dentro o fuera de sí mismo que pueda impedir que se exprese la Perfección de Dios. El mero conocimiento de alguna condición que pueda expresar menos que Dios, implica la elección deliberada de una condición imperfecta, y eso es lo que se llama la CAIDA DEL HOMBRE. Este es deliberado e intencional por que él es libre en todo momento de pensar lo que le de la gana de pensar. Y a propósito no requiere más energía pensar la Perfección que pensar en la imperfección.

Tú eres el creador localizado para diseñar y crear la perfección en tu mundo y tu sitio del Universo. Si deseas expresar la Perfección y el Dominio, debes saber y reconocer únicamente la Ley del Uno. El Uno existe y controla completamente en todas partes del Universo. Tú eres la vida autoconsciente. Tú eres la única Suprema Presencia de la Gran Llama de Amor y Luz. Tú eres, únicamente eres el que escoge y decreta las cualidades y las formas que deseas vaciar en tu vida, pues eres el único energizador de tu mundo y todo lo que contiene. Cuando tú piensas o sientes, una parte de tu energía vital sale a sostener tu creación. Saca pues de tu cabeza toda duda y temor de que pueda no cumplirse aquello que estás deseando o visualizando. Si acatas tales pensamientos que después de todo no son sino emanaciones humanas y que no contienen la Perfección, lograrán entrar a tu conciencia, reemplazándola ins-

tantáneamente por el pleno reconocimiento de que tu Ser y tu Mundo son la VIDA DE DIOS, El Uno. De allí en adelante, no te preocupes más, excepto cuando te pongas a visualizar. *No declares un tiempo o momento determinado para la realización.* No existe sino el ahora. EL MOMENTO INMEDIATO. Toma esta disciplina, úsala y te verás manifestando un poder en acción *sin resistencia* alguna que pueda fallar, ni jamás ha fallado.

Recuerda siempre que tú eres DIOS VISUALIZANDO. Tú eres la INTELIGENCIA DIVINA dirigiendo. Tú eres el PODER DE DIOS IMPULSANDO. Tu sustancia es la SUSTANCIA DE DIOS en acción. Cuando tú realizas esto, y lo contemplas a menudo, todo el Universo acude a cumplir tu deseo, tu mandato, tu cuadro, ya que es todo constructivo y de acuerdo con el Plan Divino Original de la Vida Autoconsciente. Si el lado humano nuestro se pone verdaderamente de acuerdo con el Plan Divino y lo acepta, no puede existir tardanza ni fracaso, ya que toda energía posee la cualidad inherente de la perfección dentro de ella, y acude a servir a su Creador. La Perfección es la única predestinación que existe.

Cuando tu deseo o tu realización son constructivos, tú eres Dios contemplando su propio proyecto. Cuando Dios ve, es un Decreto irrevocable o un m a n d a t o de aparecer. En la creación de este sistema de mundos Dios dijo: "HAGASE LA LUZ" y la luz apareció. NO TARDO EONES EN CREARSE LA LUZ. El mismo Dios magno está en ti ahora, cuando tu ves y hablas, es SU ATRIBUTO DE VISION Y VOZ lo que está actuando en ti y a través de ti.

Si tú logras comprender lo que esto significa, puedes ordenar en el nombre de SU PLENO PODER Y AUTORIDAD, ya que tú eres SU CONCIENCIA VITAL. Es únicamente la conciencia del ser en tu vida, lo que puede ordenar, visualizar o desear un PLAN PERFECTO. Todo proyecto o plan es suyo. De manera que tú sabes que Dios está actuando, mandando: "QUE ESTO SEA CUMPLIDO AHORA" y se cumple.

Iniciación humana y solar

Alice A. Bailey

REGLAS PARA ASPIRANTES

Existen ciertos aforismos y mandatos que el solicitante a la iniciación debe estudiar y obedecer. Hay una gran diferencia entre los términos "aspirante al sendero" y "solicitante a la iniciación". El que aspira al discipulado y se esfuerza por llegar a él no está comprometido, de ninguna manera, a adoptar la misma actitud y disciplina específica que el solicitante a la iniciación y puede emplear el tiempo que quiera en hollar el sendero de probación. Quien busca la iniciación está en distinta posición, y, presentada la solicitud, debe disciplinar su vida bajo normas definidas y seguir un régimen estricto, optativo para el discípulo.

A continuación se dan catorce reglas extraídas de una serie de instrucciones recopiladas para quienes ansían recibir la primera iniciación.

Regla Uno

Que el discípulo investigue dentro de la profunda caverna del corazón. Si allí arde intensamente el fuego, dando calor a su hermano, pero no a sí mismo, ha llegado el momento de solicitar autorización para presentarse ante el portal.

Cuando el amor a todos los seres, sin tener en cuenta quiénes son, comienza a ser una realidad en el corazón del discípulo y, al mismo tiempo, el amor a sí mismo no existe, indica que se está acercando al Portal de la Iniciación y puede prestar los juramentos preliminares necesarios, antes de que su Maestro entregue su nombre como solicitante a la iniciación. Si no le importa el sufrimiento y el dolor del yo inferior, si le resulta indiferente ser feliz o no, si el único propósito de su vida es servir y salvar al mundo y si las necesidades del prójimo son para él de mayor importancia que las propias, recién entonces el fuego del amor irradia de su ser y el mundo podrá sentirse confortado ante sus pies. Este amor debe ser una manifestación probada y práctica y no sólo una teoría ni simplemente un ideal impracticable y un sentimiento grato, sino algo surgido de las experiencias y pruebas de la vida, de tal modo que el primer impulso de la vida sea el autosacrificio y la inmolación de la naturaleza inferior.

Regla Dos

Cuando la solicitud ha sido presentada en triple forma, que el discípulo la retire y olvide que la ha presentado.

En esto reside una de las pruebas iniciales. El discípulo debe adoptar la actitud mental de no importarle recibir o no la iniciación. No debe tener ningún móvil egoísta. Sólo las solicitudes que llegan al Maestro mediante la energía engendrada por móviles puros y altruistas son trasmitidas por El al ángel que lleva los registros de la Jerarquía; sólo recibirán respuesta a sus demandas los discípulos que ansían la iniciación porque confiere un mayor poder, para ayudar y bendecir. Quienes carecen de interés por la iniciación no recibirán respaldo esotérico, y los que por egoísmo o curiosidad, ansían participar en los misterios, no atravesarán el portal y permanecerán afuera llamando. Quienes están dispuestos a servir y se sienten abrumados por las necesidades del mundo y se les ha despertado el sentido de la responsabilidad personal, han cumplido con la ley, llaman y reciben respuesta, solicitan y son reconocidos; ellos demandan mayor poder para ayudar, y esta demanda es oída por Aquellos que silenciosamente esperan.

Regla Tres

Triple debe ser el llamado, tomando mucho tiempo su enunciación. Que el discípulo emita su llamado a través del desierto, sobre los mares y a través de los fuegos que lo separan del Portal oculto y velado.

Bajo esta simbología el discípulo recibe el siguiente mandato: que el desierto de la vida del plano físico florezca como la rosa, para que puedan surgir sonidos y perfumes del jardín de la vida inferior y una vibración muy intensa cruce el espacio intermedio entre el jardín y el portal; que aquiete las turbulentas aguas de la vida emocional, para que en su límpida y tranquila superficie se refleje ese portal y la vida interior refleje la vida espiritual de la divinidad interna; que a través de la ígnea hoguera purifique móviles, palabras y pensamientos, resortes principales de la actividad originada en el plano mental. Cuando son controlados, coordinados y utilizados, aunque a veces inconscientemente, estos tres aspectos del ego en manifestación, el Dios interno, entonces se oirá la voz del discípulo demandando la apertura del portal. Cuando la vida interior del plano físico se ha fertilizado, lo emocional estabilizado y lo mental transmutado, nada impedirá que se abra el portal para que entre el discípulo. Sólo la vibración sincronizada con lo que está del otro lado de la puerta, determina su apertura, y cuando la clave de la vida del discípulo se sintoniza con la de la Jerarquía, se abrirán las puertas una tras otra y nada podrá impedirlo.

Regla Cuatro

Que el Discípulo se ocupe de evocar el fuego, nutrir las vidas menores y mantener así girando la rueda.

Este es un mandato para recordar al discípulo su responsabilidad hacia sus numerosas vidas inferiores, que en su totalidad constituyen su triple cuerpo de manifestación. Así es posible la evolución, y cada vida en los diferentes reinos de la naturaleza, cumplirá consciente o inconscientemente su función de energetizar correctamente aquello que es para ella lo que el Sol para el planeta. Así el desenvolvimiento del plan logoico proseguirá con mayor precisión. El reino de Dios es interno y el deber de ese oculto Regidor interno es dual; primero hacia esas vidas que forman los cuerpos físico, astral y mental, y, segundo, hacia el macrocosmos del cual el microcosmos es sólo una parte infinitesimal.

Regla Cinco

Que el aspirante procure que el Angel solar atenúe la luz de los ángeles lunares, permaneciendo como única luminaria en el cielo microcósmico.

Para cumplir este mandato, todo aspirante debe hacer dos cosas: primero, estudiar su origen, comprender su propia sicología, esotéricamente entendidos, y llegar a ser científicamente consciente de la naturaleza real del ego o Yo Superior, actuando en el cuerpo causal. Después debe cerciorarse en el plano físico, de su innata divinidad, por medio de los tres cuerpos inferiores, demostrando progresivamente su valor esencial. Segundo, estudiar la constitución del hombre, comprender el método de funcionamiento de la naturaleza inferior, darse cuenta de la interdependencia e interrelación de todos los seres vivientes y poner bajo control las vidas inferiores que componen los tres cuerpos de manifestación. Así, el Señor solar, Realidad interna, Hijo del Padre y Pensador en su propio plano, se convierte en intermediario entre lo que es terrenal y lo que tiene su hogar dentro del Sol. Dos versículos de la Biblia cristiana ocultan en su fondo algo de esta idea, y a los estudiantes occidentales les será útil meditar sobre ellos: "Los reinos de este mundo se han convertido en el reino de Nuestro Señor y de Su Cristo". "Oh Señor, Dios Nuestro, otros señores además de Ti han tenido dominio sobre nosotros; pero sólo por Ti nosotros mencionaremos Tu nombre". El último versículo es particularmente interesante, porque demuestra la omisión del sonido inferior y la fuerza creadora de aquello que es de origen superior.

Regla Seis

Los fuegos purificadores arden tenuemente cuando el tercero es sacrificado al cuarto. Por lo tanto, que el discípulo se abstenga de quitar la vida y que nutra lo más inferior con el producto del segundo.

Esta regla puede aplicarse a la conocida norma de que el discípulo debe ser estrictamente vegetariano. La naturaleza inferior se embota y densifica y la llama interna no puede brillar cuando se incluye la carne en la dieta. Esta regla es rígida e inviolable para los solicitantes. Los aspirantes pueden o no consumir carne, según prefieran, pero en cierta etapa del sendero es esencial la abstención de cualquier tipo de carne y es necesario vigilar con estricta atención la dieta. El discípulo debe limitarse a las verduras, cereales, frutas y legumbres, pues sólo así será capaz de construir el tipo de cuerpo físico que pueda resistir la entrada del hombre real que ha permanecido ante el Iniciador en sus vehículos sutiles. Si no hiciera esto y pudiera recibir la Iniciación sin haberse preparado de este modo, el cuerpo físico sería destruido por la energía que fluye a través de centros recientemente estimulados y surgirían graves peligros para el cerebro, la columna vertebral y el corazón.

No pueden dictarse reglas rígidas o ascéticas, excepto la regla inicial de prohibición absoluta —para todos los que solicitan iniciación— de carnes, pescados, licores y el uso del tabaco. Para quienes puedan soportarla, es mejor eliminar de la dieta los huevos y el queso, aunque esto no es en modo alguno obligatorio; pero para quienes están desarrollando facultades síquicas de cualquier tipo, es aconsejable abstenerse de consumir huevos y moderarse en el queso. La leche y la manteca entran en diferentes categorías, y la mayoría de los Iniciados y solicitantes consideran necesario incluirlas en la dieta. Pocos pueden subsistir y retener todas sus energías físicas con la dieta vegetarina, pero allí está encerrado el ideal, y como bien se sabe, éste rara vez se logra en el actual período de transición.

A este respecto conviene recalcar dos cosas: primero, la necesidad del sentido común en el solicitante, factor del cual se carece frecuentemente, los estudiantes deberían recordar que los fanáticos desequilibrados no son miembros deseables para la Jerarquía. El equilibrio, el justo sentido de proporción, la debida consideración de las condiciones del medio ambiente y un sensato sentido común, es lo que caracteriza al auténtico esoterista. Cuando existe el verdadero sentido del buen humor, muchos peligros pueden evitarse. Segundo, el reconocimiento del *factor tiempo* y la capacidad de efectuar lentamente los cambios en la dieta y en los hábitos de toda la vida.

En la naturaleza todo progresa lentamente, y los solicitantes deben aprender la verdad oculta de la frase: "Apresúrate despacio". El proceso de eliminación gradual es generalmente el sendero de la sabiduría, y este período eliminatorio —bajo condiciones ideales, que raras veces existen— debe abarcar la etapa que llamamos del aspirante, para que cuando el hombre se convierta en un solicitante a la iniciación, haya realizado la necesaria preparatoria purificación de la dieta.

Regla Siete

Que el discípulo dirija su atención a la enunciación de esos sonidos que repercuten en el aula donde deambula el Maestro. Que no emita las notas menores que inician la vibración dentro de las aulas de maya.

El discípulo que desea pasar los Portales de la Iniciación, no lo conseguirá hasta conocer el poder del lenguaje y del silencio. Esto tiene una significación más amplia y profunda de lo que parece, porque cuando se interpreta correctamente, entraña la clave de la manifestación, el indicio de los ciclos mayores y la revelación del propósito que subyace en el pralaya. Cuando el hombre comprenda la significación de la palabra hablada y utilice el silencio de los altos lugares, para producir determinados efectos en algún plano, podrá ser admitido en los reinos donde cada sonido y cada palabra pronunciada producen potentes resultados en algún tipo de materia, siendo energetizada por dos factores predominantes: a) una voluntad poderosa, científicamente aplicada, b) un móvil correcto, purificado en los fuegos.

El adepto es un creador en materia mental, un promotor de impulsos en el plano mental, produciendo resultados en la manifestación astral o física. Estos resultados son poderosos y efectivos, de ahí la necesidad de que su originador tenga una mentalidad pura, exactitud al hablar y habilidad en la acción. Cuando el solicitante comprenda esto, se operarán inmediatamente importantes cambios en su vida diaria, los cuales podrían ser enumerados de acuerdo a su utilidad práctica:

a) Investigará cuidadosamente los móviles y vigilará estrictamente los impulsos originantes. De ahí que durante el primer año, donde el aspirante se dedica a prepararse para la iniciación, deberá anotar, tres veces al día, las investigaciones que persigue, lo concerniente a sus móviles y el resorte principal de su acción.

b) Vigilará lo que dice y se esforzará en eliminar toda palabra hiriente, innecesaria e inútil. Estudiará los efectos de la palabra e. investigará el impulso que la origina, que en todos los casos inicia la acción en el plano físico.

c) Cultivará el silencio y lo guardará estrictamente en lo que a él concierne, a su tarea y a sus conocimientos ocultos, a los asuntos con quienes está asociado y al trabajo esotérico en su grupo. Sólo en los círculos del grupo o en relación con sus superiores, se permitirá más libertad en el lenguaje. Hay un momento para hablar y ese momento llega cuando se puede servir al grupo con palabras inteligentes y una cuidadosa advertencia sobre las condiciones buenas o malas; cuando es necesario decirle algo a un hermano respecto a la vida interna, o al dirigente de algún grupo; cuando un miembro por equívoco obstaculiza al grupo; cuando ese miembro puede ayudar al grupo si se le asigna un trabajo distinto.

d) Estudiará el efecto de la Palabra Sagrada y dispondrá cuidadosamente las condiciones para su empleo. Emitirá la ·Palabra y sus efectos girarán sobre determinado centro esotérico (en ningún caso un centro físico) y, por lo tanto, influirá y reglamentará la vida.

El solicitante a la iniciación debe abocarse al estudio de los sonidos y las palabras, sagradas o no, y sobre todo deberán hacerlo intensamente los grupos esotéricos a formarse.

Regla Ocho

Cuando el discípulo se acerca al Portal, los siete mayores deben despertar y evocar, sobre el doble círculo, respuesta de los siete menores.

Esta regla es muy difícil y entraña un peligro para el hombre que trata de seguir prematuramente el sendero final. Textualmente, puede interpretarse así: que el iniciado en ciernes debe desarrollar en cierto modo la vibración de los siete centros de la cabeza, y poner así en acrecentada actividad vibratoria los siete centros del cuerpo en el plano etérico, afectando, por medio de la recíproca vibración los siete centros físicos, que inevitablemente quedarán estimulados cuando los centros etéricos lleguen a su máxima vibración. No es necesario extendernos sobre este punto, pues basta señalar que a medida que los siete centros de la cabeza responden al Ego (Yo Superior), los siete centros siguientes:

1. La cabeza, considerada como unidad,
2. el corazón,
3. la garganta,
4. el plexo solar,
5. la base de la columna vertebral,
6. el bazo,
7. los órganos genitales.

son también afectados, dentro de las líneas de purificación y control. Esto producirá resultados en los órganos estrictamente físicos, a través de los cuales funciona el hombre en el plano físico. Por ejemplo, el hombre puede transferir conscientemente el fuego creador y la energía desde los órganos genitales a la garganta, o mediante el control consciente del corazón, que produce la suspensión de la acción del cuerpo físico. Esto no se logra por las prácticas del Hatha Yoga o el enfoque de la atención en los órganos físicos, sino cuando se ha desarrollado el control, por el Dios interno, que actúa a través del control coronario, dominando así todo lo que debe conocerse referente a la energía y sus puntos.

Por lo tanto, el solicitante aplicará todas sus energías al desarrollo de la vida espiritual, y éste será el resultado del recto pensamiento, la meditación y el servicio. Por el estudio profundo de todo lo que debe conocerse referente a la energía y sus puntos focales, coordinará su vida de modo que la vida del espíritu podrá fluir a través de ella. Este estudio sólo puede emprenderse actualmente sin peligro en forma grupal y bajo la guía de un instructor. Los estudiantes se comprometerán a no permitir experimentar con sus vidas ni a jugar con los fuegos del cuerpo. Sólo se dedicarán a la comprensión teórica y a una vida de servicio.

Los centros se desarrollarán entonces normalmente, mientras el solicitante procura amar a sus semejantes en verdad y de hecho, a servir de todo corazón, a pensar inteligentemente y a vigilarse a sí mismo. También observará y anotará todo lo que en su vida interna le parezca relacionarse con la evolución de los centros. El instructor revisará estas notas, hará el comentario, buscará las deducciones, y los informes así obtenidos se archivarán para servir de referencias al grupo. De este modo se puede acumular mucho conocimiento útil.

El solicitante que abuse del conocimiento, que se dedique a "las prácticas respiratorias para el desarrollo mediumnímico" o a concentrarse en los centros, fracasará inevitablemente en su empeño de llegar al portal, y pagará el precio con su cuerpo, con perturbaciones mentales, condiciones neurasténicas y diversas dolencias físicas.

Regla Nueve

Que el discípulo se fusione dentro del círculo de los demás yoes. Que se fusione en un solo color y aparezca su unidad. Sólo cuando el grupo es conocido y presentido, la energía puede emanar sabiamente.

Todos los discípulos y aspirantes a la iniciación deben encontrar ese grupo particular de servidores al que pertenecen en el plano interno, reconocerlos en el plano físico y unirse a ellos en bien de la humanidad. Este reconocimiento se basará en:

a) Unidad de objetivo.
b) Unicidad de vibración.
c) Similitud en la afiliación grupal.
d) Lazos kármicos muy antiguos.
e) Capacidad para trabajar armoniosamente.

A primera vista esta regla parece ser una de las más sencillas, aunque no lo sea en la práctica. Errores se cometen fácilmente, y trabajar armoniosamente en el alineamiento de un grupo no es tan simple como parece. Aunque haya vibración y relación egoicas, no obstante, quizás las personalidades no armonicen. Por lo tanto, el trabajo del solicitante consiste en esforzar el aferramiento de su Ego (Yo Superior) sobre su personalidad (yo inferior), para posibilitar la relación esotérica del grupo en el plano físico, lo cual se conseguirá por la disciplina de su propia personalidad, y no corrigiendo a sus hermanos.

Regla Diez

La Hueste de la Voz, los devas, en sus graduadas filas, trabajan incesantemente. Que el discípulo se dedique a considerar sus métodos; que aprenda las reglas por las cuales la Hueste trabaja dentro de los velos de maya.

Esta regla se refiere al trabajo de investigación esotérica, lo cual deben realizar en un momento u otro, quienes buscan la iniciación. Aunque no es prudente para el que no está iniciado, inmiscuirse en la evolución paralela de los devas, sin embargo, es necesario y seguro investigar el procedimiento seguido por los constructores, y los métodos que emplean al reproducir, a través del cuerpo etérico, el arquetipo de lo que denominamos manifestación física; sus grupos deben ser conocidos teóricamente y también considerarse los sonidos que los ponen en actividad. Por lo tanto, se requiere que todos los solicitantes hagan un estudio organizado de:

1. El propósito del sonido.
2. El significado esotérico de las palabras, de la gramática y la sintaxis.
3. Las leyes de la vibración y de la electricidad, y muchos otros estudios subsidiarios concernientes a la manifestación de la divinidad y de la conciencia, por medio de la sustancia dévica y la actividad de los devas superiores. Se investigarán también las leyes del macrocosmos y se reconocerá la analogía entre las actividades del microcosmos y la activa manifestación del macrocosmos.

Que el discípulo transfiera el fuego del triángulo inferior al superior y preserve aquello que es creado por el fuego en el punto medio.

Esto literalmente significa que el iniciado controle lo que se entiende generalmente por impulso sexual y la transferencia del fuego que ahora vitaliza normalmente los órganos genitales, al centro laríngeo, llegando a la creación en el plano mental, por medio de la mente. Aquello que se ha de crear, debe ser nutrido y mantenido por la energía amor de la naturaleza, emanada del centro cardíaco.

El triángulo inferior mencionado es:
1. El plexo solar.
2. La base de la columna vertebral.
3. Los órganos genitales.

Mientras que el superior, como se ha señalado es:
1. La cabeza.
2. La garganta.
3. El corazón.

Esto puede ser interpretado por el lector superficial como el mandato de ser célibe, y la promesa, por el solicitante, de que se abstendrá de toda manifestación física del impulso sexual. Pero no es así. Muchos iniciados han logrado su objetivo cuando correcta e inteligentemente, participaron en la relación matrimonial. El iniciado cultiva una peculiar actitud mental, donde reconoce que todas las formas de manifestación son divinas, y que el plano físico es una forma de expresión divina como cualquiera de los planos superiores. Se da cuenta que la manifestación más íntima de la divinidad debe estar bajo el control consciente de la divinidad interna, y que todo acto debe ser regido por el esfuerzo de cumplir todos los deberes y obligaciones, supervisar toda acción y actuación y utilizar el vehículo físico, de modo que el grupo pueda ser beneficiado por ello y ayudado en su progreso espiritual, en la ley perfectamente cumplida.

No se puede negar que en ciertas etapas es aconsejable que el hombre logre perfecto control, en determinado sentido, por medio de una temporaria abstención, pero esto es un medio para un fin, que será seguido por etapas, cuando —obtenido el control— el hombre demuestre los atributos de la divinidad a través del cuerpo físico, y cada centro se use normal e inteligentemente para desarrollar los propósitos de la raza.

Los Iniciados y Maestros contraen matrimonio en muchos casos, y normalmente cumplen con sus deberes conyugales y domésticos como esposos y esposas, pero se controlan y regulan por el propósito y por la intención, y ninguno se deja llevar por la pasión ni el deseo. En el hombre perfecto, en el plano físico, todos los centros están completamente controlados, siendo su energía utilizada legítimamente. La voluntad espiritual del divino Dios interno es el factor principal; así habrá manifiesta unidad de esfuerzo en cada plano, por medio de todos los centros, para el mayor bien de un mayor número.

He tratado estos temas porque muchos estudiantes se confunden y adoptan una actitud mental que atrofia completamente la naturaleza física normal, o bien se entregan al libertinaje bajo el pretexto de "estimular los centros" y acrecentar el desenvolvimiento astral. El verdadero iniciado debe ser conocido por su prudente y santificada normalidad, por su constante conformidad con lo que es para bien del grupo, según las leyes del respectivo país, por el control y abstención de todo tipo de excesos y por el ejemplo de vida espiritual y rectitud moral que da a sus asociados, juntamente con la disciplina de su vida.

Regla Doce

Que el discípulo aprenda a utilizar su mano para servir; que busque en sus pies la marca del mensajero; que aprenda a ver con el ojo que observa, situado entre los dos ojos.

Esta regla parece fácil de interpretar a simple vista, como si se le ordenara al aspirante utilizar las manos para servir, los pies en los mandatos jerárquicos y desarrollar la clarividencia. Pero el verdadero significado es mucho más esotérico. Comprendiendo ocultamente, el "empleo de las manos" es la utilización de los chakras o centros, de las palmas de las manos para:

1. Curar las dolencias corpóreas.
2. Bendecir y curar las dolencias emocionales.
3. Elevar las manos en oración, o emplear sus centros durante la meditación, cuando se manipula materia y corrientes.

Estos tres puntos requieren cuidadosa consideración, y los estudiantes occidentales pueden aprender mucho si estudian la vida de Cristo y consideran Sus métodos al emplear Sus manos. Nada más se puede agregar, pues el tema es demasiado vasto, para que nos extendamos en este breve comentario.

La "señal del mensajero" en los pies, se refiere a ese bien conocido símbolo de las alas en los pies de Mercurio. Mucho se le revelará al estudiante sobre este tema en las escuelas esotéricas, que sintetiza todo cuanto se sabe acerca del Mensajero de los Dioses, y también se esudiará cuidadosamente la información que los estudiantes de astrología han adquirido sobre el planeta Mercurio y la que los estudiantes de esoterismo han reunido acerca de la ronda interna.

Superficialmente, la expresión "el ojo que observa, situado entre los dos", parece significar el tercer ojo que utilizan los clarividentes, pero su significado es mucho más profundo y se oculta en los siguientes hechos:

a) Que la visión interna es aquello que todos los seres autoconscientes desde un Logos a un hombre, están desarrollando.

b) Que el Ego o Yo Superior, es respecto a la mónada, lo que el tercer ojo es respecto al hombre, por lo tanto, se lo describe como si mirase entre la mónada o yo espiritual por un lado, y el yo personal por otro.

Por consiguiente, en su sentido más amplio, esta regla incita al aspirante a desarrollar la autoconciencia y a aprender a actuar, en cuerpo causal, en los niveles superiores del plano mental, controlando desde allí los vehículos inferiores y viendo claramente todo cuanto puede verse en el pasado y en el futuro en los tres mundos.

Regla Trece

El discípulo debe aprender y comprender cuatro cosas antes de serle revelado el misterio más recóndito: primero, las leyes que rigen aquello que irradia; segundo, los cinco significados de la magnetización; tercero, la transmutación o el secreto perdido de la alquimia y, por último, la primera letra de la Palabra impartida o el oculto nombre egoico.

No podemos extendernos sobre esta regla. Se refiere a misterios y temas demasiado grandes para ser tratados aquí. La incluimos en estas reglas para que sirva de tema de meditación, estudio y reflexión.

La regla final es muy breve y consiste en cinco palabras.

Regla Catorce

Escuchen. toquen, vean, apliquen, conozcan.

Estas palabras conciernen a aquello que los cristianos llamarían la consagración de los tres sentidos principales y su empleo en la evolución de la vida interna espiritual. Luego se aplica lo aprendido y comprobado, seguido por la fructificación del conocimiento adquirido.

NOTA: Esta lección está dedicada a estudiantes de cursos superiores.

LITERATURA METAFISICA DE LA HERMANDAD
"SAINT GERMAIN"

METAFISICA AL ALCANCE DE TODOS (Conny Méndez).

TE REGALO LO QUE SE TE ANTOJE (Conny Méndez).

EL MARAVILLOSO NUMERO 7 (Conny Méndez) .

MEDITACIONES DIARIAS (Tomás Printz).

COMO USAR EL SANTO ALIENTO (El Puente).

TRIBUTO A LA LLAMA VIOLETA.

CUATRO EN UNO (Conny Méndez).
(Los cuatro libros de Metafísica de Conny Méndez empastados en un primoroso volumen).

Revista Metafísica "EL NUEVO PENSAMIENTO".

Revista "SELECCIONES METAFISICAS", de Carola de Goya.

Intensificación de la Energía Divina

Por el Santo AEOLUS
(anterior Maha Chojan)

La Energía natural de Dios puede ser intensificada en forma ilimitada por cualquier individuo que tenga la temeridad (osadía o valor) de forzar una descarga mayor de luz de la que ha sido adjudicada a la raza humana para un cierto tiempo.

Los Chelas adelantados tienen la habilidad ya que han aprendido a extraer la energía, calificarla y mandarla o impulsarla en forma armoniosa. Cualquier ser no ascendido que invoque a los Grandes Seres y Poderes de Luz tiene el poder de intensificar la pulsación de Elohim o humano, y a medida que ocurre la aceleración, no sólo los humanos, sino hasta los mismos dioses crecen en esplendor.

Que comprueben los Chelas* lo que puede ocurrir al ellos visualizar a los Miembros de la Jerarquía Espiritual cubriendo o envolviendo a la Silla Presidencial de una nación, al Congreso, al Senado, a la Corte Suprema, a la Capital de cada Estado, a todas las posiciones Legislativas Ejecutivas y Judiciales hasta que ese país tenga un gobierno totalmente dirigido por la Jerarquía Espiritual. ¡Esto es perfectamente factible! Se hizo en la Atlántida y se hará en América. Ahora, con respecto a *cuándo* pueda ocurrir, sólo depende de la elección o el deseo, o la orden de los patriotas encarnados. (NOTA DEL TRADUCTOR: quiere decir que ya todos nosotros estamos preparados, sabiendo que tenemos el poder de transformar al mundo y la humanidad; conociendo la manera de hacerlo; sabiendo que lo debemos hacer impersonalmente y no por nuestras propias ventajas, porque al hacerlo por el bien colectivo se nos devuelve, se nos arreglan nuestras propias condiciones).

Los Chelas en otros países, después de visualizar a América, "El Corazón de este Planeta", deben entonces visualizarlo para su propio país de residencia y también por todas las naciones de la Tierra.

---

* Chela: estudiante de la Verdad.

La radiación de todo hombre, mujer y niño en el Universo, se funde y forma una sola Llama. No hay una sola partícula de Luz, sea ésta la llamita de una vela o de un fósforo, que no aumente la suma total de Luz del Universo.

Cuando un grupo de personas unen sus pulsaciones y sus ondas de luz en un propósito común, el conglomerado forma un foco muy grande, y sus efectos se extienden por una expansión de la superficie terrestre infinitamente mayor que la que alcanzan la pulsación y la onda de luz de un solo individuo. Este es el propósito que se busca cuando se recomiendan los decretos en grupos, así sea que la energía sea impulsada por invocación verbal, por actuación musical o por medio de cantos armoniosos o armónicos.

Ya los estudiantes avanzados saben que el enfoque de la atención es una corriente magnética que no puede ser rechazada por ninguna expresión de la Vida única. Por Ley Espiritual, la Presencia y conciencia de todo Ser Divino se conecta inmediatamente con cualquiera parte de vida que coloque su atención en el Foco Divino y la descarga Cósmica de ese Ser Divino no se hace esperar.

Los grandes Rayos de Luz que salen disparados del Cristo en nuestros corazones pueden ser grandemente intensificados si el Chela invoca la Presencia de un Ascendido Maestro o de una Entidad Cósmica para que descarguen su Luz a través de él. Esto no solamente aumenta la Luz del Mundo sino que es de enorme asistencia para el propio Chela. Esto ya se les ha dicho a Uds. en otras oportunidades, pero bien vale la pena repetirlo, en estos momentos en que este Planeta y sus evoluciones necesitan LUZ INTENSIFICADA. Muchos individuos están volviendo su atención hacia el Maestro Jesús y yo les aseguro que El les agradecerá mucho a todos aquellos que empleen la Actividad de Magnetizar mayor Luz hacia la atmósfera de la Tierra. Ustedes saben bien que una invocación a la Ley Cósmica al través de un Ser Divino, resulta en una descarga comparable al sentimiento dentro de la invocación.

Con las muy variadas actividades que se están sucediendo y que conciernen a las naciones de este Planeta en un esfuerzo cooperativo, *es muy auspicioso que los Chelas presten sus energías a la conclusión exitosa de cada uno de dichos propósitos* en EL GRAN ESFUERZO QUE SE HA PUESTO EN MOVIMIENTO PARA UNIR A LAS GENTES DE ESTA TIERRA, lo cual eventualmente resultará en que este será un Planeta regido por DIOS... en el cual todas las naciones servirán un propósito colectivo por la entrega del control humano al control de Dios.

EL TIEMPO Y LA CONCIENCIA

Por SERAPIS BEY

La humanidad es esclava del elemento artificial llamado Tiempo, el cual fue creado para servir de instrumento medidor del crecimiento, del desarrollo y del logro, y que fue establecido principalmente para guía del intelecto para que pudiera medir el flujo cooperativo de las fuerzas de la Naturaleza de una estación a otra.

En esta forma, el hombre podría asegurarse de la descarga cósmica proveniente del propio corazón de la naturaleza que le garantizaría éxito de sus esfuerzos en la agricultura, en la navegación, etc.

Los primitivos Padres de la Raza pues, establecieron esta medida artificial, siguiéndose por el curso del Planeta Tierra alrededor del Sol, para que la gran masa humana pudiera saber cuando las corrientes de la naturaleza fueran más propicias para la siembra, la navegación, etcétera.

Pero examinando las conciencias, se descubre que el tiempo se ha convertido en la vara de medir, por lo cual determina to-

do progreso, todo logro y todo desarrollo.

En su búsqueda de desarrollo de la conciencia espiritual, el Chela tiene que alcanzar la realización de que al fin tiene que enfrentarse a la entidad tiempo y eliminarla de la conciencia por ser una condición limitadora.

Hay que contemplar el *eterno ahora* y aceptarlo como la única realidad del Ser, tanto con respecto a la Iluminación Espiritual, como con respecto a la liberación económica, salud y juventud eterna.

El examen de conciencia revela que los humanos han aceptado que son seres sometidos al tiempo y que eventualmente evolucionan convirtiéndose en seres espirituales. También revela que todo nivel financiero está basado en el elemento tiempo. Que el hombre depende de ciertos momentos en el mes para sentirse opulento, o sea cuando recibe rentas o salarios, y para sentir privación cuando le corresponde efectuar pagos.

Además de esto, la gente ha caído aún más, bajo el hipnotismo del tiempo, con el presente sistema de compras por cuotas, o sea, que aceptan la idea de que después de cierto tiempo lograrán ser dueños de su propia manifestación.

Una cuidadosa revisión del estado interior del propio ser revela que el tiempo es el DICTADOR de la propia vida; que todos los actos de un ser corriente son guiados, controlados y supervisados totalmente por este mecanismo artificial que gira sobre un eje. Se podrá apreciar la idiotez de semejante posición cuando se relaciona con la opulencia y salud del Universo entero al meditarlo un poquitico.

Por ejemplo, a las tantas revoluciones del aparato mecánico llamado reloj, se nos entrega un salario. A las tantas vueltas de las manos mecánicas de este rereloj, de este robot que puede ser manejado por las manos de un niño, termina el curso de una vida, y así se convierte este aparato mecánico en el dueño y señor de la raza entera.

Cuando acaece la muerte o cualquiera otra experiencia infeliz del tercer plano dimensional se acostumbra decir: "El tiempo curará esta herida"; "El tiempo borrará esta pérdida". La gente no tiene concepto de la tremenda limitación que este elemento tiempo ha interpuesto a su plena libertad. Para poder reorientar la conciencia interior a un punto en que acepte la PLE-

NITUD DEL BIEN: financiero, físico, mental y espiritual, primero que todo hay que acomodar ese elemento tiempo en la conciencia y en el mundo sensorio de cada corriente de vida.

La mente inquisidora preguntará de inmediato la cuestión del rítmico nacimiento y ponencia del Sol. Estas actividades no están bajo la dirección del tiempo. Son pulsaciones de la Energía Vital descargando el Bien del Principio Padre-Madre Universal y el resultado de esta respiración y aspiración fue tomado como el patrón del elemento artificial tiempo. El Sol no está obligado a levantarse a las cinco o seis de la mañana. El actúa de acuerdo con la pulsación de la Llama de su propio corazón, y la sombra que se desprende es lo que la humanidad ha interpretado en términos de tiempo.

El Universo y toda vida creada vive en Ritmo, así como tu corazón late con pulsaciones rítmicas que pueden ser medidas a razón de sesenta y tantas' pulsaciones por minuto; pero tu corazón no espera para encuadrarse al ritmo del reloj. El reloj sólo registra los latidos de tu corazón y así tiene que suceder en vuestras vidas individuales. Tus pulsaciones de Opulencia, Salud, Libertad etc. pueden ser registradas o medidas con el standard artificial del tiempo, pero NO DEBEN DEPENDER DE, o estar sujetos a este sistema artificial.

VOLUNTAD

Parece ser que lo más importante en la vida de todo individuo, es la VOLUNTAD. No me refiero a la fuerza de voluntad, ni a la persistencia, tampoco a ese gesto que se hace cuando se dice con violencia: "Esto es así, porque yo quiero". No; ni tampoco me refiero a ese empeño que no flaquea, que continúa por encima de todo repitiendo a pesar de todos los obstáculos y contratiempos. No; no es la resistencia pasiva tampoco, nada de eso. Todo esto es muy meritorio y tiene sus ventajas muy grandes, pero lo que quiero hacer comprender es la VOLUNTAD en los términos siguientes: Por ejemplo, te ponen junto a ti una manzana y un mango, y te dicen: "¿cuál deseas?" Tu contestas: "el mango". Esa es tu voluntad. Pero todavía se podrá decir que eso es "preferencia" porque te han puesto a elegir. Pero en este otro ejemplo: Yo he decidido hacer una exposición de arte y hago la lista de personas a quienes deseo invitar. En ese caso no me han puesto a elegir. Es mi VOLUNTAD hacer una exposición y es mi voluntad expresar el deseo de que asistan las personas invitadas. Yo no he hecho un gesto de voluntariedad. No hay porque hacerlo. Supongo que si alguien trata de impedírmelo, entonces, tal vez, sí haría un gesto imperioso contra aquél que trata de desviar mi decisión. Así pues en este caso sería decisión y preferencia, pasiva y sin violencia ni esfuerzo.

Esa VOLUNTAD, a la cual me refiero, es la que se respeta como libre albedrío en todo el COSMOS, y es respetada en una forma que tengo que hacerla saber un poco más adelante, porque es muy importante que se sepa. Ahora quiero que se fijen en lo siguiente: El Principio de Correspondencia hace que el AZUL sea el primero color que encontramos en el cuerpo causal del individuo, así como también la propia aura de Dios Padre. El AZUL representa o simboliza la VOLUNTAD de DIOS, y además rodea la cabeza del YO Superior. Es el primer color que encontramos y fíjense bien que representa la VOLUNTAD. Sea de Dios o sea nuestra, como imagen y semejanza de Dios que somos. Nosotros, cada vez que hacemos un tratamiento u oración, decimos: "De acuerdo con la voluntad del Padre", o sea que ante todo deseamos cumplir y que se cumpla, la voluntad de Dios en el asunto que estamos tratando. Como es arriba es abajo. La Voluntad de Dios ante todo. La voluntad individual es lo que rige toda su manifestación. Para que sea perfecta estamos dispuestos a que prive la de Dios antes que la muestra.

Ahora, los estudiantes de la VERDAD están en un nivel de evolución muy adelantado. Al comenzar a estudiar ya pueden decir con toda propiedad: "Yo no estoy en el plano de las leyes materiales, yo estoy bajo la Gracia". Al interesarse uno en las cosas espirituales ya pasó la voluntad a buscar a Dios. Yo les dije que la voluntad individual es la más importante en la vida del individuo y que era respetada por todo el Cosmos. Imagínense ahora lo que eso significa en términos del respeto que se merecen todas ustedes por parte de las huestes angélicas y los planos superiores e inferiores y con estos últimos, más aún, ya que los planos inferiores no pueden ni acercarse a molestar la voluntad individual. Hay una barrera que lo impide. Si el individuo no lo sabe y cree que todo el mundo puede interferir, molestar, impedir e interrumpir, pues ESO MISMO LE SUCEDE. Pero al estar en cuenta de que su VOLUNTAD es lo más respetado, lo más importante para todo el Cosmos, entonces la Verdad lo hace libre, y esto le da más seguridad y una gran fe.

El respeto a la voluntad individual es tan grande y tan importante que hay una ley conocida por todo el Cosmos que es la siguiente: "No se puede prestar ayuda si no viene directamente por petición de la octava en la que se origina la necesidad". Esto significa que a la necesidad material no pueden acudir los santos, ni los Maestros directamente. Tiene que surgir la oración, no solamente del propio plano, sino de la octava particular. Una octava es una subdivisión de un plano. Así como en el piano hay 7 octavas, en los planos hay infinidad de infinidad de octavas. Son subdivisiones que rigen la armonía universal.

Vamos a decir que alguien tiene una llaga. Mientras esa persona se cure su llaga con ungüentos y pomadas, polvos, vendas y cosas materiales, su poder curativo espiritual no se mueve. No hace nada por sanar aquella dolencia, y dices tú: "¿pero entonces Dios no me entiende?" En ese caso todo está esperando en suspenso la menor indicación del individuo. Hay guardianes silenciosos en todos los planos, atentos a la menor lucecita o cambio de intensidad en la obscuridad, para volar con el mensaje a algún ser de luz que venga a intervenir. Pero mientras que el individuo no dé señales de ese cambio, nadie se mete con él. Se supone que es su VOLUNTAD curarse él mismo y nadie coarta su decisión. Por eso se dice que la petición tiene que venir de la propia OCTAVA del individuo para ser atendida. Los grandes Maestros dicen: "Si no fuera por esa ley, cuánto tiempo hace que nosotros hubiéramos salvado la tierra de sus males".

Ahora, con respecto a los ángeles, es distinto. Dice una máxima ocultista: "Es estirpe de los ángeles descender al nivel de los átomos". Esto quiere decir, que allí donde no llega nada ni nadie, ni santo ni maestro, puede llegar un ángel. A ellos no les está prohibido ninguna entrada ni cerrada ninguna puerta, porque ellos son hechos de sentimientos; purificados, mientras que los humanos están mezclados con egoísmo, con temor, con odios y venganzas, pero la parte pura de todo sentimiento hace que vengan ángeles a ver si pueden ayudar. No en vano les digo yo siempre a ustedes; "pongan un ángel", cada vez que se trate de proteger a un niño, la casa, las puertas, las ventanas o lo que sea. Por esto es que el más leve sentimiento es percibido, ya que el más leve sentimiento denota un cambio de voluntad. Vamos a invertir esta idea. El más leve cambio de voluntad origina un sentimiento. Este leve cambio es percibido por el ángel guardián silencioso que atisba precisamente estos cambios y llama a los directamente interesados para que vengan a ayudar.

ALGUNOS TÍTULOS EDITADOS POR BIENES LACÓNICA C.A.

CONNY MÉNDEZ

COLECCIÓN METAFÍSICA:

Originales:
 Metafísica al Alcance de Todos
  (Título en Inglés: *Metaphysics For Everyone)*
 Te Regalo Lo Que Se Te Antoje
 El Maravilloso Número 7
 ¿Quién es y Quién Fue el Conde Saint Germain?
 Piensa Lo Bueno y Se Te Dará
 Metafísica 4 en 1 (Vol. I y II)
  (Título en Inglés: *Power Through Metaphysics)*
 El Nuevo Pensamiento
 ¿Qué Es La Metafísica?
 El Librito Azul
 Un Tesoro Más Para Ti
 La Voz del "Yo Soy"
 La Carrera De Un Átomo

Traducciones:
 El Libro de Oro de Saint Germain
 Misterios Develados
 Los Secretos de Enoch (por Luisa Adrianza)
 La Mágica Presencia
 Palabras de los Maestros Ascendidos (Vol. I y II)
 Numerología

Cassettes:
 Serie de conferencias y libros

AUTOBIOGRAFIA/HUMOR/CARICATURA:
 La Chispa de Conny Méndez

MUSICA:
 Colección de L.P. y cassettes
 de su repertorio musical

OTROS AUTORES PUBLICADOS EN ESTA EDITORIAL

Rubén Cedeño - Colección Metafísica
Sally Barbosa - Colección Metafísica
Muñeca Geigel - Colección El Arte de Ser Feliz
Juan Carlos Garcia -Colección Metafísica
Annie Stephens - Colección Metafísica
Diego Nicolás Chirinos - Colección Sabiduría
Víctor Mercader - Colección Sabiduría
Felas du Richard S.l. - Colección Sabiduría
Beatriz Tobar - Los Grupos en La Nueva Era
Maytee Pérez- Colección Compartir
Fred Senior Sucre - Colección Literatura
Roland Matthies - Colección Sabiduría
Tsering Nandröm - Colecciones Acuarianas
Alvaro Pérez Capiello - Colección Literatura
José Luis Ibarra - Colección Narrativa

INDICE

Este libro se termino de imprimir el día
15 de Abril de 1.998 en los talleres de
Editorial Melvin. Caracas. Venezuela
E-Mail: editmelvin@iusnet.net